决战

毕其功于一役

DECISIVE BATTLES

「战典丛书」编写组◎编著

哈尔滨出版社
HARBIN PUBLISHING HOUSE

图书在版编目（CIP）数据

决战：毕其功于一役 / 《战典丛书》编写组编著. 一哈尔滨：哈尔滨出版社，2017.4（2021.3重印）
（战典丛书：典藏版）
ISBN 978-7-5484-3125-1

Ⅰ. ①决… Ⅱ. ①战… Ⅲ. ①决战－战争史－世界－通俗读物 Ⅳ. ①E19-49

中国版本图书馆CIP数据核字（2017）第024914号

书　　名：决战——毕其功于一役
JUEZHAN——BIQIGONG YUYIYI

作　　者：《战典丛书》编写组　编著
责任编辑：陈春林　韩伟锋
责任审校：李　战
全案策划：品众文化
全案设计：琥珀视觉

出版发行：哈尔滨出版社（Harbin Publishing House）
社　　址：哈尔滨市香坊区泰山路82-9号　　邮编：150090
经　　销：全国新华书店
印　　刷：铭泰达印刷有限公司
网　　址：www.hrbcbs.com　　www.mifengniao.com
E－mail：hrbcbs@yeah.net
编辑版权热线：（0451）87900271　87900272
销售热线：（0451）87900202　87900203

开　　本：787mm×1092mm　1/16　印张：22　字数：300千字
版　　次：2017年4月第1版
印　　次：2021年3月第2次印刷
书　　号：ISBN 978-7-5484-3125-1
定　　价：49.80元

决战——生命和胜负的最后赌注

“决战”这个词，在军事文献上并没有专门的解释。在1982年版的《中国人民解放军军语》里，对于“决战”这个词是这样解释的：敌对双方使用主力进行决定胜负的战役或战斗。有战略决战、战役决战、战斗决战之分。决战，顾名思义，是一场能够决定战争进程的作战。一场战争，会由无数个大大小小的战役组成，而这些战役也会因为其战略目的的差异而被定义出各自不同的性质。

从字面上理解，决战，不一定是规模空前的大战，并不一定要有重大的牺牲，而是要有其决定性的历史意义。例如赤壁之战形成了三分天下的历史格局；滑铁卢之战，终结了拿破仑的皇帝之梦。这些战役决定了历史的走向，成为一个时代向另一个时代过渡的转折点，是一些战役的终结，是另一些战役的开始。从战术的角度讲，只是一场场精彩绝伦、斗智斗勇的战斗，而从政治历史的角度讲，又是历史星空中绚丽的星辰，其历史意义以及对现代社会的指导意义都是空前的，是历史为我们留下的一笔巨大的精神财富。

通读全书，不仅可以把你带回那硝烟弥漫、战火纷飞的现场，更可以领略智者的奇谋妙计，以及武者的力拔山河。让你在一次次经典而又惨烈的战斗中学习到军事家放眼全盘的大局观，也可以体会到虚实结合、变幻莫测的智者博弈。这里有你死我活的无间背叛，也有忍辱负重、深入敌后的悲情英雄。

决战的思维与生命哲学

为什么要决战？一方面是战争成本的制约。进行一场战争会耗费参战双方巨大的人力和财力，交战的双方在战争发展到一定程度上的时候都会陷入长时间的拉锯和对峙状态，为此决策者往往会寻求一种更有效的方式去结束战斗。更有甚者，会在一开战的时候就明确要以决战的形式来夺取时间，夺取胜利。第二次世界大战中的德国就是最为典型的代表。德国是一个资源稀缺的国家，缺少进行工业生产和军事生产必要的矿藏。所以，德国为了尽早结束战争，从一开始就利用坦克和飞机的优势闪击波兰，力求在最短的时间内占领欧洲，结束战争，他们的每一次作战都力求以决战的方式完成。而另一方面是战争的目的和效果。战争是为了达到某种战略目的所进行的暴力活动。而交战双方进行的兵力部署是分散的，双方都围绕着同一个战略目的的正反两面进行角逐。战争发展到一定程度的时候，双方都希望扩大战果，有所突破，决战就自然形成。

这里要提到美国，美国军队对于决战的概念非常明确，他们作战追求的是实效，是在有限的成本下取得最大化的战果。在美国军事史中起奠基作用的华盛顿，在其长期的戎马生涯中实践和总结出了决战思想。他认为，“正规军是赢得战争的决定性力量”，正规军的决战是结束战争的最佳途径。并强调，作战指导的最重要原则就是集中兵力，“战役一打响，就尽力使部队在某些驻地集结起来，形成战区中心，以利于支援敌人驱兵所向的任何地方。不慎重地分散兵力，优势之国也有可能成为劣势之军的牺牲品”。他的这些思想在具有决定性的约克镇战役中得到了实践。由于华盛顿在美国军事史上的重要地位，他的看法和结论对后来的美国军事思想具有重大影响。

美国南北战争时期，南北双方都以决战制胜为战争、战役的根本指导思想。南方总司令罗伯特·李认为，“只有把我们的部队集中起来，我们才有希望赢得具有决定意义的优势”。他把主力集结在波多马克河一线，重点保卫南部同盟首府里士满，并寻机与北方军决战。这种作战指导思想使南方军赢得了初期的胜利。北方军初期作战指导思想犹疑不定，结果屡遭挫折，直到奉行比南方军更加果断的决战思想的格兰特将军取得指挥权后，局面才开始改观。格兰特信奉拿破仑的歼灭战略，他把通过决战歼灭敌人有生力量作为军事行动的首要目标。在他的指挥下，北方军陆续取得了葛底斯堡、维克斯堡等决定性战役和战争的最后胜利。南北战争中的典型决战战例及其指导思想至今仍是美军的基本教范之一。

两次世界大战的实践，使决战思想在美军军事理论体系中得以确立并居于核心地位。在第一次世界大战中，美国远征军第一次在欧洲土地作战。美军在潘兴将军的率领下，力争形成决定性优势进行决定性的会战，并赢得了战争的胜利。

在第二次世界大战中，美军的决战思想遭到了以英国为代表的盟军的抵触。美军在正式参战之前就提出了一项旨在一举击败德军的“围歼”计划，但由于英方的坚决反对，只实行了反映英国“间接战略”观点的“火炬”计划，美军认为这“背离了通向胜利的康庄大道，走进了根本无法对德实施决定性打击的死胡同”。但在后期具有决定性意义的“霸王”行动中，就因为美国的观点占了上风，盟军横渡英吉利海峡，最后取得了彻底的胜利。

第二次世界大战后，美国成为超级军事大国，尽管在不同的战争中，美军实施决战的时机、方式和方法有所不同，但集中决定性力量、实施决定性作战行动的决战思想，却一直是其根本的作战指导思想。

突破困局还是制造困局

每当战争发展到一定阶段，或历史积淀到一定程度后，总会有一些决定性的战役发生，我们称之为决战。但是在决战之后，并不一定意味着就到了和平的年代，相反，一些决战反而可以称做一系列战役的导火索，故我们不禁又一次回到决战的概念来探讨决战，究竟是为了突破困局还是制造困局。

我们知道，决战，是为了打开局面，是一段战役的终结，是一个困局发展到一定程度，双方胶着而局势无法明朗的时候发生的一次突破性的战斗，但战斗的结果，却并不会完全如我们希望一般出现明朗化、和平化。

例如三国时期著名的赤壁之战，刘备和孙权在赤壁击败了当时北方最大的军事力量曹操集团，就当时的战略环境来说，赤壁之战可以说是一场决战。但是这场决战带来的胜利换取了统一和和平了吗？显然不是这样的。后来的历史我们耳熟能详，曹操退回北方，因为实力受损，不得不先休养生息。趁着这段时间，孙权在东吴巩固了自己的统治，构建了后来吴国的政治基础。

但是，作为促成这场决战的两大势力曹操集团和孙权集团，却都不是最后的既得利益者，真正的既得利益者是当时实力并不雄厚的刘备集团。就是趁着赤壁之战曹操和孙权都在不同程度上受到损耗、不得不调养的时候，刘备集团开始迅速向西南挺进，很快占有了川蜀这块拥有大量物产而且独具天险的宝地，甚至在这段时间，刘备集团还拥有了得天独厚的荆襄之地。本来不得不东躲西藏的刘备，一下子成了足以和曹操、孙权抗衡的乱世枭雄，所以赤壁之战带来的并不是和平，相反，是更多的大规模战争，随之而来的是曹操和孙权联手袭击荆州、刘备伐吴、诸葛亮六出祁山……战争没有在赤壁画上句号，反而从赤壁开始走向另一个崭新的阶段。

所以说，战争最后体现的，并不是所有战争参与者的意识，而只是战争指挥者的意识。他们发起战争往往首先基于政治和战略上的考虑，而不一定是为了结束战争，因为战争本身也是为了政治和战略来服务的。这世界上没有无缘无故的战争，很少有人是为了战争而战争，就赤壁之战来分析，曹操需要战争完成统一，孙权则需要战争保留自己的势力，刘备则需要战争扩充自己的势力，一场战争，其实就是基于所有指挥者谋求各自利益的需要。

是否决战？决战的目的是什么？这往往是指挥者们在战争开始之前就一定要想清楚的问题，真正的决战不可能是因为缘分造就的，它肯定是经过周密计划的，虽然有机遇的推动作为诱因，但是事先必定已经有很长时间的筹备，只为了那一刻的生死存亡之战。

战争就是最残酷的博弈，就赤壁之战来说，获胜的一方是刘备和孙权，但是，这场战争的出发点并不是像电影里所说的“保护子民”，统治者的首要目的还是为了维持自己的统治。在“突破困局”和“制造困局”的两端来说，这场战争的目的还是为了“制造困局”，而到司马氏掌握魏国政权开始进行统一时，司马氏的决战策略无疑就是“突破困局”。“乱世出枭雄”，期待乱世的人一旦得到了他需要的利益，那么结束乱世就成为了他新的追求，这也就是为什么说天下之势，“合久必分，分久必合”了。

胜负天平上的最后一个砝码

战争就如同是一架天平，每一场战役就是敌对双方不断放置到天平上的砝码，最终，哪一方的砝码最多，天平就会倾斜向哪一方，也就选择出了最终的胜利者。从这里来分析，那么决战就是胜负天平上的最后一个砝码，一旦哪一方赢得了决战，那么敌对方将一败涂地。这个砝码，就是真正决定胜负成败的那个砝码，它不一定很大、很重，但是，它却是最要命的那一个。

决战就如同是《三国演义》里提到的“万事俱备，只欠东风”，但是东风也可以让周郎“羽扇纶巾，谈笑间樯橹灰飞烟灭”，也可以让曹操“赤壁楼船扫地空”。对于每一个指挥者来说，决战都是一把双刃剑，即便是在决战之前已经掌握了战争主动权的指挥者，也很有可能因为决战中的一招不慎，导致在整个战争中的努力都付诸东流。所以，指挥者通常情况下不会在战争初期就选择决战，仓促决战对于战争中的各方势力来说都是非常危险的，当然也有很多决战因为受到当时当地的各种因素的影响，无法完全由自己去控制。

史上最著名的决战之一“滑铁卢战役”，正是因为双方主帅对于决战的选择和控制，为后世津津乐道。当时，拿破仑被囚禁在海外孤岛，然后借助卫兵的力量得以重返法兰西，他长驱直入，几乎没有受到任何抵抗就进入了凡尔赛宫。巴黎民众争相迎接皇帝归来，法国王宫的前任统治者路易十八不得不灰溜溜地夹着尾巴逃跑，随后，获悉消息的英、俄、普、奥等国结成第七次反法联盟，组织了几十万大军征讨拿破仑。

法国皇帝早已经作好了战争的准备，拿破仑的先头部队很快越过边界进入比利时，在林尼大败普鲁士军队，使得普军不得不退向布鲁塞尔。拿破仑知道决战已经临近，他最强劲的对手威灵顿在前面已经秣马厉兵，可以说在进行决战之前，拿破仑冷静分析了战场局势，并且作出了最正确的战略决策。拿破仑把一部分军队交给了格鲁希将军，让他去追击普鲁士军队，以阻止普军与英军会合，并且告诉格鲁希，他的部队必须要与主力部队保持联系。

可是拿破仑完全忽视了最严重的问题，他将决战的重要砝码交到了格鲁希将军的手上，而格鲁希却是第一次拥有独立指挥军队的权力。格鲁希将军出发去追击布吕歇尔了，可是这位第一次掌握军队指挥权的将军，居然在行军的过程中迷失了方向，从而放过了他的对手，成为了一只迷茫的猎鹰。而他的猎物布吕歇尔却像拿破仑早就预料到的那样，出现在了滑铁卢战场上，并且最终给了法国皇帝最惨痛的回忆。一代欧洲霸主的风云岁月就此画上句号，只有认真的格鲁希还在古战场上等待着皇帝的消息。

统率艺术与兵行诡道

春秋时期著名的军事家孙武在他的专著《孙子兵法》中说道："兵者，诡道也。"一个优秀的指挥官，除了能够制订周密详尽的计划，从容镇定地指挥战争之外，还应该具有兵者诡道的素质。同样，一场决战，除了充分地调配人力资源之外，还有一点十分重要，就是迷惑敌人。让敌人无法摸清楚己方的意图。这样，才会增加决战胜利的把握。

无独有偶，西方"兵圣"克劳塞维茨也在他的专著里提到了"兵行诡道"："使用诡诈的人要使被欺骗的人自己在理智上犯错误。这些错误在最后造成一种结果，使他看不到事物的真相"。其实从古至今，利用信息来进行战略部署都是战争的指挥者惯用的伎俩。尤其是在决战之际，每一个指挥者在领导指挥时都必须发挥出最大的效力，战争的每一个细节都必须考虑清楚，在进行所有的调配和部署时，都要将自己能力最大化。如前文所提到的那样，因为决战中特殊的因素，所以它所表现出的往往是战争指挥艺术的最高层面，可以说是最考验指挥者能力的时候。

在《史记·孙子吴起列传》中记载的"马陵之战"也是历史上为人津津乐道的一次决战。据说孙膑和庞涓都曾经是战国人鬼谷子门下的弟子，后来两个人一起到魏国去做将军，但是庞涓觉得孙膑的能力比自己强，害怕孙膑抢了自己的风头，就把孙膑的的双脚砍了下来。孙膑依靠装疯卖傻才活了下来，后来趁着齐国使臣出使魏国的机会，坐在齐国使臣的车子里离开了魏国，到了齐国。

公元前342年，魏国大将庞涓在魏王的授意下，联合赵国攻打韩国，包围了韩国国都新郑（今属河南省）。韩昭侯随即向齐国求救，齐国就以田忌、田婴、田盼为将，以孙膑为军师，出兵援救韩国。齐军经曲阜、亢父（今山东济宁市南），由定陶进入魏国境内，直奔与魏国国都大梁咫尺之遥的外黄（今河南民权西北）。消息传到庞涓军中，庞涓赶紧放弃继续攻打韩国的计划，掉转马头，回援魏国。魏惠王对齐国一再干涉魏国用兵的事情非常愤恨，所以他以庞涓为将，太子申为上将军随军督战，不惜倾全国之兵迎击齐军。

魏军来势凶猛，而且兵力强大，孙膑果断决定采用欲擒故纵的计策，先避其锋芒，然后再诱庞涓中计。孙膑命令齐军由外黄向马陵方向撤退，在撤退的过程中，孙膑命令士兵们第一天挖十万个做饭的坑灶，第二天则减少到五万个，到第三天再减少到三万个。从后面追上来的庞涓通过察看坑灶，断定齐军在三天的撤退中，士兵已经逃亡过半，齐军已经几乎没有了战斗力。庞涓亲自率领精锐之师昼夜兼程地追击齐军，晚上庞涓追击到了马陵，当时夜色已深，魏军就点起火把照路前行。

马陵位于鄄邑北六十里处，沟深林密，道路崎岖。魏军在前行中发现了一棵大树，树上写着“庞涓死于此树之下”，庞涓顿知自己中计了，但为时已晚，齐军此时从四下杀出，身陷重围的魏军大败，庞涓兵败后自刎。这就是历史上有名的“减灶之计”。孙膑之所以能够赢得这场关键的决战，就是因为他对于信息的把握以及合理地运用信息，而庞涓则因为对信息的错误分析，最终战败。作为指挥者，庞涓并不是一无是处，正是因为他的努力，使魏国迅速在战国中壮大起来，而在“马陵之战”中败在孙膑手下，只能说孙膑是一个更为出色的指挥者，而且他准确把握了决战的机会。

到了现代战争，并不是说高科技越发达，战争就越来越透明化，这是一种错误的认识。其实在现代战争中，通过“兵行诡道”取得战争的胜利也尤为重要。

避开决战还是接近决战——统帅的矛和盾

决战，一定是当己方的部队已经充分地把握了能够进入决战状态的时候，才能起到原本应有的效果，否则，在准备完全不充分的情况下同敌军进行决战，将不会有好的结果。正是因为这样，如何判断决战的时机是非常重要的事情，如果判断出现偏差，在不合时宜的时候开始决战或者投入决战，都有可能招致失败的命运。

在德国人发动了“巴巴罗萨计划”，发动闪电战入侵苏联之后。斯大林计划在基辅组织一次大规模的战役，打败德军。苏军总参谋长朱可夫建议斯大林放弃基辅，将西南方面军撤到第聂伯河对岸，以避免被德军合围，然后全力保卫莫斯科。但被斯大林断然拒绝，朱可夫被解除总参谋长职务，担任预备队方面军司令员。

战争开始之后，德军利用机动部队的优势，将苏联军队进行切割包围。德军深远的正面突击和随后的翼侧突击，把西南方面军割裂成几个孤立的集团。最后，基辅会战中的苏联军队损失殆尽。基辅会战是第二次世界大战中规模最大的一次围歼战。战役持续了两个半月以上，在正面300余千米、纵深约600千米的大片领土上进行。苏军损失约70万人，有665 000人被俘，德军击毁或缴获884辆坦克，3 718门火炮，3 500辆车辆，可谓战果辉煌。德军亦损失10万余人。1941年9月16日前后60多万苏军被合围，被包围的苏军的命运已被注定，对他们来说，包围圈的范围难以置信，由于没有摩托化兵力或军事天才的领导，他们不可能突破包围，南方集团军的德国第十七军团及第六军团与中央集团军的第二军团在装甲部队的支持下不断缩小包围圈，被包围的苏军没有轻易放弃基辅，在一场残酷的战役中苏军士兵被德军火炮、坦克及飞机消灭。9月26日，最后一支苏军在基辅以东投降，德军宣称俘获600 000苏军士兵，希特勒说这是历史上最大的战役。苏军失利的主要原因是斯大林在战略上指挥失误。斯大林刚愎自用，拒绝部下的正确建议最终遭到惨败。苏军在此战的失败，使南部战线陷于崩溃。

朱可夫是苏联红军中的优秀将领，甚至被比喻成“苏德战场上的救火队员”。朱可夫在基辅会战之前就以他卓越的战略眼光看到了这次会战的漏洞。一是德军的气势高涨，几乎占领了整个欧洲的德军此时可谓所向披靡。而苏联方面对德国的突然进攻显然没作好充分准备，一天之内苏军1 200架飞机便被击毁，其中800多架还未来得及起飞，苏军防线在德军的闪击下被迅速突破，德军以极快的速度向纵深推进。至7月9日，苏军共有28个师被歼灭，70个师人员和武器损失过半，整个部队还没有真正进入战争状态。其次，德军的力量太强大，按照苏联军队现阶段的状况根本无法抵抗。再次，德军的机动性能是苏军无法抗衡的。在这样的情况之下，苏军想通过在基辅同德军进行会战消灭德军是完全不可能的事情。朱可夫想避免同德军在基辅会战，这个思路是完全正确的。

所以，从以上列举的战例和分析可以了解到：决战能够起到毕其功于一役的效果，但是需要指挥官具有冷静而缜密的头脑、足够的实力，以及一个完善的计划才能开始决战的。否则，一次准备不充分的决战只会让己方的战略意图落空，甚至会出现相反的情况，让己方受损。

给决战加速还是减速

决战是战争发展到一定阶段必然发生的最终碰撞，但是，这并不是意味着战争必须发生在某时某地，虽然它最终是不可避免的，但是仍然可以凭借人力方式改动它的时间。甚至有的时候，也可以避免决战的发生，这首先要取决于战争开始前指挥者的所需，一旦得到所需，那么也就意味着战争的价值已经实现，虽然并没有进行形式上的“决战”，“决战”其实已经完成。孙子说：“上兵伐谋，其次伐交，其次伐兵，其下攻城。”不去依靠决战的形式，而一样能够得到决战的效果，这才是最高级的“决战模式”，也就是通常所说的“不战而屈人之兵”。最直接的例子就是《三国演义》里张飞在当阳桥与曹军的对峙，结果张飞一声吼，吓死了敌人将军，曹军溃退，虽然并没有两军交战的血肉横飞，但是同样取得了决战所需的结果。

而在选择决战的时机上，就不得不说说《左传》中的名篇《曹刿论战》。公元前684年，齐国来攻打鲁国，鲁庄公被迫应战。这时候鲁国有个叫曹刿的人就去见鲁庄公，要求鲁庄公带着他一起上战场。齐国军队和鲁国军队在长勺交战。在古代，两军交战是要擂鼓的，虽然说“春秋无义战”，但是古代打仗讲求礼仪，一方击鼓开战而另一方不应战，对方一般就只能等着。于是在齐国擂鼓的时候，鲁国方面并没有作出响应，直到齐国军队擂完了第三次鼓，鲁国军队方面才擂鼓出战，结果齐军大败，鲁国最终赢得了长勺之战。

在谈到决战胜利的原因时，曹刿谈到了很重要的一点：“夫战，勇气也。一鼓作气，再而衰，三而竭。彼竭我盈，故克之。”曹刿的作战思路是：作战，靠的是勇气。齐国军队第一次击鼓进军的时候士气振奋，第二次击鼓的时候，士兵们的士气就逐渐低落了，等到第三次击鼓，士气其实已经耗尽。对方的士气已经耗尽，而我方的士气正高昂，所以取得胜利的就是我们。

曹刿的理论所体现出的，正是对于决战时机的选择。选择正确的决战时机，不仅能够以弱胜强、以寡胜多，也可以达到上面所讲的“不战而屈人之兵”的效果。其实，选择怎样的时机，选择怎样的方式来进行决战，还是如前文所讲，取决于发起战争的指挥者的所需是什么，战争往往反映的都是发起者、指挥者的意识，但是要赢得战争，却需要利用或者攻击战争的直接参与者，也就是士兵们来完成。

不能盲目出击，也不能坐失良机，决战就像是炒菜一样，调料不能放多了，也不能放少了，炒菜的时间不能过长导致煳掉，也不能过短炒不熟。而且，更为关键的是，其他的战役失败了，可能有“大不了从头再来”的机会，但是决战如果失败，就有可能一败涂地，不会让你有卷土重来的机会。

所以，作为战争机器上最重要的部分，决战是需要加速还是需要减速，需要慎重考虑。

目录 contents

contents 目录

目录 contents

第四章

赤壁之战——三国争霸的开端

战典回响

沙场点兵

人物：周瑜　武器：硫黄　战术：火攻

第五章

淝水之战——帝王的叹息

contents 目录

目录 contents

contents 目录

战典回响

沙场点兵

9 第九章

凡尔登大决战——协约国的绝地反击

战典回响

沙场点兵

目录 contents

第十章

斯大林格勒战役——法西斯的闪电之殇

第十一章

阿拉曼战役——北非战场的片尾曲

contents 目录

战典回响

沙场点兵

⑫ 第十二章

西西里岛登陆战——意大利退出二战之役

战典回响

沙场点兵

目录 contents

13 第十三章

库尔斯克大决战——纳粹壁垒的坍塌

战典回响

沙场点兵

人物：罗科索夫斯基　武器：坦克　战术：德军装甲楔子战术

14 第十四章

阿登战役——希特勒疯狂的最后一搏

contents 目录

战典回响

沙场点兵

15 第十五章

柏林战役——决定二战命运与前途的搏斗

战典回响

沙场点兵

目录 contents

16 第十六章

硫黄岛之战——最惨烈的海岛争夺战

战典回响

沙场点兵

人物：斯普鲁恩斯　武器：喷火器　战术：蛙跳式越岛战术

17 第十七章

渡江战役——解放军解放江南之役

contents 目录

目录 contents

19 第十九章

沙漠风暴——海湾战争的决胜之刀

战典

毕其功于一役

THE CLASSIC WARS

决战

第一章

德凯利亚战争

——古希腊文明的最后火焰

▲古希腊灿烂辉煌的文明在希腊战胜入侵的波斯帝国之后达到顶峰，在希波战争中利用其强大海军给予波斯致命打击的雅典成为爱琴海上的霸主。随着敌人的败退，希腊各城邦之间的矛盾又再度激化。雅典雄心勃勃要控制整个希腊，这引起了北方陆地强国斯巴达的强烈反应，为与雅典主导的提洛同盟相对抗，斯巴达挑头组织了伯罗奔尼撒同盟。雅典与斯巴达之间长期的敌对最终引发了伯罗奔尼撒战争，这场战争的最后阶段便是德凯利亚战争，最终雅典失败了，随之而来的则是古希腊文明的黄昏。

前奏：伯罗奔尼撒战争的序幕拉开

在希波战争的最后一年，雅典联合大量希腊城邦组织了攻守联盟，这就是提洛同盟的由来。这场硝烟弥漫的战争过去了五十年，盛极一时的提洛同盟也慢慢衰竭退化，不见了以往的雄风，蜕变成了雅典用来保持其在爱琴海的霸权的工具。

野心勃勃的雅典借助其海上的优势，根本不满足于城内的繁荣。它将目光放得更为长远，它急着将本土与海港比雷埃夫斯紧紧相连，砌起一道坚实的“长墙”。有了这道屏障，雅典城内的物资供给便得到了保护，不再受陆上敌人的威胁。

有了这一道防线之后，雅典人感到前所未有的轻松，开始了建立其爱琴海霸主地位的一系列行动。从此为了保护自己的利益，为共同抵御侵略而建立的提洛同盟也成为了雅典建立霸权的工具。利用盟主地位，它一方面将同盟金库内的资金挪为私用，一方面还试图把同盟中的其他国家都降为附属国，要是有哪个国家表示不满，便马上动用残暴的武力进行镇压，一旦弱小的同盟国被打压下去，便耀武扬威地宣布此国成为它的征服国，不仅接管海军，连小国的赋税都强行征收。

“雅典人也太霸道了，谁知道他们下一步会做什么！”以斯巴达为首的伯罗奔尼撒同盟起了疑虑，作为提洛同盟霸权的对抗者，它们担心如此快速扩张的雅典，不久后就会把利爪伸向整个希腊。

当时的雅典是一个代表着民主进步，有着自由城市和繁荣艺术的城邦国家，而斯巴达则还是由贵族当权，主要由保守的农村构成，文化还停留在鄙俗落后阶段的专政国家。民主激进、年轻气盛的雅典民主政治和顽固倔犟的斯巴达贵族政治势如水火，都想往希腊的其他城邦推进自己的主张。雅典挑起了各邦民主派的

★希腊帕提侬神庙

大旗，而斯巴达则掌握着各邦贵族派的盾牌，互相敌视，各不相让。双方在各个方面都要拼个你死我活，在经济上，它们抢夺奴隶，抢夺原料，抢夺市场；在政治上，它们各自鼓吹，极力打压对方。“雅典人蛮不讲理！”“斯巴达人迂腐不堪！”很快，全面尖锐的矛盾已经到了一触即发的地步，一场大战不可避免，将希腊大部分城邦卷入的一场浩劫——伯罗奔尼撒战争终于在长期酝酿之后于公元前431年爆发了。

说起斯巴达和雅典的这场冲突，并不只是一时的矛盾，而是不可避免地要追溯到公元前460年了。当时米加腊退出了伯罗奔尼撒同盟，转而投靠了雅典。这触发了两个同盟之间长期酝酿的矛盾，激烈的对抗就此展开，双方为了争夺同盟国和划分各自的权益互不相让，在公元前446年，两大同盟之间爆发了一场短暂的冲突，双方旗鼓相当，打了个平手，米加腊一看形势不对，也乖乖地重新回到伯罗奔尼撒同盟的怀抱。

这么一打，斯巴达与雅典都发觉一时还没有足够的力量制伏对方，于是带着各自的残兵败将，坐下来签订了一份和平条约。经过这次交手，彼此对对方的实力也心知肚明，承认双方力量相差无几，嘴上说着应该互相尊重，貌似心平气和地找了个裁判把条约给签署了。但是这一签不要紧，这份条约实际上为日后更大规模的战争埋下了种子。在整份条约中，所谓的“中立”国家并没有在里面得到任何说明，完完全全地被排除在和平条约之外。那么到时候他们有了麻烦怎么办？到时候又应该怎么处理？公元前433年左右，在希腊的边缘，就是这样的一根导火线被点燃，终于引爆了大规模的战争。

事情的起因看起来并不起眼，伯罗奔尼撒同盟中的科林斯与其殖民地克基拉发生了一场不大不小的争端，本来是很容易就能解决的事，出乎意料的是雅典却出兵援助克基拉，为它撑腰鼓气。雅典当时的气焰是多么嚣张，科林斯那样一个小小的伯罗奔尼撒盟国怎么会是它的对手？这场仗逼得科林斯只能退兵。

过了一年，在公元前432年的伯罗奔尼撒同盟集会上，科林斯代表声泪俱下，控诉雅典对其的压迫欺辱，“雅典人根本不把我们同盟放在眼里！这是对我们全体的挑衅！此仇不报，我们怎么立足？”这番控诉引起了伯罗奔尼撒同盟群体的激愤。它们找到雅典交涉，提出了非常强硬的要求，包括要它放弃对提洛同盟的领导权，傲慢的雅典当然断然拒绝：“凭什么我们要作这样的让步？”“好，既然你们不同意，那我们就战场上见吧！”于是炮弹原本很短的引信被点燃了，感觉受到了奇耻大辱的斯巴达人不顾此时羽翼未丰，决心与海上霸王雅典决一雌雄，公元前431年3月，旷日持久的伯罗奔尼撒战争爆发。

新的希望：斯巴达人的盟友

伯罗奔尼撒战争的第一阶段持续了整整十年，史称“十年战争”。战火的开端由伯罗奔尼撒同盟的成员底比斯挑起。它忍不下同盟被欺辱的恶气，凶狠地袭击了雅典提洛同盟的邦布拉底，以此下达两大同盟之间的战书。它这么做也不无理由，虽然雅典当时张牙舞爪十分高调，而实际上在那个时候，一向以武立国的斯巴达人拥有近3.5万人的骑兵和步兵，相比之下雅典虽然海军可以纵横天下，但陆地上的兵力则显得略为软弱。

公元前431年，春光明媚，鸟语花香，斯巴达的国王阿基丹姆二世骑着高头大马，率领雄师闯进雅典附近的亚提加，平静的乡村就此被入侵，整洁优雅的村舍被大肆蹂躏，无数的良田被糟蹋，无数的农场燃起熊熊火焰，大批流离失所的农民只能涌入雅典城避难。这对雅典来说简直就是奇耻大辱。被狠狠扇了一巴掌的雅典开始全面还击。

当时雅典的执政者伯里克利思考一下后还是忍住了怒气，采用了“在陆地上先守住要紧，把攻势全面放到海上，在浪尖决一胜负”的对策。他的对策是再正确不过了，因为雅典的海军是何等强盛！只要陆地不吃亏，海面上赢回来就行了！于是雅典派出大批船舰侵入伯罗奔尼撒半岛的沿海地区，准备开战的同时极力鼓动希洛人进行暴动，以此来要挟敌人只能求和。桀骜不驯的斯巴达人怎么会求和！于是也派兵迎战。

★伯里克利头像

就在伯罗奔尼撒同盟与提洛同盟彼此冲着对手的软肋狠狠下手的时候，公元前430年，雅典城因为大量难民涌入导致人口太过密集，卫生条件急剧恶化，城中空气流通极差，肉眼都能看到尘埃到处飞散，因此发生了严重的瘟疫。疫情迅速扩散到城市的每个角落，到处是奄奄一息的病人，掩埋尸体的大坑里面层层叠叠，数之不尽，城内一幅悲惨的地狱景象。斯巴达人闻此欣喜若狂："这是天意啊！本来可能打不过雅典人，现在胜负可就难说了！"

而在雅典受此重创的时候，上天又帮了斯巴达人一个大忙。公元前427年前后，原属提洛同盟阵营的米蒂利尼等盟邦不堪雅典的盛气凌人，突然反戈一击，发动了一场反雅典起义。后院起火的雅典在陆地上苦撑的防守一下子就变得岌岌可危了。

在瘟疫和叛盟者的帮助下，伯罗奔尼撒同盟士气大涨，气焰也变得极为旺盛，往昔雄狮般的雅典突然变成了一只断腿的病猫，斯巴达人占了上风。但是霸王就是霸王，在万般不利的情况下，公元前425年，雅典还是强势突围，利用所向无敌的海军直攻麦西尼西岸的皮洛斯，甚至不费吹灰之力囊括了其附近的斯法克蒂里亚小岛。面对虽然木讷但是掩藏不住对主人的仇恨的斯巴达奴隶阶级，狡猾聪慧的雅典人更是巧舌如簧，极力煽起了一场奴隶的暴动。这样一来，斯巴达人也相当于折断了一只翅膀，希腊双雄如此一来都陷入困境之中，战事遂呈现出胶着的状态。

相持不下也不是办法，伯罗奔尼撒同盟与提洛同盟均决心背水一战，两军在安姆菲波利斯正面相对，战马长嘶，战鼓齐鸣，飞扬的尘土遮掩住了士兵们喊杀的冲锋身影。在激烈的战斗中，鲜血又一次染红了沙土，双方主战派首领的铠甲

★关于伯罗奔尼撒战争的壁画

挡不住凌厉的攻势，在冲杀中双双倒下，战死沙场。又一次的两败俱伤让双方主和派的首领重演了一次历史，再次站到了谈判席旁。

雅典主和派首领西阿斯与斯巴达缔结了《尼西亚斯和约》。在这份和约中，规定了交战的双方都各退一步，放开目前所占有的领地，并且互相交换战俘，迎回自己的士兵，五十年内双方和平友爱，不得再有战争。这些条文都显示出主和派急切希望得到和平的心情，毕竟连绵的战火不仅让人身心疲惫，而且极大地影响了城市经济的发展。

看起来好像已经结束了，但是战争的矛盾真的就此瓦解了吗？雅典主张的民主和斯巴达人宣扬的贵族政治依旧没有得到任何改变，良好的愿景并不能改变彼此欲除对方而后快的态度。所以尽管战争暂时平息，士兵和马匹都退回休息，但这仅仅是另一场大战开始前的喘息。

四面楚歌：雅典的内忧外患

风平浪静的时间并没有持续很久，战争的阴云又盖住了和平的阳光。在剑拔弩张的雅典人和斯巴达人之间，任何细小的动静都可以成为再度开火的理由。双方虽然在按兵不动、休养生息，但是在军备和外交上，仍然是你追我赶，互相较劲。

考虑到斯巴达人不可能这么快卷土重来，雅典人倒是先淡忘了这段过节。公元前415年5月，雅典威武的将军阿尔基比阿德斯提出了远征西西里的计划，喜好征服的雅典人在召开公民大会后，集体通过。阿尔基比阿德斯、尼基阿斯和拉马科斯这三位雅典军中的灵魂人物，带领了136艘携带着2.6万桨手的战船以及1 300名精干的轻装步兵和5 100名重装步兵长途跋涉，前往征服遥远的西西里。

然而就在大军整装待发、马蹄还未踏出一步的时候，在雅典城内就发生了一起匪夷所思的案件。神圣的赫尔墨斯雕像被人蓄意破坏，这可怎么了得！这不是造了反吗？究竟是谁干的！敬神的雅典人惊诧万分，欷歔不已。远征军并未得知详情，依旧按照原计划前往西西里岛，大军刚刚经过海浪的颠簸，到达了小岛的边缘，雅典城内愤怒的市民已经召开了公民大会，分析讨论后发现，犯下这滔天罪行的，除了胆大包天的阿尔基比阿德斯还会有谁？于是公民们要求立刻传令有重大嫌疑的阿尔基比阿德斯马上回国，接受公众的审判。

阿尔基比阿德斯一下子由英勇的将军变成了待审的囚犯，这让他如何是好？他在归国的途中惶惶不可终日，想到回国后即将受到的残酷惩罚，他干脆一咬牙，下决心逃亡到斯巴达寻求庇护。

斯巴达信奉的观念是，敌人的敌人，就是我的朋友。对于雅典的公敌阿尔基比阿德斯，斯巴达人欣然欢迎，它才不管雅典会怎么看，而是表示会保护好这名雅典的罪犯。

雅典的公民们更加愤怒了，一致决定给予干涉雅典内政的斯巴达人以严厉惩罚，因此重新整顿后的雅典远征军改由拉马科斯和尼基阿斯共同进行指挥，立刻前去讨个公道。刚开始的时候，雅典军队一鼓作气，打了不少胜仗。但是在随后的战役中，不幸的消息传来，主将之一拉马科斯壮烈战死，只留下尼基阿斯一人统领大军，这一转变使得雅典军队一时无法适应。

无法适应的不光是士兵，剩下的主将尼基阿斯也是手忙脚乱，毫无头绪。更糟糕的是斯巴达的援军也到了，随之而来的还有老对头科林斯的大股援军。刚刚尝到胜利果实的雅典人瞬间就失去了所有的优势，即使后方增加兵力，但是孱弱的主将根本无法应对如此强大的压力，在毫无方向的无能指挥下，雅典人一败涂地，斯巴达人的铁蹄将雅典全军践踏得体无完肤，赢得了久违的胜利。

公元前413年9月，远征军本应该在西西里岛上喝着庆祝的美酒，隔着海浪眺望祖国，但现实是军队已经覆没，哀鸿遍野。兵力本来就不算强盛的雅典，在这次惨败中失去了136艘宝贵的战船，侥幸存活的7 000人也被抓去当俘虏，而无能的主将尼基阿斯，也终于死在了敌人的手中。在史书中，这一阶段的战事被称之为“西西里战争”，是伯罗奔尼撒战争的第二阶段。

曾经在海上称王称霸、无往不胜的雅典人所遭受的最沉重打击是其海上力量的覆灭，此后直到整个伯罗奔尼撒战争结束，雅典再也没有恢复其海军实力，对陆上力量本来就不占优势的雅典来说，这是一个致命的后果。如果说在西西里岛战役之前，雅典和斯巴达的实力还在伯仲之间，无法分出强弱，那么这次战役以后，高下立分。以自己的文明为骄傲的希腊，被踌躇满志的粗鲁的“乡下人”斯巴达捏在手中动弹不得，而雅典周边斯巴达的伙伴们都日益强盛，往日雅典在它们身上造成的耻辱，化成了此刻它们眼中复仇的怒火，同盟的背叛，主将的叛逃，继任统帅的懦弱无能，都使得雅典挣扎的声势越来越小，而这场几乎毁灭了雅典的西西里战役，也成为整个伯罗奔尼撒战争的转折点。

决战前夜：希望最后的宁静

西西里战争完毕，基本上也暗示了雅典的下场。在吞没了雅典所有的海上力量后，好战的斯巴达人如一头刚刚吃了个半饱的狮子，舔舔沾血的嘴唇，毫不客气地乘胜追击。

公元前413年，曾经饱受凌虐的亚提加又一次遭到了斯巴达的入侵，不仅如此，斯巴达人还大摇大摆地占领了德凯利亚。德凯利亚并不是像亚提加那样仅仅是不幸的城市，而有着其重要的意义。这个城市正好位于雅典“生命线”的关键位置，如果德凯利亚被占，那么就相当于雅典身体中的动脉血管被堵住，外面的物资进不来，城内的产品也出不去。雅典就像活生生被剥离开来，与外界失去了一切联系。土豆烂在了地里，所需的其他粮食却即将告罄，田地因为得不到必要的肥料变得一片荒芜，荒草疯长。生产资料的短缺使得整个农业生产系统全部瘫痪。

在死气沉沉毫无活力的城市里，本来就没有多强本土心态的2万名工匠忍受不了这样艰苦困难的生活，他们商量道：“看来雅典早晚会在斯巴达的手中腐烂，我们不如自己去找另一条出路！”自由的城市雅典确实有其自由的人民，这些工匠很快自己决定一起出城逃亡。这一打击使得雅典的经济一蹶不振。粮食没了，工匠也逃跑了，眼看本来活跃光荣的雅典城即将陷入衰竭的境地，雅典人困在城中欲哭无泪。而斯巴达人则屏息凝神，就像猫玩老鼠一样，慢慢欣赏着这座充满活力的城市的衰亡。雅典人分明感觉到斯巴达人擦着口水狞笑的嘴脸，这种被囚禁的感觉让他们面上无光，生不如死。要么就是缓慢地亡，要么就是拼尽最后的力气一战。在市中心，最后的雅典人聚集到一起，悲哀地望着曾经荣耀的土地。

“我生于此，长于此，城市赋予我征服的荣誉，但是现在却变成了这般模样！”痛心的雅典人下定决心与城市共存亡。既然都到了这个时候，那么也没什么可以吝惜的了。雅典军将所有的人力财力通通取出，一个子儿都不剩地投入战争。将全部资产盘点一下后雅典人发现，已经完全没有以前雄厚的实力了，薄薄的储备并无多大胜算，但是此刻成败已经不重要，宁为玉碎不为瓦全的作风让他们豁出了全部，再次组建成了舰队，决心与步步紧逼的斯巴达人决一死战。伯罗奔尼撒战争最后的决战阶段“德凯利亚战争”一触即发。

在灰暗寒冷的海边，雅典人推出了他们最后的所有，象征着往日辉煌的战舰缓缓入海，此时此刻，从公元前431年开始的那场战争，所有的情景都历历在目。曾经风光无限，在海上为所欲为的雅典，因为自身的强大而盲目轻敌，认为保守封建的斯巴达人根本不值一提，但是没想到接下来的形势转变得如此剧烈，内部的矛盾，大量奴隶毫不留恋的逃亡，曾经以为已经驯服的盟国纷纷叛离，自己的将军投敌，好不容易换上的又那么不中用，而现在连雄厚的财力人力也在斯巴达的慢慢凌迟中逐渐耗尽，最后只剩下了这些战舰，只剩下了这些背水一战的雅典人。如此被动的局面，所谓四面楚歌，所谓众叛亲离，不过如此。

★雅典的国王和士兵

雅典人潸然泪下：“可怜我的城邦，可怜我的人民！”

为生存而战的雅典爆发出了原有的勇敢，这150艘战舰是雅典海军的全部精华所在，在哀兵必胜的心态下，这支舰队爆发出惊人的战斗力。在公元前411年的赛诺西马战役中，雅典海军又一次大败斯巴达军队，这一胜利极大鼓舞了长期笼罩在失败阴霾下的雅典军队。第二年在基齐库斯，不善海战的斯巴达海军再一次告负，狼狈逃走，而扬眉吐气的雅典人重新获取了色雷斯沿海和通往黑海的控制权。

最后决战：围城不只是最后结局

海上取得的局部胜利虽然让雅典人精神大振，但是纵览全局，整座雅典城已经被敌兵团团围住，如此境况下的雅典已经是强弩之末，海军方面的几次小胜利只是在尽可能地让最终的失败来得迟一点而已。

尽管如此，斯巴达人面对久攻不下的海面也异常焦灼，抓耳挠腮：这群雅典人简直就是海上的鲨鱼！要怎么才能打败他们呢？这时候斯巴达人想到了他们曾经的宿敌——波斯。波斯虽然老是给斯巴达人使坏，但是在海上战争中确实还是一把好手。在这种情况下，为求尽快结束战争，斯巴达人厚着脸皮向波斯人发出了求助信号。

★达达尼尔海峡

没想到波斯人不计前嫌，爽快地一口答应。虽然不知道老奸巨猾的波斯又在打什么鬼主意，但有了波斯生猛雄壮的海军相助，斯巴达人也有了信心正式宣布与雅典海军决战。

公元前405年，斯巴达海军连同波斯舰队，在莱山德的指挥下迅速到达赫勒斯滂海峡（今达达尼尔海峡）附近的羊河河口。莱山德是什么人物？他深深明白受命于兵败之后，这场决战的胜利是多么重要，只有建设出强大的海军，才能够彻底摧毁雅典。波斯人希望斯巴达和雅典两败俱伤的心理也被这位机敏的主将看透，他趁机利用这点从波斯王子手中调来大量资金，建造出一百多艘巨大的三层战舰，甚至开出了优渥的桨手薪水，以此吸引雅典军队中经验丰富又囊中羞涩的老桨手。

公元前406年3月，雅典舰队临时统帅安提奥霍斯似乎被前面的胜利弄得有点飘飘然了，在一个夜晚，他竟然打着哈欠吩咐负责放哨的士兵："放心安睡吧，海洋就是我们的陆地，斯巴达那群连游泳都不会的家伙，只有乖乖挨揍的份儿！"雅典海军的麻痹大意被莱山德利用了，他趁机率领舰队星夜北上，在月光辉映中完成了一次漂亮的突袭，捣毁了雅典15艘战舰，使本来就力量有限的雅典元气大伤。

莱山德这一战，使原本士气低落的斯巴达海军士气大振。他注定成为雅典海军的克星。在公元前405年夏末，莱山德率领斯巴达海军在羊河口战役中又一次利用了雅典人的麻痹大意，全歼了拥有180艘战舰的雅典舰队，使雅典的海上优势荡然无存。

公元前404年，陆地和海洋的双重失败让雅典人不想再有无谓的伤亡，既然败局已定，只能选择投降。而这样的投降又是如此沉重，让雅典人迟迟按不下手印。因为它附带着斯巴达定下的屈辱条款已经让雅典人紧闭着眼睛不敢去面对。

条约中规定：一直由雅典把持的提洛同盟就地土崩瓦解，从此不再有提洛同盟国这回事，所有成员必须加入伯罗奔尼撒同盟，也就是说雅典这一仗不止输的是自己，更加输了自己附带的所有。更让雅典痛苦的是，雅典最重要的防御设施长墙工程也必须拆除，整个雅典城赤裸裸地暴露在敌人面前，以后要发生战争，就像光着身子挨打一样。

条约中还说，雅典的军事力量可以保留。但是雅典人一点也不感到高兴，相反又羞又恼、满脸通红。斯巴达人不无嘲讽地规定，可以保留军事力量，但是保留的仅仅是12艘战船而已，这比完全失去军事力量更加让雅典难堪。

德凯利亚战争的结束也标志着伯罗奔尼撒战争的终结。雅典从此一蹶不振，往日的辉煌成为永久的回忆。而战争的胜利者斯巴达，也在战争中付出了沉重的代价，尽管暂时取得了霸主的地位，但斯巴达很快就发现，就在其与雅典打得热火朝天的同时，新的力量正在崛起，这就是一直坐山观虎斗的马其顿。很快，整个希腊，整个地中海世界都将被这股力量震动。

战典回响

希腊文明的基础坍塌

光辉灿烂的古希腊文明走向衰亡，唱这首挽歌的不是别人，而正是希腊人自己。当时的希腊城邦四立，并不统一，甚至连民族国家的形成都是很久以后的事。希腊人聚居密集的地方就形成了城邦，众多的城邦又构成了整个希腊松散的民族认同体。虽然称呼都是希腊人，但是各怀各的心思，根本不把彼此当做自己人，甚至互相敌视。

古希腊文明的顶峰在于雅典的辉煌。代表着民主、文明、进步的雅典，意气风发，仿佛代表了希腊崭新的未来。它浓厚的学术氛围和开明统治云集了各国学者，人们以研究学术为荣，以精神丰富为傲。可是这样的好时光维持了一百年都不到。伯罗奔尼撒战争之后，曾经丰饶的物质和精神文明经过漫长战争的洗礼已经所剩无几。而代表旧势力的贵族派斯巴达打败雅典成为希腊霸主之后，寡头政治又掀起各个城邦的腥风血雨，民主派人士要么就是惨遭杀戮，要么就是被放逐驱赶。民主制度更是被完全摧毁，伟大的苏格拉底就是在这个时候被处死的，因为他告诉年轻人们不要相信神明。此时的希腊不但见不到一丝文明的光辉，而且是向过去倒退。

从此以后，西方文明的光环不再在希腊头顶闪耀，甚至在以后2000多年的人类历史中，希腊再也没有取得让人瞩目的成就。

马其顿的崛起

在残酷的伯罗奔尼撒战争中，可以说收益最多的就是斯巴达与雅典之外的波斯人，他们目睹两强相争，在血与火中坐收渔利。进入公元前4世纪以后，战事并未完全停止，希腊内部依旧战争不断，不甘心的雅典明里暗里还在继续与斯巴达进行霸主的争夺。为了壮大己方的力量，两国先后都拉拢昔日的死敌波斯，无休无止的争斗严重伤害了希腊的文化甚至经济，雅典等曾经强大的城邦也日益式微。而一度位于希腊文明边缘，被希腊人视为野蛮人的马其顿，却悄无声息地壮大起来。

马其顿位于希腊北部，物产丰饶，人们普遍高大而骁勇善战，英明的领导人腓力二世雄心勃勃，决心统一希腊结束内战，而希腊文明的大旗也逐步转移到这个不起眼的小国手中。

★沙场点兵★

人物：莱山德

古希腊斯巴达海军统帅。莱山德是土生土长的斯巴达人，贵族出身的他却因家道中落，幼年生活十分贫寒。他不甘心生活在艰苦的环境中，雄心勃勃地想着出人头地。在伯罗奔尼撒战争中，面对久攻不下的雅典海军，莱山德功成名就的机会终于到来了。他利用机会突袭雅典海军成功，鼓舞了士气，最终取得了伯罗奔尼撒战争的胜利。在此后的战役里，他更是打破了斯巴达一人不能两次担任海军统帅的规定，全权指挥在阿吉纽西战役中的斯巴达海军，以逸待劳，在羊河口一举消灭了强盛的雅典海军。

战后的莱山德名噪一时，获得了无数财富和荣誉。但是性格狂妄自大，刚愎自用的他却因为过于专横跋扈而被免去职务，再度起用之后的同年夏天，被底比斯人突袭而亡。

武器：三列桨战舰

三列桨战舰是古希腊和古罗马时代早期最著名的一种战舰，因在侧舷有上、中、下三排桨而得名。它大概产生于公元前6世纪的古希腊城邦科林斯，后来由海上霸主雅典加以改进并成为海战的主角。典型的雅典三列桨战舰上层有桨手62人，中、下层各54人，此外配有重装步兵14人。三列桨战舰舰长（不包括撞角）约40米，宽约5米。这种战舰最大的特点是速度快，机动性强，在桨手全力划桨的时候，速度可以达到11节左右。其作战方式一是撞击，用舰首的黄铜撞角高速撞击敌方战舰；二是接舷战，即两舰相接后由重装步兵通过跳板跳到敌方军舰上进行战斗。以三列桨战舰为主力的雅典海军在希波战争中曾一举大败波斯舰队，使整个战局得以扭转。在伯罗奔尼撒战争中，装备三列桨战舰的双方在爱琴海上反复惨烈搏杀，最后雅典海军的覆灭是斯巴达取得胜利的重要前提。

战术：消耗意志

在古希腊斯巴达对雅典的伯罗奔尼撒战争中，斯巴达使得雅典彻底失败的战术是有效的消耗战术。消耗战术指的是在战争中，逐步削弱对手的同盟国和援助，从各方面包围使其陷入孤立的境地，同时切断敌方粮草物资等供应，不发动攻击而是等待对手慢慢将自身资源耗尽，从而在意志上使对手陷入绝望，从而发动致命一击。

战典

毕其功于一役

THE CLASSIC WARS

决战

第二章

波拉伐斯战役
——亚历山大大帝的绝响

▲亚历山大大帝是古代西方最伟大的征服者之一，他用卓绝的军事、政治才能缔造了一个空前辽阔的大帝国。亚历山大似乎生来就是为了不停地征服远方的土地，在消灭了宿敌波斯、占领了埃及和亚洲大片领土之后，亚历山大把眼光投向了遥远的印度。公元前 326 年，亚历山大的远征军与古印度一个名叫波拉伐斯的强国的大军遭遇了。此战是亚历山大军事生涯中最艰苦的经历，他赢得了胜利，却也使远征到了尽头。

前奏：马其顿帝国的獠牙

璀璨爱琴海点缀着的希腊的中北部，在海风呼啸的艾普鲁斯和山崖陡峭的东邻色雷斯之间，夹着小小的马其顿。这里面住着怎样的居民，他们又是怎样聚集到这个小邦国的，从来没有人关注。希腊人狂热地聚焦着雅典与斯巴达的火拼，并没有注意到这个满是混血后裔的地带。因为马其顿所处的地带实在是太偏僻了，远离了繁荣文化的中心，理所当然地也还执行着落后的帝王制度。希腊人通常都嘲讽这种居民为野蛮人。在公元前6世纪的下半叶，马其顿早已经默默地完成了统一，依旧信奉着自己的君主。

在古希腊早期的希波战争中，弱小的马其顿开始时依附在强大的波斯翼下，精明的马其顿人知道战争局面过于诡谲，所以还偷偷地背着波斯人给希腊人传递情报。马其顿人的善于取巧、灵活求全的特征也初露端倪。

就在希腊沦陷在连绵战火中的时候，马其顿人却关起国门，不问外事，专注于自己内部的改革。摄政王腓力二世眼光长远，思维开阔，他眼看着马其顿的幼主不成气候，注定成不了大器，干脆将其废黜，自立为王。上台以后他也毫不忌讳，立刻进行大手笔的改革。虽然说一直被希腊人看不起，但是马其顿的这位国王并不因此而无视希腊，相反他觉得希腊的进步和辉煌自然有其原因，人家的优势必定要好好学习，他在保证自己王权的前提下借鉴斯巴达、雅典等希腊城邦的政治制度进行改革，大力削减了贵族的权力，至于公民大会，他说："雅典就是因为公民大会闹得鸡犬不宁，唉！他们难道就不明白人多嘴杂的道理吗？"

最为出色的是他的军事改革，这位国王对自身的安全问题想得十分周到，一手创建了一支强大有力的国王常备军，人才济济，连最普通的小兵都是百里挑一。他时常亲自上场带领士兵操练，更是创立了坚不可摧的马其顿方阵。

★马其顿军队的制胜利器——马其顿方阵

他还不满足："看起来我的军队确实很优秀，但总觉得人还是少了点，万一希腊人打过来，我们这些士兵怎么够他们打呢？"想要增兵，必须加强物资储备，所以他跑去侵占了色雷斯的金矿，保证每年的军事扩充都有源源不断的金钱。就在希腊处于城邦混战的时候，马其顿的军事实力已经变得空前强大。

腓力二世这才有了信心去攻打希腊，之所以这么重视军事实力，是因为这位伟大的国王远远不满足于固步自封，他的心胸里已经装下了整个希腊，他的眼里已经出现了这样的情景：马其顿高高举着旗帜，领衔希腊各个城邦，统一这片辽阔的疆土！

想以小国之力吞并霸主，马其顿也不是没有它自己的顾虑。首先，马其顿人在希腊人眼里还是不值一提，扣着蛮族的大帽子，估计即使用武力强行统一了也得不到希腊人的认同，这样可就形成不了一个完整的帝国了。其次，希腊人虽然说着一样的语言，也有着相近的血脉，但是都是各顾各，面对大敌尚且很难保证一致抗敌，对待马其顿这个君主制的政体更加是厌恶万分，想要统治好这批自由散漫的人谈何容易！最后说到武力，这也不是一件简单的事，虽然战争已经消耗了希腊大量的实力，但是斯巴达和底比斯的重装步兵还是不可忽略的中坚力量。腓力二世考虑再三，面色时常变化，最后他还是长出一口气，向自己的大臣说道："希腊非常厉害，想要征服他们，我们只能比他们更厉害！"

只可惜这位深谋远虑的帝王壮志未酬身先死，还未开始启动自己的宏伟计划，他就在女儿鲜花盛开、幸福的婚礼上遭到冷箭，当场身亡。这下那些被腓力二世所征服的城邦，甚至色雷斯等地都趁机叛乱或者宣布独立，他们瞅准了腓力二世的继任者亚历山大年仅20岁，面对这个局面也不可能作出处理。可是他们小看了“虎父无犬子”这句话，年轻的统帅亚历山大完全继承了他父亲的铁腕政治和剽悍作风。叛我者必诛之！为了给这些捣乱的小城邦来点教训，他率军首先征服了背叛者伊利里亚等部落，把刚恢复自由的色雷斯人逼到了多瑙河畔。

这时候马其顿的老对头底比斯人一看情势不对，原本要混乱的马其顿怎么不但雄风不减，还多了几分杀气？这个毛头小子实在小觑不得。于是狡猾的底比斯人开始散布亚历山大阵亡的假消息，一下子就掀起了反马其顿的高潮。

就在四面响起“亚历山大已经死了！马其顿没什么好怕的”这种舆论的时候，亚历山大正好端端地坐在自己的高头大马上，思考着对付底比斯的办法。亚历山大很清楚，底比斯并不是宵小之辈，它在整个希腊都是数得上数的著名大城邦，如果让它这么煽动下去，局面很快就不能受自己控制了。

快！一切都要快！亚历山大二话不说，策马挥师南下，迅雷不及掩耳地奔驰至底比斯的高墙之下。如此当机立断的火速战略是底比斯人做梦也没有想到的，面对亚历山大杀气腾腾的大军，底比斯人还没来得及合拢自己散布谣言的嘴巴，

★亚历山大骑马出征，开始了自己的征服之路。

就瞬间被狼狈攻克。亚历山大毫不留情地把底比斯所有的居民都变成奴隶，但是对向他表示友好的少数人还是网开了一面。

这次作战不仅毁灭了底比斯，还成功地吓住了其他城邦，亚历山大果断干脆的手段让所有希腊城邦都甘拜下风，就连一向嚣张的雅典，面对这位年轻人率领的利落猛烈的军队也哑口无言，只能臣服。

就此凋敝的希腊便不费什么劲就都归顺了亚历山大，承认他为最高统帅，从此这位继承父业的年轻人不仅完成了父亲的梦想，也展开了自己的蓝图。

天堑鸿沟：波拉斯给亚历山大的问答题

青春勇猛的亚历山大给自己制订了远征的计划。公元前327年，亚历山大率军东进，一路走一路征服，真正做到了让对手望风而逃。公元前326年，他的军队已经踏上印度的土地，进入了一个神秘的国家——波拉伐斯王国。

熏香缭绕中的波拉伐斯国虽然不像波斯那么强盛，但是实力也不俗，这要归功于他们能征善战的国王波拉斯。

强者的作风都是相似的，波拉斯手中的大军力量也相当坚实。三万步兵，四千骑兵，三百辆战车的阵容已算可观，他还拥有一支独特的兵种，二百头强壮庞大的战象！这样的军威和亚历山大的精锐之师也不相上下。

亚历山大到达波拉伐斯国时，正值炎热难当的夏季。大雨每天倾盆而下，地面泥水四溅，闷热潮湿且不说，这种天气还给波拉斯提供了一个天然的屏障——因为雨量充足，波拉伐斯的护城河真纳河既宽又深，哪怕是在平静的状况下想渡河都十分艰难，何况一旦开战？

凭借着真纳河这一天险，波拉斯并不忌惮亚历山大的进攻。有信心是一回事，同时也不能大意轻敌，所以波拉斯一听说亚历山大的大军要开来，立刻就沿河部下军队，防守得滴水不漏。至于他的爱将战象们，也被安插到每一个徒涉场的哨兵身边。

可能有人要奇怪，为什么笨拙的战象却用来把守？原来是波拉斯考虑到马其顿所有战马都是北方物种，这辈子恐怕都没见过战象这种庞大的怪物，只要战马一瞅见战象扬鼻长啸的身影，都会吓得又蹦又跳，因为恐惧而从船上掉入水中。那么马其顿的骑兵再厉害，也不可能过得了河了！

波拉斯的算盘打得也太精了！

这时亚历山大已到达波拉伐斯国护城河外，他命令士兵就地扎营，静观对岸。隔着一条大河亚历山大看到了英伟的国王波拉斯以及整齐精壮的军队，更看到了众多被驯服的战象。这时波拉斯的目光与他相遇了，两位主帅隔河对彼此在内心进行了评估。

亚历山大微微一笑："既然这印度佬要跟我们玩玩，那么我们就奉陪吧！"他下令部队向不同方向移动，使得波拉斯的防守军队把握不准亚历山大军上岸的地点。同时他还下令各个方向都要有源源不断的物资供给，这很明显就是做给波拉斯看：我们已经决心长期扎营了，夏天雨水够多，到了冬天这河恐怕就不是问题了吧？

要知道在当时，印度所有河流都水流湍急，太阳炙热，即将到达盛夏。在这个时候印度大部分都笼罩在滂沱的大雨中，甚至河流的发源地高加索山上皑皑的积雪都在融化，所以此时是河水流量最大的时候。但是只要再过几个月，冬季到来，雨水停止，圣洁的冰山再度凝结，这个时候真纳河中的水位必定会大大下降，变得又浅又窄，士兵们甚至不会弄湿上衣就可以蹚水而过。

所以亚历山大以此向波拉斯国王表明自己等待冬天到来的时候再进行决战的决心，也显得合情合理。而实际上，正急着扩张自己帝国版图的亚历山大怎么甘心白白浪费宝贵的时间呢？他一直在等待波拉斯军队防守松懈的时候，只要有一个空子可钻，他会立刻发挥自己快速的优势，出其不意地迅速偷渡。

暗度陈仓：亚历山大的三级跳

因为隔河相望，所以双方对彼此的进攻防守看得是一清二楚。亚历山大早就注意到了由波拉斯亲自驻守的那一带河道是没有可能渡过的。

那里不仅重兵把守，而且战象数量较多，因为在国王的身边，所以那些军队看起来装备尤为齐全，阵容严整。别说渡河了，光是马匹能不能大着胆子上岸都是个问题。隔着这么远的距离，奇形怪状的战象还有它们怪异的吼叫已经让战马十分不安。在这边仅仅是扎个木筏让战马站上去，但当对岸战象一有什么动静，这些见惯刀枪杀掠的战马就会吓得屁滚尿流，立刻掉进水里。

他观察了许久，决定不能这么光明正大地渡河，只有趁着月色偷偷过去。面对波拉斯那样机敏的主帅，偷渡也不是那么容易的。幸亏现在有的是时间。

亚历山大认为，再聪明的猫也有松懈的时候，只要它累了，老鼠就可以偷偷行动了。

于是他定下了三步走的方略，一开始是在白天，他带着大批人马在河岸上来回奔跑，高呼着希腊雄壮的冲锋口号，泥水飞溅，人声喧嚷，搞得要多热闹就有多热闹，好像大军已经要强势渡河了。这样波拉斯就立刻紧张地带领自己的部队在对岸平行奔走，战象也跟着东奔西跑。

接着是晚上，同样是声势浩大，一副“我马上就要强渡了！你还不快防守”的架势，可怜的战象继续跟着波拉斯焦灼的部队跑来跑去。

到了最后，不分白天黑夜，没事儿亚历山大就带着部队高声喊叫，四处奔跑，久而久之波拉斯也厌倦了，觉得亚历山大只打雷不下雨，都是在玩虚的，于是他就干脆待在营房里，听到亚历山大的喊叫连眼皮都不抬一下，只不过他心里还是提防了一点，侦察哨还是没有撤下。

就这样亚历山大成功地让波拉斯在夜间放松了警惕性，虽然还在游戏一般佯装渡河，暗中却偷偷开始将大部分人马和船只调到了河流上游离原来营地差不多有五十里的地方。这个地方在真纳河的拐弯处，树叶茂密，人迹罕至，对面河中还有一个岛屿，也是树木森森，是个相当隐蔽的完美的准备场所。

马其顿人一边演戏，一边在这个天然的屏障中进行认真而紧张的渡河准备。终于到了正式渡河的时候了。

★冲锋中的马其顿军队

冒险强渡：决断者的答案

当亚历山大决定强渡时，一切都无须再故弄玄虚，强渡的准备工作完全是在大本营里面公开进行的。

公元前326年6月的一天晚上，黑云滚滚，电闪雷鸣，大地一会儿黑暗一会儿又亮如白昼。大雨滂沱，河水咆哮，波拉斯和他的军队被马其顿人这几天又是风又是雨的胡闹搞得已经烦不胜烦。马其顿人就这样借着老天爷的掩护把步兵、骑兵都集中到岸边。

暴雨来得迅疾去得也快，破晓之前已经雨过天晴，风平浪静，清凉的黎明，太阳刚刚露出一条金色弧线。亚历山大下令一万五千名士兵立刻登上战船和皮筏，趁着水面阻力尚小，赶往河中的岛屿。

但是机警的波拉斯哨兵还是看到了这支大军绕过岛屿的尾巴。亚历山大毫不担心波拉斯的反攻，此刻波拉斯的军队应该刚刚苏醒，无论如何也来不及集中兵力。

快！一切要快！崇尚速度的亚历山大命令船只急速驶向对岸，刚刚踏上土地立刻列成战斗队形，趁对手反应之前马上交战。

★马其顿骑兵

这一招亚历山大已经用过很多次，屡试不爽。但是这一次却遇到了意想不到的情况，也是因为人生地不熟，亚历山大的军队来到的地方根本就不是真纳河的东岸，而是另一个不知名的岛屿。这下可吃了大亏了，眼看前功尽弃，马其顿人像泄了气的皮球，抱怨着运气不佳。

但实际上马其顿人的运气还是相当不错的，对岸根本没有多少守敌，新的渡河地点也很快就找到了。虽然河水还是很深，但这个渡河地点已经是相对水浅的区域，水位正好与士兵的脖子相齐。马其顿人身材高大，成年男子的平均身高已经超过了一米九，所以就发挥了身高的优势，勉强还能徒涉过去。

亚历山大一看时间已经浪费了许多，再也不敢耽搁，手一挥：“都给我下水！给我走过去！立刻！马上！”

这时候波拉斯已经收到了消息，马其顿人这回是来真的了，已经在岬角一带渡河，但是马其顿的主力究竟是在哪里呢？岬角那边究竟有他们多少人马呢？会不会又是声东击西？这个时候再精明的主帅都开始犯难了。如果率大部队前往岬角阻击，万一亚历山大的主力还在对岸，趁波拉斯大军离开偷渡怎么办？但是如果还坚守原地，仅仅派部分兵力过去加以防守，又怕岬角那边实力雄厚，是亚历山大绝对的主力，那么这道防线就彻底被突破了。

波拉斯反复考虑，最后还是派遣了儿子小波拉斯率领两千名步兵与120辆战车前往阻击。就在波拉斯思考的时候，一向以快见长的马其顿人的大部分军队已经渡过大河，小波拉斯刚刚赶到就被亚历山大打个正着。这么点儿兵力简直就是自寻死路，马其顿军轻松地就击溃了这支弱旅，小波拉斯还没有还手就断送了性命。

亚历山大的强渡取得了预料中的成功，波拉斯的犹豫不决失去了阻挡的先机，还赔上了自己的宝贝儿子。

前后夹击：战象的转身速度

波拉斯得知儿子战死后，悲愤难当，他痛悔自己的举棋不定，决心亲自带着大军前去讨伐。在留下少数人看守当地河岸后，波拉斯带领这三万名步兵和四千名骑兵，驾着隆隆的180辆战车以及所有的战象迎击亚历山大。他选择了一块宽阔平坦的坚硬沙土地带作为战场，摆开了雄壮的阵势。200头踏起步就地动山摇的战象打头阵，以阻挡对方的战马。又在战象后放置步兵，形成厚实的第二道防线，堵住战象隔开的间隙。而骑兵则机动地安插在步兵两边，随时策应。在骑兵的两翼更是180辆高大战车，看起来威风凛凛。

亚历山大急速前进的步伐在遇到波拉斯军队后放缓了，他迅速调整了队形，作好迎战准备。亚历山大拥有自己经典的战术并且很少改变。这一次也一样，步兵方阵占据中间位置，起着最为关键的作用，正对着皮糙肉厚的战象。

但是亚历山大同时还下令不要先投入战斗，这样对己方不利，而是由善于机动作战的马其顿骑兵打前锋，打乱波拉斯的阵容。

正面布局已定，亚历山大不失时机地命令科纳斯率领两支优良的骑兵队伍悄悄开向敌人的右翼。一旦波拉斯的骑兵开始与己方右翼开战，这两支队伍就绕到敌人身后，杀他个措手不及。

战略已定，亚历山大走了自己的第一步棋，他开出骑兵右翼，首先从这里发动进攻。

波拉斯一看左前方的亚历山大骑兵蠢蠢欲动，二话不说将自己右翼也调至左方增援。这下正中了亚历山大的圈套，1 000名事先安排好的骑马弓箭手同时放箭，箭矢如锋利的雨点黑压压坠下，波拉斯的骑兵根本没想到这一点，顿时死的死伤的伤，阵脚大乱。而这个当口亚历山大的骑兵全力发动，冲向波拉斯队伍。科纳斯的队伍也不失时机地出现在波拉斯骑兵身后，形成前后夹击之势。

波拉斯为情势所迫，不得不抽调兵力转头来对抗科纳斯的队伍。而亚历山大则声势不减，一口气把波拉斯的骑兵逼到了战象那里。波拉斯的象倌没想到敌人这么快就重来，急忙驱赶战象，结果却乱了阵形，完全背离了波拉斯的初衷。

而此时一直按兵不动的马其顿方阵步兵一拥而上围攻战象。顿时投枪放箭的马其顿人密密麻麻地扑了上来，虽然波拉斯的象倌一开始慌了阵脚，但是勇气不减，面对这样的残酷形势丝毫没有惧色，继续驱赶战象冲向这个凶猛的方阵。马

★战象在那个时代是极具杀伤力的武器

其顿方阵再坚固也抵不过凶猛的大象，一时就被冲了个乱七八糟。

而在战场两翼的激战中，波拉斯的骑兵们表现出了让人敬佩的英勇顽强，尽管遭受前后夹击，但是依旧拼死奋战。在悬殊的力量对比之下，波拉斯骑兵因为经验过少，还是败下阵来。此刻战象已经成为波拉斯退守的最后防线。而马其顿骑兵、步兵又开始新一轮的冲锋。

★激战中的波拉伐斯战役

在密集投掷过来的枪箭中，战象身负重伤，疼痛难忍，在狂吼中开始横冲直撞，连敌我都分不清楚。所到之处，包括许多波拉斯军士在内的士兵都惨死在战象的踩踏之下，尤其是波拉斯骑兵，因为和步兵紧紧地挤在一起，完全没有逃避的空间，后方又被科纳斯截击，完全无法脱身。

波拉斯战士在象蹄下，在亚历山大步步紧逼的盾牌前，纷纷惨死，而还留在西岸的马其顿士兵则可以轻松渡河，前来助亚历山大亲率的大军一起结束了这场惨不忍睹的战斗。

虽败犹荣：生命和帝国的夕阳

震天的喊杀声过去，漫扬的尘土也缓缓落定，面对满目疮痍，一向永不言败的波拉斯用手捂住悲怆的脸，只能承认自己输了。但是随后他又坚毅地昂起头颅，坦然迎接敌人的处置。

以前亚历山大也征服过不少国家，其中大多数国王就像大流士三世一样，看到风卷残云的亚历山大大军就吓得临阵脱逃，大多将自己的国家半推半就地送给了亚历山大。而像波拉斯国王这样，直到战争最后一刻依旧亲身奋战的君主几乎没有。

波拉斯根本不愿意将自己珍爱的国土拱手相让，如果仅仅是他自己，他绝对会拼到身体流出最后一滴血为止。但是眼见自己的士兵大部分死伤严重，剩下的奄奄一息，他只能痛苦地带领残兵败将往后撤退。

亚历山大明白已经没有了打的必要，敌人完全被摧垮了，但是他却用欣赏的眼光打量着波拉斯坚毅的脸。如此英勇亲身上阵的君主，让他有了英雄惜英雄的感觉。如果日后要巩固对这个国家的统治，恐怕也没有比波拉斯更好的人选了。

所以亚历山大嘱咐手下，切不可伤害波拉斯的性命，相反要客客气气地护送他回去，并且礼貌地派人上去邀请他来与自己一见。

波拉斯见到亚历山大的使者只能苦苦一笑，以为自己是到了要被处死的关头。没想到亚历山大亲自过来迎接，他凝视着波拉斯魁伟的身材，深深感觉到在这个手下败将的身上，并没有失败的气息，相反却表现出了一个勇士对另一个勇士永不低头的魄力。

亚历山大热情友好地询问他目前有什么打算，还有什么要求。波拉斯虽然战败，自尊却不曾放下，他一点都没有输家的垂头丧气，而是字字铿锵地说："既然你邀请我来，那就必须把我当成这个地方的国王来尊重！"

★亚历山大雕像

亚历山大满口答应："当然，你永远都是这个国家的君主！"不仅如此，亚历山大还赠送了波拉斯一块比他本国还要大的土地，当场摆上美酒珍馐，和波拉斯痛饮畅述战场的经历。波拉斯十分意外，亚历山大对他的重视和诚恳让他对这位年轻的霸王刮目相看。从此波拉斯对亚历山大心悦诚服，甘愿归顺了他。

亚历山大的征程就这样度过了草长草衰、日出月落的八年。八年前年轻健康的士兵大多已经受伤，拖着残肢断腿，要么就是在餐风宿露的艰苦生涯中得了重病，浑身没有一块舒服的地方，更多曾经的他们的同伴和朋友，都已经战死沙场。

他们独自在远方的荒野行军，在面对荒原的孤月和篝火时，他们心中分外想念家中的温暖，想念自己的亲人，慈爱的父母和挂念的妻儿。在这样凄楚的心境下，士兵们再也不愿意打仗了，他们不想再为多一块土地而频繁地牺牲，都想留一条残命回去见一见心中一直思念的人。

满腹牢骚的士兵甚至开始公开拒绝开战。亚历山大面对这样疲惫而士气低落的军队，长叹一口气，无可奈何地宣布收兵回乡。

战典回响

亚历山大之死与帝国的瓦解

印度是亚历山大远征的终点。他所带领的马其顿战士对这片炎热的神秘土地并没有兴趣，长年累月的征战已经使他们感到无比厌烦。面对部下越来越强的思乡情绪，亚历山大不得不答应退兵。公元前323年6月，亚历山大率军回到了巴比伦，在一场宴会上痛饮一番之后，他突然病倒了，在连续发热10天之后，这位伟大的征服者带着他征服世界的梦想撒手人寰。

亚历山大英年早逝使他没有时间来巩固他一手缔造的庞大帝国，他也没有为自己指定继承人。他死后不久，手下的大将们就开始争夺帝国的主导权，彼此相互攻伐。亚历山大的母亲、妻儿都在内乱中丧生。最后，亚历山大手下的三员大将瓜分了帝国：埃及由托勒密所有，建立了统治埃及两百多年的托勒密王朝；帝国的亚洲部分由塞琉古建立起塞琉古帝国；马其顿和希腊地区则建立了安提柯王朝。这些新国家的建立把古希腊文明的火种布满了北非、西亚，使古代世界进入了“希腊化”时代。直到罗马崛起后将它们又一一征服。

★沙场点兵★

人物：亚历山大

亚历山大：公元前356年出生的亚历山大大帝不仅是古代马其顿的国王，更是亚历山大帝国的皇帝。他的雄才伟略一直影响到后世，成为世界古代史上著名的军事家和政治家。他生性聪明热情，在担任马其顿国王的短短13年中，以极大的精力东征西讨，先是驾着爱马带领军队统一了希腊，随后又灭亡了长盛不衰的波斯帝国。在横跨欧亚的辽阔土地上，建立起了一个前人无法想象的以巴比伦为首都的庞大帝国，对人类社会的发展产生了重大的影响。他的成就不仅前无古人，并且连后人都很少超过。亚历山大大帝以自己的伟大和英明统治了如此庞大的一个帝国，并且能够继续推进整个社会经济和文化的发展，但是了不起的君主也碰上了他致命的对手，公元前323年，雄狮遭遇细菌，一代帝王亚历山大发烧死去，靠武力征服建立起来的庞大的亚历山大帝国也随之瓦解。

武器：战象

古人很早就开始驯养大象来作为战争工具。古埃及、古印度、波斯帝国都曾经在军队中配备战象。在两军对垒之际，利用高速飞奔的战象可以冲乱敌军阵型，践踏敌方士兵，并使敌人产生极大的恐惧心理。在亚历山大大帝的征战生涯中，他最早面对敌方的战象是在公元前331年与波斯的高加米拉会战，此战虽然以亚历山大的胜利告终，但波斯布置的15头战象巨大的威力给亚历山大以极深的印象。在波拉伐斯战争中，亚历山大的军队同样遭受战象的猛烈攻击。战象在战斗中的劣势也是显而易见的，首先是目标过大，容易遭受弓箭、投枪等远距离杀伤武器的密集攻击，受伤的战象一旦发狂，反而很可能对己方造成很大伤亡。另外，战象对于食物的清洁程度要求很高，所以不大适合长途跋涉。随着军事技术的变革，战象逐渐在战场上消失了。

战术：马其顿方阵

从公元前333年的伊苏战役与公元前331年的高加米拉会战以来，马其顿方阵的威名传遍海内。亚历山大大帝的这种战术创举使得他的敌人闻风丧胆。

马其顿方阵是一种早期步兵作战中的坚实战术。在以前，步兵作战毫无章法，胡乱冲锋导致效果不大。但是亚历山大大帝对步兵实行了严格的布置，攻防配合，使得即使方阵内士兵较少，但是依旧能凭借位置和步骤的优势击败数量较大的对手。

战典

毕其功于一役

THE CLASSIC WARS

决战

第三章

扎马战役
——汉尼拔只是个传说

▲罗马与迦太基争夺地中海霸权的第二次布匿战争成就了一代名将汉尼拔的赫赫威名，可叹盛极必衰。汉尼拔在远征意大利，取得一连串让罗马人惊恐不已的胜利后，终于走上了英雄末路。由于迦太基与罗马双方实力对比的消长，迦太基自身体制的痼疾，战争的天平慢慢向罗马一方偏移了。汉尼拔在意大利攻占的据点逐渐被罗马夺回，然后罗马挥师反攻迦太基，公元前 202 年，汉尼拔一生最大的对手几乎打到了迦太基城下。元老院慌神了，紧急命令汉尼拔从意大利返回，保卫迦太基城。在后世有着“战略之父”称号的汉尼拔将要面对一生中最大的危局。

前奏：罗马人头顶上的乌云

古今中外，无数的战争在历史上犹如一页页沾血的诗篇，有高潮迭起，也有伤感欷歔。而每一个伟人之所以能屹立在历史长河中，其中必不可少的就是际遇。遇到平庸的对手就是他们成功的一大原因。就是因为这样，所以如果双方旗鼓相当，都是个中好手，那么这样针锋相对的战役必定是异常精彩，让后人激动不已。在欧洲历史上，扎马决战恐怕就是有史以来第一次同等分量的较量，它用两位顶级战神的相遇，给我们留下了一段传奇。

惨烈厮杀的大平原之战结束了，西庇阿经过长期浴血，终于把握住了北非大陆的主权。但是他并没有立刻率领部队进城，恰恰相反，在高歌猛进的时候，他却戛然而止，宣布部队停战，准备度过这个寒冷而漫长的冬天。

当士兵们放下武器休养生息的时候，他紧锣密鼓地开始与迦太基谈判。这样看起来好像是放了迦太基一马，让这个可怜的城邦稍稍得以喘息，但西庇阿可不是那么为对方着想的人，他之所以这么做，当然是在政治上和军事上都有自己的考虑。

就军事而言，要强行攻坚其实也并不那么容易，迦太基城经过几百年的苦心经营，可以说城防是固若金汤，从登陆到现在已经很长时间过去了，西庇阿对它还是一筹莫展。“看起来简单，打起来可就不是这么回事了，别看我好像是给了迦太基一个机会，其实也是给我自己机会啊！”

而且传说汉尼拔就要从意大利返回跟他交手，西庇阿对这位传奇人物可是敬仰已久，丝毫不敢怠慢，要是现在盲目攻城，万一被汉尼拔从后面捅个正着，那就得不偿失了。

再说了，西庇阿也不是非要彻底征服不可，他在乎的是一个过程，而不是把一个城邦据为己有。从他和迦太基、马其顿的几次和谈中可以看出，他只想把这些地方当做殖民地，时不时度假一样过来耀武扬威个几天，并没有收为自己掌控的意思。似乎罗马的权威和荣耀大过实际利益，只要各国俯首帖耳，唯命是从，也并不一定要拼得你死我活。所以一直以来西庇阿的谈判条件都十分宽容，并没有贪得无厌的意思。

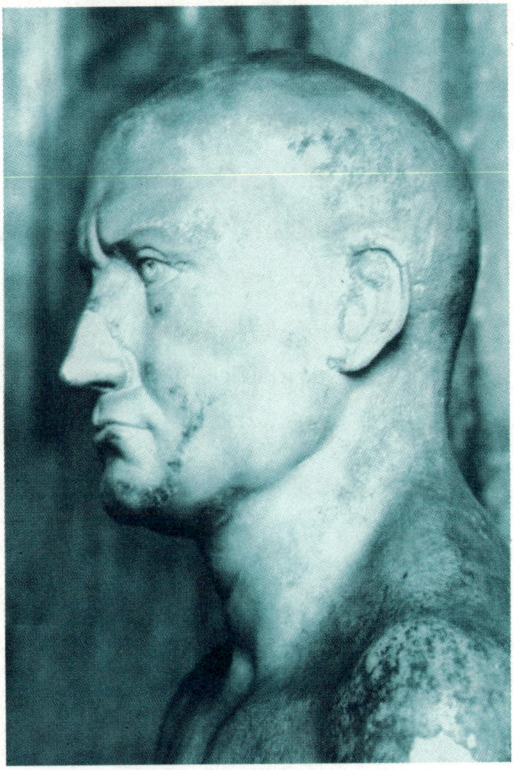
★罗马统帅西庇阿雕像

给迦太基的条件尤为优厚，西庇阿说："没事，你们不用担心，只要从意大利和地中海的岛屿撤军就可以。那里风光迷人，我才不想让给你们。马西尼沙还想继续当国王？可以啊，迦太基的国王我可不稀罕，把你们的舰队乖乖叫上来，再赔我一笔钱，咱们这事就这么了了！"

按理说，这样的条件对迦太基来说根本不伤皮毛，什么重要的利益都没有失去，想要和平的话迦太基已经付不出比这更少的代价了。所以迦太基的元老院大喜过望，乐滋滋地就签署了这份条约。随后这个不疼不痒的条约就被送往了罗马的元老院讨论。

在谈判和休战期间，双方士兵都很和平，表现得井水不犯河水，倒也相安无事。

一切看起来晴朗无云，但是表面的和平掩藏不了双方蠢蠢欲动的挑衅心理。对迦太基而言，他们的灵魂人物汉尼拔回国在即，就此一拖说不定汉尼拔就能赶到，把西庇阿赶得远远的。而对西庇阿而言，要想顺利把迦太基发展成殖民地绝对没有这么容易，迦太基人心中的想法他也很清楚，而汉尼拔确实是个极大的威胁，战争的准备时刻都在暗中进行着。

丧钟鸣起：战争有时需要运气

如果就此大家和平分手，一场精彩绝伦的战争就不会发生了，但是说起来就是这么不凑巧，迦太基城内的主战派每天郁郁寡欢，时不时叫嚷着再度开火，而上天也给了他们这样一个机会。当时有一支载满给养的罗马运输船队正往回赶，哪知道在途中突遇狂风暴雨，海浪滔天，船只在风暴中左右摇摆，最后被一股脑儿地吹向了迦太基港。主战派趁机派出舰队，二话不说地俘虏了这支补给船队。倒霉的船员被扣押，西庇阿也是满心懊丧，不过他还心存希冀，希望能够和平解决。

“又不是什么大不了的事，派人交涉一下把船员都带回来就是了。”他怀着良好的心愿派出使团进了迦太基城。使团不无埋怨地责备迦太基人说：“已经正式停战了，你们为何还要用这种行为搞破坏？这件事你们绝对是理亏了，不过我们也不是得理不让人，请你们赶紧归还我们的船只和物资，这件事情好说好商量。”

哪知道迦太基人丝毫不加理睬。更加让西庇阿恼火的是，虽然因为外交礼仪，迦太基人不能够光明正大地袭击罗马使团，但是在使团回航的路上却派出军舰劫杀。一部分使节就这样莫名其妙地被杀了，剩下的罗马人惊慌失措地抢滩登陆，幸亏碰到了正在巡逻的罗马步兵相助才侥幸保存了性命，这下子彻底惹火了西庇阿，他当场就面色大变，立刻改变了原先求和的心意。

★迦太基古城遗址

公平地说，迦太基这么做确实见不得光，如果想要正式开战，完全可以选择堂堂正正的方式，像这样抢断对方补给，攻击对方使节，于情于理都让人不齿。但是为什么迦太基人敢有这么大胆子，甚至不顾一切地要挑起与罗马人的争端呢？

一切都很简单，因为他们信仰的战神，纵横捭阖、所向无敌的汉尼拔已经回来了。有汉尼拔在，失礼算什么？打仗算什么？欢欣鼓舞的迦太基人已经不需要和平，他们现在要的是胜利。

汉尼拔又是何许人物？长刀所向，谁能相抗？他征战意大利十六年，同胞在亚平宁的尸骨未寒，踏平意大利的壮志未酬，为什么他又要这样匆匆赶回故土？因为回望间，罗马人摆兵城下，故乡狼烟四起，再不回来恐怕不但征服不了意大利，连家都回不了。

汉尼拔这次从意大利南下，并没有被罗马大军阻断。他带领了久经考验的两万四千名意大利军团老兵和弟弟率领的一支万余人残部，又会合了努米底亚的一支部落骑兵和马其顿四千精壮，组成了一支混合型的四万大军，虽然人员复杂，但是有他率领的老兵压阵，气势浩大，来势凶猛。

西庇阿这时一看，汉尼拔登陆的大军已经远远超过了自己的兵力。而此时双方已经越靠越近，都集中在了北非海岸的附近，紧靠迦太基城。正面冲突的话不仅占不到任何便宜，反而可能被城内城外的力量前后夹击，得不偿失。

于是西庇阿出乎意料地作了一个决定，他不仅没有向迦太基甚至汉尼拔发动攻势，反而掉头往南开去，一副逃跑的架势。一路上他肆意蹂躏着河谷乡村，并且还高呼口号，也不像垂头丧气的样子。

这个决定看起来离谱，其实相当高明。西庇阿是这么想的：要是直接攻击汉尼拔，那就是以卵击石，毫无胜算。

★汉尼拔雕像

汉尼拔手下那么多人，前方迦太基堡垒又坚固异常，哪怕一时打得他退缩，他完全可以进得城内，凭借险地牢牢据守。他的如意算盘我早就看透了！不过我也不是没有对策，现在我们在内陆到处兜圈子，这样就靠近了我们的朋友马西尼沙。马西尼沙可是相当够义气，到时候近万步兵、骑兵一赶来，我们在阵势上也不会输给汉尼拔。再说，巴格拉达斯河谷是迦太基的生命线，他们士兵吃的喝的都要从这里运输过来，上次他们不是截断了我们的给养吗？我们反客为主，也去打击他们的经济基地，这样就不怕汉尼拔不追过来了！

西庇阿想得聪明，汉尼拔看得也清楚。一开始的时候他也并不愿意跑来跑去地追着西庇阿，但是迦太基的元老院可就忍不住了，在他们的催促之下，汉尼拔便拔营率领全军直奔西庇阿而去。

谈判破裂：难以避免的决战

在夏天的炙热还未过去，秋天的凉风刚刚吹来的时候，汉尼拔和西庇阿两支雄壮的大军在扎马相遇了。

这两位战神的会面也非常具有戏剧性。一开始的时候汉尼拔按照惯例先派出探子打听情报。可惜这些贼头贼脑的探子还是被机警的罗马巡查兵给抓到了，罗马兵押着这些鬼鬼祟祟的探子来到西庇阿面前，这本来也是很正常的事情，但是不正常的是西庇阿的反应。他非但没有加以责罚，相反还饶有兴致地表示可以大开方便，让探子看个清清楚楚明明白白，还亲自带领着这些迦太基人在军营参观了一番。在送他们回去的时候，西庇阿还不无热情地奉送大量礼品。汉尼拔听探子这么一汇报，禁不住大吃一惊，跟罗马打仗也不是一天两天，已经有十五年之久了，但是像这样捉摸不透的罗马将领还是第一次遇到。他心中也有了数，看来对方这位主将恐怕跟自己不相上下。

汉尼拔自己也是宽宏大量、不计较利益得失的人，在决战之前，他派遣了使者前往罗马军营求见西庇阿，表示自己想找个清静的中立地带跟他好好谈一谈。

跟迦太基人能有什么好谈的？经过上一次迦太基人的言而无信之后，西庇阿已经发誓不再相信他们了，但是汉尼拔这位前辈也实在让他非常好奇，人们口口相传的战神究竟有着怎样的风采，他倒很有兴趣好好见一见。

那一年春夏之交，汉尼拔四十五岁，西庇阿三十四岁，两人都正值人生的鼎盛时期，两位名将可谓是一时瑜亮，彼此虽然未曾谋面，却也早存下惺惺相惜的念头。这次谈判，二人不约而同都没带随身护卫，仅仅带了各自的翻译前来。两位统帅相向立马，凝望对方的时候，一时都惊呆了，对方身上从容沉静的大将风范让他们都起了仰慕之心。相似的观念，相似的作风，相似的优秀，如果此刻他们不是敌人的身份，一定能成为把酒言欢的好友。

★汉尼拔浮雕像

汉尼拔先开口，但是讲的内容却跟战争毫无关系，更像是至交之间的叙旧："小伙子，其实说实在的这场仗我绝对胜券在握，但是今天却丝毫没有打仗的兴致，反而想跟你求个和平。说起来也巧，当初我攻打罗马的时候，对手正是令尊，而今天我与他的儿子在战场相见，不可不说是缘分。当日我直逼罗马，现在你力攻迦太基，情况何等相似！我的意思是，你凭什么认为自己会赢呢？"当西庇阿还在沉吟的时候，汉尼拔接着又说："命运这种事情，从来就是不可预测的。你确实一路颇受战争女神的青睐，打了不少胜仗，但是你想想我也有过这样的时候，过于骄傲是没有好处的，年轻人。"

接着他说出了和平的条件："依我看，罗马人和迦太基人，都各自收敛一下，也别那么野心勃勃，大家就此罢手，好好养伤，不是对彼此都有利吗？西西里、撒丁岛、西班牙，通通归你，我们迦太基再怎么有企图，也不会超过非洲大陆的范围，稳稳当当地追求和平，总比不知谁胜的战争来得好。"

这一番滔滔雄辩，晓之以理动之以情，软中带硬，绵里藏针。

汉尼拔老谋深算，西庇阿也是聪明绝顶，他才不会理会汉尼拔讲的那些虚话，而是一语点中要害："这算什么和平条件，你说的那些地方我们本来就已经占领了，这番话不等于没说吗？而且这次事件本来就是迦太基不对在先，我们受了这么多委屈，难道一点赔偿都没有吗？我尊敬重你好意，但是这种条件恐怕又是元老院那些人想出来的，算了，我们还是明明白白开战吧！"

西庇阿的这番回答也丝毫没有失礼，双方对彼此的说辞都心悦诚服，无奈之下，开战不可避免。两人深深看了对方一眼，策马回营，正是决战前的破晓。

排兵布阵：西庇阿的缜密部署

第一缕阳光投射在扎马平原上，战马喷着粗气奔腾而出，双方全力出击，在马背上驰骋的主帅心中都很清楚，罗马与迦太基究竟谁胜谁衰，就在今天的奋力一搏。汉尼拔的军力还是占有优势，经过一段时间的再度聚集，已经达到了五万之余，还配备了80头威力巨大的战象。而西庇阿虽然得到了马西尼沙的力撑，兵力也仅仅在三四万之间。具体谈到步兵骑兵分配，则可以这么说，西庇阿拥有较强的骑兵，而汉尼拔则拥有绝对胜出的步兵。

其实对汉尼拔而言，此战的重要性更为明显，西庇阿输了的话，大不了退回罗马，休整一番还可再战，但是如果迦太基输了，整座城恐怕要毁于一旦。

既然两方主将都有杰出的才智，那么扎马一战拼的不仅是军力，更主要的还有双方的智慧。

阵前列定，双方都摆出了常规阵容。步兵排成三列纵队摆在前方，只是不同的是汉尼拔还有战象护阵。在汉尼拔这一方，第一线是以利古里亚和高卢雇佣军为主的马戈军团，虽然这批人不是迦太基本土人士，但是因为跟随着马戈长期在意大利征战，都是经验十足的老手，战斗力不容小觑。第二线则是四处召集的新兵，还有新兴的马其顿步兵，人数和第一线一样，也是一万两千人。最后压箱底的是汉尼拔亲率的两万精锐老兵，堪称精华中的精华。

汉尼拔和西庇阿谈判失败后，就一直没睡，反复琢磨这个不俗的年轻人会用什么点子来对付自己。他考虑到自己创建并且一直沿用的两翼迂回战法肯定早被西庇阿研究透了，要是他一使这招，西庇阿也会依葫芦画瓢。所以唯一靠得住的就是第三线的绝对主力，他把这块放在后面，和一线二线冲锋陷阵的士兵拉开距离。这样进可攻退可守，也可以防止西庇阿抄袭的两翼迂回战术。

话又说回来，汉尼拔的人数无论怎样都超出罗马军团许多，前两线的步兵就够罗马人打的了，等到这两方落花流水、不可开交的时候，第三线最厉害的部队一冲，估计罗马人是毫无招架之力了。

而西庇阿看起来也没什么新意，排兵布阵简直就像学生跟着老师做，也是传统三线步兵加上两翼骑兵。经过西庇阿多年苦心笼络努米底亚人，一手糖果一手鞭子的效果确实还不错，骑兵的实力相当强大，是他手中最为有力的武器。

而在稍弱的步兵方面，他悄悄地作了一些细微的改动。之前的各路步兵阵，方方正正，错落有致，就像一盘有条不紊的棋子，后一排士兵挡住前一排的空隙，互相错开，密不透风，这样既方便作掩护，又有足够的空间及时疏散，士兵们手中的长矛短剑也可以自由自在地挥舞。

★身披铠甲的古罗马士兵

而今天，西庇阿却不这么做，他告诉士兵们："你们别直勾勾地盯着前面看，排得那么死可是会吃亏的！没看见汉尼拔那边有战象吗？都给我让开！让出一条通道来！至于这条通道究竟有什么用，到时候你们就知道了！"

不光是一条通道显得不同寻常，在西庇阿的军队里，手持投枪的队伍也隐藏在步兵身后，这些投枪兵将发挥极大的作用，在随后的战斗中，他们掷出的投枪将在很远的距离上扎穿无数迦太基士兵的胸膛。

击溃象群：音乐的杀伤力

嘹亮的号角终于呼唤来阳光，双方轻步兵高声喊叫着冲向对方，一时喊杀声与重重的脚步声交织在一起，战况一点即着，异常激烈。

汉尼拔微微一笑，他们冲上去的不仅是勇猛的步兵，更有吨位十足的大象，这些大象就像隆隆的坦克，想把渺小的罗马士兵碾轧过去。

但是西庇阿怎么会没料到这个情况？没有准备他怎么会啃这块硬骨头？当战象弯着粗壮的四肢低头猛冲的时候，罗马军队的几百号兵突然鼓足腮帮子一起吹响了号角。这种尖锐响亮的声音如此突然而强劲，使得战象脱离不了动物的天性，面对这股噪音慌得不知所措。逃生是每个动物的天性，先别说这恐怖的声音是怎么回事，随之而来的还有罗马阵地密集的火力，战象停都没停，一个急转弯就往自己主人的方向奔去。在迦太基这方，战象总不会有什么危险。

这下子倒霉的就是迦太基的战马，本来迦太基的骑兵就比较弱小，素质也参差不齐，这下战马被己方的战象惊吓得四处乱冲，骑兵只能狼狈不堪地勒紧缰绳。

迦太基的阵地顿时一片混乱，战马的长嘶声，大象的狂吼声，和着罗马的号角声，犹如一首滑稽的动物狂欢曲，让汉尼拔不禁一声长叹。

西庇阿的骑兵乐不可支地追赶着汉尼拔的两翼，迦太基的骑兵就这样迅速被扑灭了。

当然，也不是所有战象都这么没有心理承受能力，还有相当一部分战象稳稳地在驱使之下继续开往罗马军队，但是聪明的战象也知道哪边对自己的伤害最少，于是西庇阿预留的那条通道就体现了作用，因为战象在这里畅通无阻，所以用不着赶象人挥鞭子，战象就急不可耐地从这条路上穿了过去，罗马方阵安然无恙，战象战术顺利被瓦解。

如果就此认为汉尼拔束手无策、大惊失色那就错了，恰恰相反，他还是气定神闲，而且战局的发展基本如他所料，他一开始就知道自己的骑兵绝对不会是罗马人的对手，只不过对于战象如此轻易落败而感到稍稍遗憾。他的目的在于用自己的骑兵牵制住罗马骑兵，尽量把他们引远一点，这招诱敌之术可以使西庇阿的骑兵暂时无法发挥作用，然后就可以好好地利用这个时间，让自己手中强大的步兵来跟西庇阿一决胜负。

★扎马战役场景图

步兵是汉尼拔的王牌，却是西庇阿的软肋。西庇阿的步兵三线兵力水平都相差不多，而汉尼拔的前两线虽然稍微弱些，但是哪怕仅凭最后第三线的实力，都可以覆灭整个罗马步兵军队。

到目前为止，一切都按照汉尼拔预想的路线发展，接下来，就应该是步兵决战的时刻了。

★战象部队是汉尼拔手中的重要武器

两位名将打到这个地步，对对方可能有什么战法、心中是怎样想的，都一清二楚，对策也详细制定，到现在已经没有了再使花招的必要。大刃无锋，大巧似拙，士兵们用鲜血和生命来证明他们荣誉的时刻到了！

罗马的第一线步兵挺进了，迦太基的第一线步兵雄赳赳地也迎步上前。双方由缓至急，猛烈地拼杀到一起，溅出红色的火花。

盾牌挡住短剑，长矛刺破盔甲，士兵年轻的肉体被刺穿，头颅被砍下，战场血流成河，沙土因为尸体变得坑洼不平。

刚开始的时候，迦太基一线的雇佣军和罗马青年军战了个平手，但是毕竟雇佣军的阵线并不算丰厚，于是慢慢开始败退。

虽然雇佣军的勇敢不用怀疑，但是此刻他们急需二线步兵上前支援。

但是良久，一线步兵抵抗不支，二线士兵还是没有动静。

这是因为汉尼拔没有下命令。汉尼拔虽然为人宽容，但是一到战场，他的冷酷和严厉不输给任何一位常胜将军。

他的目的就是用两线步兵消耗罗马人的实力，前两线就是为了牺牲而作准备的，所以二线士兵一律不准上前，等到一线战死，罗马战线再继续构筑新一轮的血肉之墙。

一线步兵呼号着奔向自己的二线，但是迎接他们的却是自己人的刀枪。只许进，不准退，否则就是死亡！

★迦太基军人

一线步兵绕过自己的同袍，悲哀地逃走，而二线步兵也正式发力，死死挡住了罗马青年军的冲击。但是罗马人沉着地一声吆喝，二线壮年兵立刻前来助阵，罗马青壮年两线步兵的力量犹如一只巨大有力的手臂，捣毁了迦太基的二线。

这个时候，汉尼拔的王牌终于可以亮出来了。三线老兵雄壮前进，声势震天，和前面两线士兵相比，精干程度一看便知远远超出。西庇阿身躯巍然不动，但是面色却微微沉下了，他知道如果此刻凭借自己的步兵全力前冲，要打败汉尼拔的精锐之师并非不可能，但是赢也是艰苦卓绝的险胜，要想取得压倒性的胜利是完全不可能的。

这时候他也意识到从开战到现在，都是在根据汉尼拔的步子走。但是西庇阿不怕，汉尼拔有王牌，他也有。他的王牌就是所向披靡的骑兵，只要骑兵一回来，战场的主导权就又重新回到他手中了。

但是追远的骑兵，又要到何时才能赶回呢？

骑兵之战：就差一招回马枪

西庇阿的名声绝不是轻易取得的，他下达了暂停命令，召回罗马步兵，重新调整了对垒。把一线青年军的力量集中得更加短厚，以拖延被攻击的时间。另外一方面，他疏散了二线和三线兵力，让投枪军的实力能够在空隙中得到全面的发挥。这样一来，哪怕迦太基的步兵再强，自己现有阵容还是可以抵挡一阵，到那时骑兵也该出现了。

而汉尼拔也停顿了一下，没有命令三线精锐全力追击。虽然在战场上这样的停顿十分可惜，但是他的停顿也不无道理，因为战况的惨烈程度无法描述，两军之间布满了厚厚的尸块，鲜血浸透了每一寸土地，使得战场泥泞不堪，湿滑万分，对步兵的前进是严重的障碍。汉尼拔想等到这些障碍清扫完毕，自己的步兵就可以顺利冲锋，一击奏效，赢个干脆利落。

他致命的错误就在这个停顿上，因为就这一会儿，已经给了西庇阿最为宝贵的时间。西庇阿现在最想的就是拖延时间，等待骑兵归来。假意停战调整是为了这个目的，而汉尼拔的停顿正中其下怀。就在汉尼拔踌躇满志清扫完战场的时候，罗马骑兵赶了回来。

骑兵一到，风卷残云，汉尼拔的军队从两翼被围剿，直接削弱步兵主力。而此时罗马步兵也一股作气，在骑兵锐不可当的攻势的掩护下，发动最后的总攻。汉尼拔此刻的遭遇可谓四面楚歌，前后左右都被小股但是锋利的骑兵切割，正中央也遭受罗马步兵和投枪的攻击，即使迦太基军团英勇无比，死战不退，但是也为时已晚，败局已定，无力回天。

★战败后的汉尼拔和他的士兵

残阳如血，一抹染红天际。而战斗也已经终结。满地迦太基人的尸体层层相叠，军队一半死伤，一半被俘，而罗马军队仅仅阵亡不到两千人。

不待凄婉的战歌响起，两雄相争的结局让人无言。汉尼拔并不是输在军力，智谋也堪称老辣，但是正应了他自己对西庇阿说过的话，战场瞬息万变，你又怎么知道自己能胜呢。

得胜的西庇阿缓缓踱着步，望着心中珍重的英雄的如此下场，心中庆幸与惋惜复杂难辨，但是他可以肯定的是，今晚是庆功之夜。

扎马之战，汉尼拔走到了尽头，被西庇阿彻底击败。罗马从此在地中海世界获得了无可争议的霸权，再也没有城邦敢对它的雄风抱有质疑。此后几百年的历史由此展开，扎马战役对整个世界的历史都产生了重要的影响，从此以后的西方世界风起云涌，都根基于此。

战典回响

罗马大扩张的前奏

煊赫的扎马战役之后，罗马消灭了在地中海上最强大的对手。此前在萨拉米斯战役过去的两个世纪里，迦太基人竭力控制着地中海西面幽深狭窄的水道，而西西里岛的希腊人则一如既往地阻止他们往东拓展的企图。正当双方关注彼此的动向无暇他顾的时候，出人意料地在公元前275年，一股勇猛的力量席卷而来，这就是带着尘土与鲜血原始气息的古罗马人，他们一路征服了意大利，紧接着像一场暗黑的风暴一样袭向希腊人的领地。

尽管罗马人来者不善，但是起初迦太基人面对遥远的暗流并不以为意，相反还觉得罗马人对希腊人的征服对自己来说是好事一桩，于是立刻决定助其一把，果断地对西西里岛上的希腊人施加压力。但是他们想错了，罗马这次的目标不光是希腊，更是把矛头朝向了自己。

在几次罗马人的跃跃欲试后，迦太基人坐不住了，威胁要派出军队进攻罗马人所在的墨西拿，刚刚长出雄鹰绒羽的罗马人面临极大的考验。迦太基兵力雄壮，掠夺了大量土地，无论从哪方面来说都是一个相当强劲的对手。

在出色的作战指挥和协同作用下，罗马人成功击退了海鲨般的迦太基军队。初尝胜利之后，好大喜功的罗马人并没有因此而勤加操练，他们忽视了进一步对海军进行组织和管理。于是惩罚随着风暴一同降临，操纵不良的罗马舰队在海浪中被迦太基俘获，遭受巨大损失。幸亏罗马人恢复能力神速，调整了自身力量后，艰难地取得了第二次海战的胜利。于是罗马人一步步接近迦太基城，终于将大军开到了高墙之下。

因为迦太基本土告急，远征意大利的迦太基战神汉尼拔急忙赶回防御，在扎马的决战关系着罗马是不是能彻底攻下硬骨头迦太基。罗马名将西庇阿以不亚于汉尼拔的计谋，凭借锐不可当的骑兵的掉头绝杀，几乎使迦太基步兵全军覆没。

这次两雄的较量，罗马帝国再一次胜利。从此以后一发不可收拾，对迦太基的第一次战争使得罗马获得了西西里岛的一个省，第二次战役则取得了意大利，第三次战争的战利品则是整个北非。

这些丰富的经验为罗马帝国以后的征程积累了大量财富，他们已经知道会遇到怎样的对手，又要怎样去打败他们。扎马战役之后的迦太基再也没有力量与罗马争夺地中海的海上霸权了，罗马把地中海几乎变成了内湖。倚仗地中海航运的便捷，罗马可以随心所欲地把力量投送到沿岸任何一个地方，罗马的扩张之路开始凯歌高奏，埃及、西班牙、高卢、不列颠、小亚细亚……罗马军团的兵锋向着更广阔的世界推进，一个地跨亚、非、欧三大洲的空前庞大的帝国呼之欲出。

★沙场点兵★

人物：大西庇阿

一代名将大西庇阿，出生于约公元前236年的古罗马，是著名的统帅与军事家。在扎马战役中打败迦太基著名统帅汉尼拔后，声名鹊起，得到了著名的称号“阿非利加的西庇阿”。

他成长于著名贵族支系西庇阿族，祖先赫赫有名，都担任过职位不低的官员。他出生的时代其家族正处于权力的巅峰，为他走上统帅之位奠定了基础。在西庇阿年少时，他就卷入了罗马的一系列军事活动，他的父亲曾经指挥过罗马守卫战，但是败在了宿敌汉尼拔手中。西庇阿一方面从战争中学习经验，一方面从父辈的失败中吸取教训。他为人乐观豁达，意志坚强，对战争的野心和热爱也让人咂舌。

此后，西庇阿主动请缨指挥罗马战队，凭借他的高贵举止与战斗热情，成功打消了罗马元老院对他年纪尚轻的疑虑。当时罗马已经军心动摇，自信不足，但是西庇阿的一系列奇袭使得军威大涨，而他对待敌人的宽容和教养也使得其他城邦在被征服之后，仍能心甘情愿地为罗马所奴役。

他伟大的个人魅力不仅征服了小国，更加吸引了一批强大的友邦。从西班牙到非洲，西庇阿战无不胜，辉煌的扎马战役之后，他盛大凯旋。但是归国之后的他却拒绝了各种荣誉，而是致力于各个城邦的调解。

武器：重标枪

重标枪即是投枪，是古罗马军队使用的一种威力强大的特殊兵器，大约在公元前3世纪问世。这种标枪的构造是把一根约4.5英尺长的铁杆插入一根同样长度的木杆，在中间用两个销钉固定，总长度一般为7英尺左右，在铁杆的一端有一个铁制的枪头。重标枪是一种单手投掷的远距离杀伤武器，投射距离最大达到60英尺。在战斗中往往采取齐掷的方式，威力巨大，并且有很强的心理威慑效果。重标枪是古罗马士兵的标准装备之一。每个罗马士兵都在配备一柄剑的同时携带若干重标枪。

战术：骑兵方阵

根据地形的不同可以有不同的骑兵方阵，以中国古代骑兵为例，在平坦地形上，可以5匹马为一列，以20步为间距，队列之间相隔50步，起到很好的攻防效果。但是如果地势险要，也可以前后以10步为距，左右相隔2步，以30匹马为一组，60匹马为一对，战斗后退回原有位置。

骑兵方阵对战斗队形中各行各列，甚至精确到个人都有严格的规定。采用骑兵方阵作战不仅速度快，机动性较强，而且由于冲击力较大，对于冲垮敌人布阵能起到很好的效果。西庇阿正是在骑兵上的领先一步，才最终取得双雄争霸的胜利。

毕其功于一役 决战

THE CLASSIC WARS

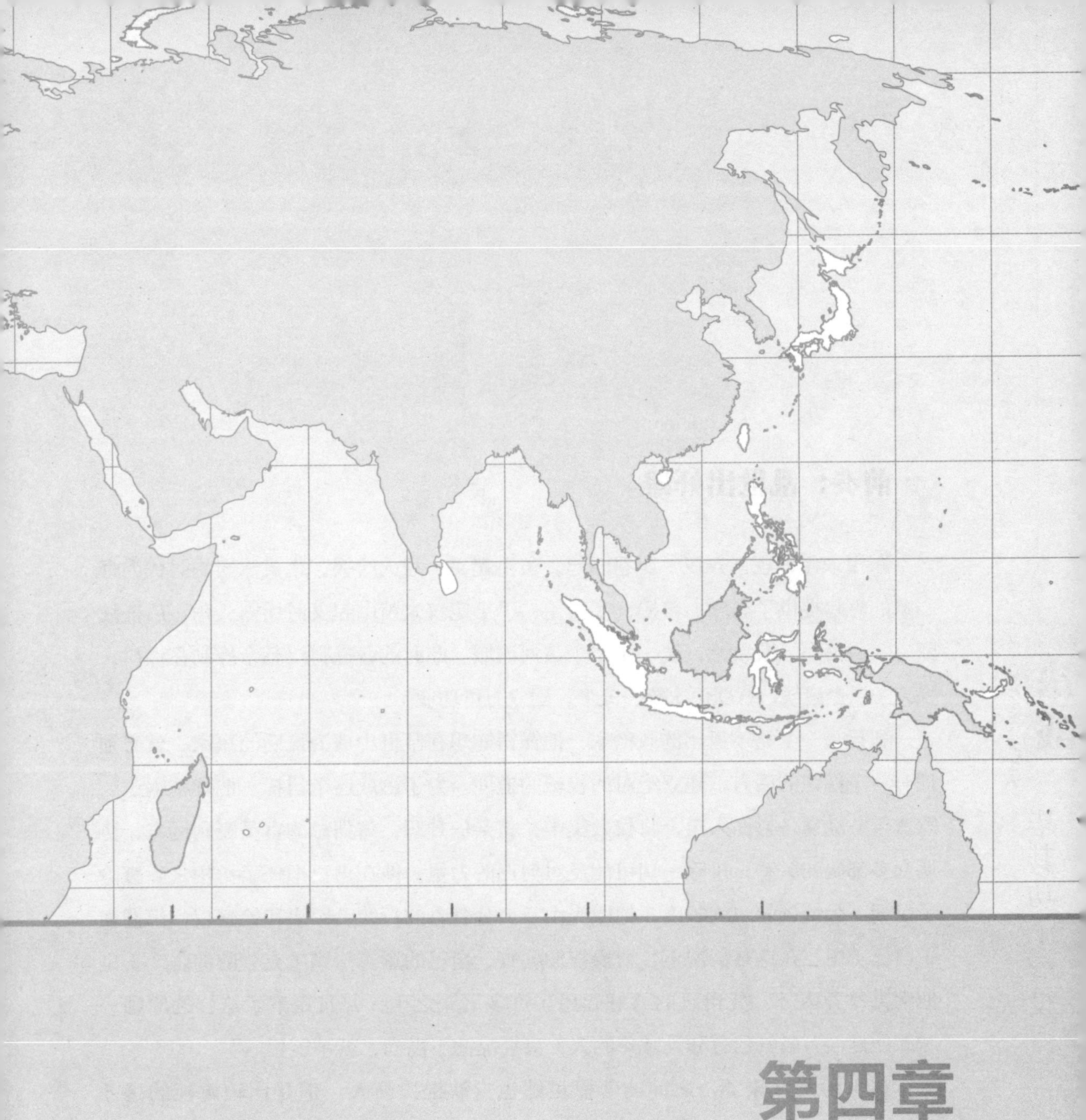

第四章

赤壁之战
——三国争霸的开端

▲赤壁之战是中国军事史上中最令人津津乐道的一幕，英雄的豪情壮志，谋士的运筹帷幄，绝地反击的悲壮情怀，都在这场战争中表现得淋漓尽致。这场战争充满了偶然性和巧合，但又似乎有着其必然性，更为重要的是，此战深刻影响了日后中国的历史走向，汉朝大一统之后长达三百多年的大分裂状态的形成与此战有着密切关系。

前奏：乱世出奸雄

东汉末年，宦官弄权，民怨四起，黄巾起义。战火纷繁、生灵涂炭的时代为野心家的崛起提供了温床。曹操，字孟德，于平定汉末黄巾起义时崭露头角，后征战四方，伐吕布，败袁绍，统一了整个黄河流域。此时的曹操将汉献帝控制在许昌，挟天子以令诸侯，意欲再次统一天下，建立万世功业。

曹操是一个略不世出的政治家，他懂得如想在乱世中成为最后的赢家，就必须拥有一个稳定的后方，建立绝对的权威的道理。为了达成这个目标，他殚精竭虑、煞费苦心地从各方面入手，将权力集中，将亲信升职，将猜忌的官员贬到远方，协调众多部属的关系，排除一切可能反对自己的力量。他在自己担任了丞相之后废除了汉朝三公统领朝政的制度，把原先由三公分管着的行政、军事和检察权，都握在了自己手里。在这种情况下，曹操权倾朝野，自己的意志得到了充分的伸张。于是他大力举荐人才，凭自己的喜好起用了许多清正之士，并且定下了这样的原则：“即使是很有名气也有非凡才华的人，只要品德不高尚，就不能用。”

这可耐人寻味了，之前的曹操虽然也喜欢提拔新人，但是比较重视的是才能。其原因在于创业时代已过，现而今的政权建设任务是发展和巩固，因而选才上不能只看重其才能。

在这样的政策下，曹操树立了良好的社会风气。从幼小妇孺到年迈长者，从贩夫走卒到达官贵人，人人都推崇简朴勤勉，主妇们省米省油，财主们轻装俭行，人人以两袖清风为美，官员们也非常任劳任怨，恪尽职守。曹操满意地说：“看这种情况，每个人都能好好地管住自己，也不需要我做什么么了！”

当时的名士孔融，声誉很高，从小就备受瞩目，进入朝廷之后，才干和名望都让人佩服，但是因为他察觉到曹操的野心，作为一个坚定的保皇派，他对曹操十分不满，多次进行戏弄和嘲笑，时不时还煽动自己的文人好友，对曹操进行议论。

因为孔融德高望重，曹操表面上也只能隐忍。而这时孔融向汉献帝上疏说道："从三皇五帝至今，在京城周边的一千里内从来没有王侯公卿建立过封国啊！"其目的在于用向皇帝上书的形式，向世人揭发曹操的野心。这下彻底干扰到了曹操的发展意图，曹操也发现孔融管的事越来越多，再这样下去他想自立为王就多了许多的麻烦，于是曹操就找了和孔融有矛盾的一个官员，罗织了一系列孔融的罪名，尽管汉献帝对此也很狐疑，但是因为曹操当时声势正大，满朝官员对孔融的罪名不敢加以辩护，曹操就这样把孔融给除掉了。

曹操铲除异己的心思这下尽人皆知，舆论变得更为忌惮，众多儒士都小心翼翼，生怕管不住自己的嘴被曹操听到。但曹操不是动辄杀人的莽夫，对于可以利用的人，曹操还是会以礼相待，敬重有加。荀彧便是一个很好的典型。在屈指可数的敢于向曹操提出反对意见的人中，荀彧不但屡加规劝，而且批评十分尖锐，但曹操对荀彧还是毕恭毕敬，十分尊重。他对荀彧的激赏是显而易见的，初见荀彧，曹操就暗自思量："如果我做了皇帝，他一定就是我的宰相了！"如果荀彧顺从了曹操，不仅会有一世功名，更会有遮天富贵，但是最终荀彧还是昂然以汉室忠臣的身份，出现在曹操身边。

内部整顿后的曹操意气风发，放眼天下，指点江山，开始积极准备实现其一统天下的梦想，在基本统一北方后，曹操又亲率20万大军南下，把下一个征伐的目标指向了南方割据荆州的刘表，还有表面依附刘表事实上自成局面的刘备以及江东的孙权。就在曹操率军南下之际，刘表病故，其集团发生内讧，刘表部将蔡瑁等人拥立刘表幼子刘琮为荆州之主，随后又胁迫刘琮向曹操投降。曹操兵不血刃占领荆州地区，并收罗了刘表留下的大部分兵力。而此时刘备则与刘表的长子刘琦拒不承认刘琮的地位，并摆出了抵抗的阵势，不过他们手中的力量在曹操看来实在是不值一提，曹操踌躇满志，盘算着在击败刘备、刘琦之后便饮马长江，消灭他真正视为劲敌的江东孙权集团。

★曹操画像

退出新野：总打败仗的刘使君

曹操的老对手刘备，此时寄居在他同宗刘表治下的新野县，他跟曹操可谓积怨已久，多次败于曹操手下。

建安十三年（公元208年）秋七月，银杏叶黄，天高气爽，曹操开始谋划南征。他向荀彧问计，荀彧说：“现在您已经把北方都踏平了，南方人肯定都惧怕不已，趁这个机会一举攻下，那天下就太平了！”曹操大为高兴，立刻准备出兵。

刘表的手中掌握着南方军事力量中最为强劲的势力，但是刘表不巧在这个当口病死，继承人却是年幼的小儿子刘琮，大儿子刘琦则被把持荆州的刘表妻子一族排挤到了边远的江夏。刘琮年幼无知，在掌控实权的母亲和舅舅的主持下投降曹操。曹操进入荆州，发现眼前唯一的敌人是老熟人刘备，自然立刻出兵攻打。

刘备一听到风声，立刻带上10万百姓放弃新野出逃，到达了当阳并且准备前往军事重镇江陵。而这个时候，曹操的精锐部队“虎豹骑”5 000人，日夜兼程，火速疾驰了30多里路，在长坂坡截住了刘备，二话不说就把刘军主力给击溃了。

★刘备画像

当时刘备是一败涂地，连妻子儿女都顾不上，只拉着诸葛亮、张飞、赵云等十余心腹狂奔，曹军穷追不舍，勇猛的张飞在送刘备过河后，挥起大刀就砍断了桥梁。

当时一干曹军隔河相望，而这边只有张飞一人把守，只见张飞赤目张发，青筋暴出，开口就吼道：“我是张翼德，不怕死的就来跟我决斗吧！”这一声雄浑的男中音震得曹军耳朵嗡嗡作响，一时竟没人敢上前去惹这个凶神恶煞的大将。所以刘备抓住了机会，保住了性命。

而另一员猛将则是赵云赵子龙，

在千万敌阵中，他单枪匹马，一手抱着刘备的幼子，身后护着刘备的妻子甘夫人，过关斩将，一路所向披靡，居然也保全了主母和后主的性命。

并且幸亏有关羽的水军在汉津接应刘备，才让刘备得以逃出生天。刘备被击溃后，曹操瞧得上眼的对手也就只有孙权了。

★荆州古城，这里是三国时期各方争夺的焦点。

当时，曹操一路南下，已经占领了长江中游的有利地位，只要顺流而下就可以轻易到达东吴的疆界，虽说信上向孙权把自己的兵力夸大为80万，但实际上其兵力也确实为数不少，拥有30多万精兵及充裕的粮草战船。

孙刘联军区区五六万人与其相比，简直是牙签与棍棒的对比。但是正如诸葛亮与周瑜事先预料的那样，来自北方的曹军士兵大多没有经过水战的训练，甚至之前都没有上过船，很多士兵上船以后站都站不稳，晕船呕吐的大有人在，哪会有打仗的精力！更何况从中原开赴江南以后，一路为了追击刘备，骑兵们日夜兼程，一天要赶好几百里路，战马都累得口吐白沫，人更是精疲力竭。还有一点就是，曹军是由大量刘表旧部投降的士卒构成的，大多都不愿意为曹操卖命。

深秋眼看就要过去，冷空气不断袭来，对于南方的阴冷潮湿，曹操军团准备不足，士兵们没有足够的棉衣，生病的生病，没生病的很快也被传染上了瘟疫，还没开始战斗，士兵们就已经纷纷倒下。所以说虽然人数庞大，但是一对一地论战斗力，曹军是远远不及孙刘联军精悍的。

可是曹操对这个情况却并不以为然，对刘备轻易取得的胜利也让他沾沾自喜，仗着人数众多，胜利看起来触手可及，所以不管孙刘方面有什么动静，他压根儿就不去理会，很多时候还大摇大摆地坐在船上，面对滔滔江水诗兴大发，一

★刘备的军师诸葛亮

边喝酒，一边吟诗作对，在他心中击败孙刘联军只是时间的问题。

而这个时候刘备的兵力在《三国志·诸葛亮传》中有记载，诸葛亮说："如今我们拥有上次战役剩下的兵士，加上关羽的水军，足有万余；另有刘琦江夏战士也在万余之上。"但是诸葛亮这么说并不一定就是事实，为了在孙权面前显得有分量，能够获得跟他同等的待遇，所以有夸大事实的可能性。

证据可以在《三国志·鲁肃传》中找到，"刘备跟曹操在长坂一战中，剩下的人连一校都不到"。如果他说的话可信，当时刘备确实已经到了山穷水尽的地步。

曹操正准备好好打场仗热热身，谁知还未动手就收获荆州，正好自己麾下军士又刚到南方颇不习惯，这次投降的战船水手正好派上用场。这样的好事让曹操大喜过望，当即下令立刻对水军展开训练。

孙刘联手：面对强者时弱者的选择

这个时候孙权和刘备也各有思量。孙权早就从江东出发带领大军攻克了夏口，荆州的大门已经向他敞开，孙权早就考虑到如能此战击溃曹操，往北开进、逐鹿中原的意图就可以实现了。而弱小的刘备是根本不甘心就这样寄于刘表篱下，为其阴影所笼罩，他的目的是独立自主并培养出自己强大的团队，以混一宇内。于是他三顾茅庐，请出名满天下的大谋士诸葛亮。

面对目前的紧张局势，诸葛亮向刘备建议道："刘皇叔，先别急，你看曹操劳师动众，带了这么多人大老远地赶来，军队肯定吃不消，孙权暂时还不能跟他对着干，我们就紧紧联合着他，先把这关键的荆州、益州给占了。这些地方水路众多，打起来肯定是在水面上，所以趁这个时间赶紧操练我们的水军吧。"

刘备一听，连连点头称是。而这时孙权的谋士鲁肃也对主上说了自己的一番想法："荆州地势险要，跟我们紧紧相连，此地肥沃广阔，人口众多且富裕，要是我们把它拿下来了，以后开创帝王之业也有了保障。刘备这个人跟曹操一向过不去，也是个英雄豪杰，眼下他寄居在刘表那里一直不得重用，如果我能劝说刘备去安抚刘表的手下，跟他同心协力对抗曹操，他一定不会反对，如果我们赢了这场仗，以后的天下就是我们的了。不过这事要快，不然让曹操抢了先，我们就不得不受制于他了！"孙权见他说的合情合理，于是即刻派鲁肃前去寻找刘备，两人一拍即合，下了联盟抗曹的决心。

战前的曹操，可谓占尽优势：第一，曹操当时"挟天子以令诸侯"，其他诸侯想要找个理由来跟他争锋是很难的，他在政治上显得最为有力。第二，曹操大军刚在长坂坡一战中取得大胜，士气极旺，趁着这股劲南下，气势当然是没话说。第三，曹操兵力雄厚，刘备孙权哪怕是联合兵力也不到他一半的数量，所以在开战之前，曹操踌躇满志，对拿下荆州信心满满。

盛气凌人的曹操给孙权送来一封信，满纸冠冕堂皇："近来我奉皇上的命令去追击一些逃犯，正要南下，现在我手上有80万之多的水军，如果将军要开战的话，那就定在东吴是最好不过了。"孙权气愤难当地将这封充满威胁意味的信给手下看，所有将领都惊慌失措，张昭更是极力反对开战，主张迎合虎狼之势的曹操。但是鲁肃一言不发，趁孙权离席如厕之际，追上孙权，诚恳地说道："刚刚我听了将领们的议论，这些人只会耽误您的前程，而不能协助您谋划大事。主上您想：如果我小小的鲁肃前去投降，那么曹操想必会欢送我回老家，还给我个小官做，以后多多少少也会升职，但是假若换成主上您，又会怎么样呢？曹操能放心地将一只老虎养于帐中？我劝您擦亮自己的眼睛，不要听那些人的丧气话！"孙权长叹一声："知我者，鲁肃也！"

另一个孙权的知己便是周瑜，一位玉面丹唇、俊俏逼人的美男子，他的想法和诸葛亮不谋而合，都认为既然曹军舟车劳顿，那么即使人数多一点，也不值得担忧，他匆匆赶来对孙权说：

★诸葛亮舌战群儒形象图

“主上，曹操这次来不但不会赢，反而是送死，现在他的北方还没有彻底平定，名将马超、韩遂还在函谷关的西边，这可是曹操的一大后患，而且曹军一向强于鞍马，现在放弃自己的长处而意欲在水上跟我们一争高下，简直是痴人说梦！如今天气严寒，战马草料短缺，北方士兵长途跋涉到此，一定水土不服，肯定会生病，这几项都是用兵大忌，曹操这次是绝对没有取胜的机会了！”

孙权大为赞赏：“说得好！刚刚那群没用的草包让我生了一肚子气，看来是上天派了你跟鲁肃来助我一臂之力啊！我命你为大都督，程普为副都督，鲁肃为赞军校尉，你们带领3万精锐水军，跟刘备的大军会合，前去迎击曹贼！”

但是孙权的首席谋臣张昭却道：“主上，您可千万不能开战啊，跟曹操这个巨无霸一对抗，我们江东数年来好不容易积攒下来的老本会被打光，而我军根本不是曹操的对手，我看还是早早投降，先拖段时间再说！”

孙权一听怒不可遏，拍了桌子就说：“打！谁再敢说投降，就跟我面前的书案一个下场！”说着他就挥刀击碎了面前的案板，木屑飞溅，主降派面面相觑，再也不敢多说一句。

于是刘备孙权联盟就此形成。三位将领领命而去，开始筹划对曹作战。山雨欲来风满楼，一场大战在即。

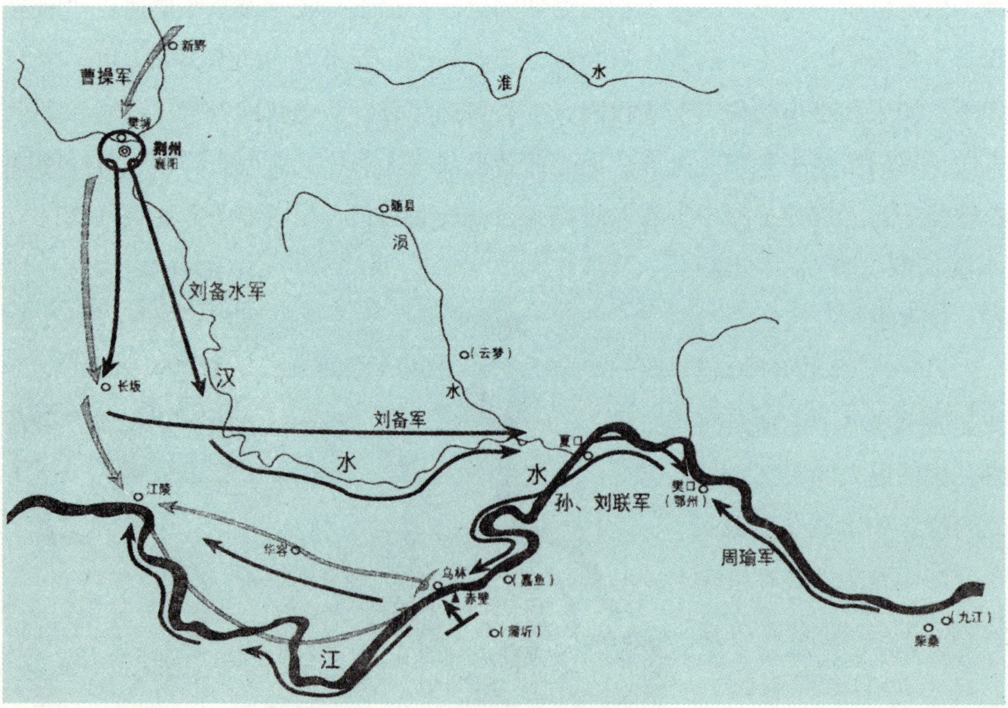

★赤壁之战示意图

赤壁之战正式打响。战斗一开始就出乎曹操的意料，要知道他的对手可是名扬天下的周瑜，高明得远远超出他的想象。

★周瑜画像，他的成功指挥确保了赤壁之战的胜利。

两军刚刚交锋，孙刘的人强马壮立刻就让曹操的病兵残将遭受了一次好好的“修理”，曹军先锋狼狈而逃之后，曹操不得不放弃了到南岸扎营的计划，相反退到了乌林的江北。

当时曹操赤壁之战的部署计划是这样的：他一面命文聘为大将军，镇守在江夏，一方面又自己亲自率领大军驻扎乌林，时刻准备着南下登陆赤壁。当时曹操已经将绝对的主力都安排在了乌林一线，他满心希望能以荆州水军为先导，进而以绝对优势渡江，踏平孙权集团。可惜他犯了两个错误，一个是他高估了荆州水军；另一面，是他低估了吴军和长江，尤其是低估了周瑜。

周瑜此人“诡计多端”，他看到曹军人数庞杂，暗暗有了个主意，通过假派密探，虚放消息，设下了一环套一环的反间计，使得曹操这个疑心很强的人怀疑蔡瑁等荆州降将要做吴军的内应，二话不说就下令将其杀了，当然这是误杀。

周瑜之所以设下这个计谋，也是因为他对敌人的了解。曹操的刚愎自用，疑心重重世人皆知，《世语》曰：“太祖过伯奢。伯奢出行，五子皆在，备宾主礼。太祖自以背卓命，疑其图己，手剑夜杀八人而去。”另有记载当时吕伯奢出门买酒，其家人准备杀猪款待曹操，而曹操听见后院磨刀声以为是要来杀自己，便将吕氏一家灭门。从此“宁我负人，毋人负我”的曹操便奸名远扬，路人皆知。

连锁大船：斗舰横江空遗恨

初战小负，使得曹操不得不正视眼前的敌人，也开始认真回头看自己的军队，这一看不要紧，令他大吃一惊，原来己方军队已经孱弱到了这个地步，摇晃的战船居然给自己的精兵强将带来这么大的困扰，而原先寄予厚望的荆州水军原来如此不堪一击。北风呼啸，眼看冰寒刺骨，地面一片贫瘠，战马都饿得露出了肋骨，瘟疫遍布了一艘艘战船，情况大为不妙。

曹操急忙召集谋士，一起在船舱中商议，曹操说："我们北方男儿适应不了船上作战，这怎么办才好？"在舱中的谋士也是颇为头疼，曹操毅然决定："既然没有平地，那我们就建造一个平地出来！"曹操的意思是将所有船只紧紧相连，组成一个庞大的水上陆地，好似一座漂浮的巨大岛屿，这样船体就不会多加摇晃，士兵的晕船现象就会缓解很多。同时他也考虑到船只这样相连之后，来回调度也比较方便，这项措施也是出于无奈，水军力量远远弱于周瑜的部队，只能作此打算。

一声令下，士兵紧锣密鼓开始装备，斗舰等大战船用条条木板两两牢固钉住，刚钉完，船身就大幅度地减小了晃动；同时大船相连，也给擅长进行接舷战的刘孙水军造成了困难，一时间江上锤打声、木船相碰声响成一片。

周瑜静静地注视着曹军的水面，面色沉静如水，谁也猜不出他在想什么，良久，他微微一笑，转身进入营中，心里已经有了对策。

曹操这一番整顿，使得曹军大有起色，看起来雄壮威武，可以作战了。正当他

★赤壁之战场景图

稍微舒了一口气的时候，有密报传来，展信一看，曹操心中大悦。

信是周瑜的部下黄盖写来的：“曹公，我跟周瑜实在水火不能相容，我百般劝他投降，他对我早已深恶痛绝，想周瑜区区几万士兵，怎可与曹公大军相比？所以我定会带领我的手下前来投降！”

★戏曲中的黄盖形象

正在曹操翘首企盼间，周瑜阵营疾驰来十几艘战船，船上全部用帷帐裹住，看起来十分密实，不知里面藏了些什么，而船头旗帜猎猎作响，遥遥传来招手大呼声：“我们是来投降的！”曹操击掌大笑道：“来得正好！”曹军士兵也得意扬扬地走上甲板，对着来船指指点点。谁知那船越驶越近，却突然燃起火来，火势极旺，冲天而起，燃烧的战船直奔曹营，曹操大惊失色。

万事俱备：东风偏与周郎便

这一切都要从曹军连船开始说起。当时周瑜部下黄盖进言说：“将军，敌多我少，现在可以凭借奇袭取得部分胜利，但是长久对抗我们肯定不是对手，曹军现在自取灭亡，将所有船只相连，到时候想逃都没有办法，正好使用火攻！”

周瑜心中自然也是这么想，只是如何前去曹营点火还是个问题。曹操戒备严密，任何有嫌疑的对象出现在他军队周围都会迅速被消灭。黄盖明白周瑜的苦衷，又说道：“末将不才，愿以假降前去点火！”黄盖是周瑜手下能征善战的老将，就此投降曹操也许会有怀疑，更何况此事干系重大，危险性极高，周瑜心中十分不忍，但是这无疑是最好的办法，所以当场定下计来，当晚周瑜便寻机训斥黄盖，两人装作不和，黄盖为了使效果更逼真，甚至暗中劝周瑜对他施以军法，一顿军棍打下，黄盖皮开肉绽，在投送密信之后，曹操获悉这番细节，心中才肯相信。

★火烧赤壁，曹操仓皇逃走。

周瑜为黄盖调拨了10只战船，在里面塞满混着大量硫黄的干草枯柴，再淋上油用帷帐包裹，使得从外面看不出丝毫异样，于是才出现了上文中曹操喜迎降船的一幕。

说时迟那时快，东南风愈刮愈猛，火船如离弦之箭向曹操袭来。这一切也在神机妙算的周瑜计划之中，经过观星判气象，周瑜选了这个东南风正起的时候派出伪降船只。

火船已经离曹营不足二里远，每艘船上都燃起熊熊大火，很快夹带着炙热的硫黄烟雾撞上了曹操的船只。曹军庞大的船只紧紧相缚，根本动弹不得。火势见风就长，火舌很快吞没了曹操的战船，甚至蔓延到岸上的军营，霎时间烟火焚城，火光冲天，曹军士兵将领奔走呼号，战船、阵营被烧得一片焦煳，大量士兵跌入水中溺死，战马左右奔突，引颈长嘶，一片混乱。

到这里值得一提的还有大功臣黄盖，在放出最后一批火船的撤离途中，黄盖被流箭射中，坠入江中，在昏迷中随波逐流，被后面的战船救起。后面军官见到此人身披官服、浑身湿透、气息奄奄，也不知如何处理，幸亏黄盖多年老战友韩当前来战船巡视，黄盖听到他的声音，拼尽浑身力气喊了他的名字，韩当一见居然是一起出生入死的黄盖，当场泪如雨下，立刻为他脱衣疗伤，黄盖大难不死，受到了前所未有的重用。

一边，水兵在江面发射强弩，将浸透了松油硫黄的火把掷上，而另一边周瑜带领着轻装精兵锣鼓齐鸣地冲来，从侧面登陆，对岸上的军营进行强攻，在烟雾缭绕中曹军根本无法判断来敌详情，彻底溃逃。曹操一看局面已经无法掌控，只能下令全军撤退，同时羞恼地宣称不能便宜了孙刘联军，把自己尚且保存完整的小船也一并烧毁，就这样曹操好不容易得来的大小几千只船只，全部化为灰烬，消失在了奔腾的江水中。

战典回响

刘备是最主要的既得利益者

赤壁一战中，说是孙刘联兵，实际上全部的5万兵力中，孙权占据3万，刘琦出兵1万，刘备仅有1万之数，且刘备军多擅陆战，虽在战后清扫战场围剿残兵的工作上取得了重大成果，但在早期对峙局面中，仍以东吴水军为主。

刚刚在长坂被曹操大败的刘备得以崛起，并最终在乱世中与曹孙两家齐头并进，成为一方霸主，与赤壁之战取得的战果是密不可分的。此战中，刘备仅出1万兵马，在伤亡不大的情况下，掠走曹操大量军事物资，并且以此为契机，大举扩张自己的领土。因此，赤壁之战可谓刘备称霸道路上一个重要的转捩点，让刘备结束了四处漂泊、八方投奔的尴尬局面，为今后的称帝打下了良好基础，且使曹操停止了一鼓作气进军南方的战斗步伐，严重打击了曹操及其部下的战斗信心，让孙权和刘备得到宝贵的时间得以增强实力，最终三分天下，各自称雄。

此战中，诸葛亮以及孙权的智谋显示了巨大作用，是一场谋略战胜实力的典型战役，诸葛亮的口才，促成了孙刘联盟，并与周瑜共商以火攻对抗曹操大军，让曹操号称80万的大军无用武之地。同时，华容道关羽放走曹操也为后人留下悬念。倘若曹操此役被杀，孙权便可能翻脸吞并刘备，因此，关羽镇守华容道，截住曹操，后而放生，是偶然，还是智者诸葛亮预先已有规划，已不得而知，但至少其结果让刘备一个以卖草鞋为生的落魄贵族发展为一国之君，不得不让后世的管理学家感叹，无论自身实力如何，能够很好地领导有才干的下属就能赢。

赤壁一战之后，曹军大伤元气，原地整顿，而孙军也少不得要休养生息，刘备趁机大举扩张自己的领土，是这场战役中名副其实的渔利者。

胶着的乱世格局

在建安十三年（公元208年），曹操扫平了北方袁绍父子的军阀势力，一鼓作气南下，企图统一全国。南方势力最盛的刘表此时病死，妻儿柔弱，不顾刘备的反对向曹操投降。刘备措手不及慌忙南逃，在前途未卜的情况下派诸葛亮前去游说孙权与己联合。当时诸葛亮就下了断言，说此战破了曹军的话，那么以我们和孙权的实力，足能形成三足鼎立之势。

诸葛亮一语成谶，赤壁之战以后，曹操元气大伤，而刘军正好壮大势力。此战后周瑜继续攻打南郡，时隔一年才击退曹仁，使得南郡的江陵得以控制。孙军逐渐强盛，曹军威力不减，而崛起的刘备则借着孙权的掩护，也逐渐露出自己的锋芒，让人不敢小觑。

一时之间，三国实力相差无几，互相对峙，时不时发生各种冲突战争，却暂时没能改变整个天下的格局。

★沙场点兵★

人物：周瑜

周瑜，字公瑾，是东汉末年的东吴名将，著名军事家，周瑜美姿容，精音律，“三国周郎赤壁”一段典故，更让他名满天下。

周瑜出身士族，自幼便智慧超群，颇有远见，在别的孩童还贪于玩耍的时候，周瑜刻苦读书，对兵法造诣颇深。

适逢乱世，时局混乱，绵延的烽火和四起的战争让周瑜树立了平定天下的决心，因与孙坚儿子孙策关系密切，便辅佐吴国，出谋划策。公瑾此人精于军略，为人刚正宽容，态度高雅和善，颇受将领军士的喜欢，周瑜和孙策在此广交江南名士，很有声誉。

在赤壁一战中，周瑜观察敌情，对曹军士兵水土不服的情况善加利用，设下计策，以风助火，将强大的曹军打了个落花流水，他“谈笑间樯橹灰飞烟灭”的神采让世人为之折服。

孙权在战后以大量财富和最高礼遇来对待周瑜，用歌舞和音乐来表达对他的器重，周瑜也因此更加对吴国忠心耿耿，为了孙氏家族的崛起奔波劳碌，不辞辛劳。

赤壁一战之后，曹操一统大业暂告一段落，三国鼎立的局面逐渐形成。刘备趁机扩大地盘，要求孙权相助。周瑜建议以财富对这头未来的雄狮进行麻痹，但是被孙权拒绝，周瑜试图赶回江陵作出征准备，但是由于身染恶疾，年仅36岁的周瑜死于巴丘。

一生忠勇的周瑜临死前给孙权谏言说：“我本不才，却受到您这样的重用。但是人生死有命，我身染恶疾，不久于人世，而现在北边有野心勃勃的曹操，身边还寄居着不可小看的刘备，犹如养了一头猛虎，您以后会有很大的忧虑。鲁肃忠诚而细致，可以代替我继续辅佐您，我希望您能采用我这个遗愿，这样我死也瞑目了。”短短数言，道尽周瑜苦心。

周瑜死后，孙权亲自素服戴孝，悲恸不已，举国上下，无不哀痛。

周瑜一世征战，有着勇猛的冲劲与政治抱负，虽然年少得志，但是风度却受到所有人的好评，其英姿勃发，高雅从容，有口皆碑。周瑜不光在军事上很有作为，文采也卓越超群，对于音乐更有精深的造诣，周瑜高贵的人品和气度，在史上依旧熠熠发光。

武器：硫黄

硫黄多为黄色固体或者粉末，气味刺鼻，与木炭粉和硝酸钾混合即为我国四大发明之一的黑火药。硫黄极易燃烧，并且在燃烧时能产生巨大烟雾与青色火焰，释放出的二氧化硫不仅呛人口鼻而且颇具毒性，用于火攻更是如虎添翼。古代战争中采取火攻战术的时候，硫黄总是必不可少的材料。在赤壁之战中，周瑜用来放火烧曹操船队的船中便装载了许多混杂硫黄的易燃物，对加强火攻的效果起到很大作用。

战术：火攻

利用生物对火焰的天然恐惧，火攻在战争中时常被用及，一方面汹涌的火势可以用于防御，抵挡敌人的进攻，另一方面火攻持续时间较长，能很好地给敌方造成恐慌。

在现代战争中，火攻的范围已经更加宽泛，重型气爆弹等武器能够在燃烧过程中迅速消耗敌方氧气，火攻手段残忍，破坏巨大，因为获取火攻资源比较容易，除了能够在大范围内给敌人带来巨大的肉体痛苦，也可以在精神上给敌人带来恐慌、震惊以致直接崩溃，所以自古以来“火攻”都是非常有效的一种战术手段。

毕其功于一役

THE CLASSIC WARS

决战

第五章

淝水之战
——帝王的叹息

▲自从西晋末年“五胡乱华”之后，中国又陷入了长达 200 多年的混战割据局面。长江以南是不思进取的偏安王朝东晋、宋、齐、梁、陈，北方则走马灯似的换着不同民族的统治者。这是中国历史上所经历的最长的分裂阶段。在这 200 百余年里，曾经有那么一次，来自北方的氐族所建立的前秦政权的雄主苻坚，差一点就将南方风雨飘摇的东晋王朝收入囊中，完成中国的统一了，他甚至已经在自己的首都长安为他认为很快就会投降的东晋君臣准备好了住宅。然而，在短短几年之后，当苻坚面临着业已土崩瓦解的前秦帝国，他一定会无比后悔当初自己攻打东晋的决定……

前奏：天下苍生望谢安

公元383年，悠久灿烂的中国历史大舞台上，上演了一场精彩纷呈的以少胜多的经典战役。在这场流传千古的战役中，东晋仅以区区八万人之力一举击溃前秦20万悍军，不仅保住了国家，还留下了“八公山上，草木皆兵”的佳话。这场运筹帷幄的漂亮战役就是淝水之战，而里面第一位功臣就是东晋宰相谢安。

谢安出生于绵延了300年左右的显赫贵族世家——陈郡谢氏家族。谢安祖父谢衡是东汉时期的大儒，而谢安无疑是家族华彩中最为绚烂的一笔。他的人生历程标志着这个家族的顶峰，散发出流盖一世的辉煌。他将自身力量与东晋王朝的命运相结合，扶持了其半个世纪，承托了安然平稳的世道，后人无不记挂着这位风度绝佳的宰相。

谢安虽然只在兄弟中排行第三，但是从小就比他们更有名气。聪明绝顶的他在青年时对仕途毫无兴趣，每天除了跟王羲之、李充等文人雅士在一起吟诗作对、畅谈玄理外，还经常一起游山玩水，修身养性，借着秀丽的风光与险峻的山川寄托心中的诗情画意。

有一天，他和朋友相约去海上泛舟垂钓，谁知风浪大起，黑云压顶，白浪滔天，同伴都慌得脸色发白，手忙脚乱地想要马上返程，只见那时的谢安依旧从容淡定，好像根本没事发生一样兴致浓厚，面对惊涛骇浪依旧吹箫念诗。艄公见他气定神闲，看起来十分平静，也就放心大胆地把船继续往海中驶去。不料越走风浪越急，小舟在海中像树叶一样被上下抛掷，谢安的同伴都忍不住惊恐地喊叫起来，谢安却淡淡说道：“现在这样乱成一团，就更加回不去了！”于是同伴才稍微平静，船也得以顺利返回。通过这件事，人们更加认识到他的胆量和远见，这样的人足以镇朝安野。

当时在谢氏家族里，谢安的兄弟中已经有许多人踏上仕途做了高官。谢家高高的屋檐底下经常是宾客不断，车水马龙，门庭若市。

有一次，谢安的夫人刘氏看到这种情况，指着那些本家兄弟富丽堂皇的场面偷偷跟他开玩笑道："做一个大男人，至少要这样吧？"谢安连忙捂住口鼻，好像闻到了什么恶臭一样，说："谁说不是呢？可能我也逃不了要这样吧！"

★谢安画像，他在淝水之战中力挽狂澜。

虽然他知道家中的传统使他不得不踏上为官之路，但还是一再拒绝举荐信，屡次无视朝廷的征召。倾慕他名声的人都感叹道："要是谢安不来为百姓做主，那天下该如何是好？"谢安对于外界一向古井无波、不屑一顾，但是在他胞弟谢万因为妄自尊大被废黜之后，为了保住家族地位，更为了满腹才华得以施展，谢安还是决定步入仕途。

刚开始他只是担任了大将军府的司马，后任太守、侍中、礼部尚书直到宰相，短短时间内谢安就由一名小小文人变成了万人之上的重臣，不可不说才华横溢。

在苻坚入侵，东晋王朝面对强敌压境、生死存亡的时候，是宰相谢安挺身而出，奋起抵抗，经过他的举荐，晋王朝组成了一支由他弟弟统率，侄子为先锋的8万"北府兵"，迎击前秦大军。

从古到今，战争给人民造成的苦难是无数的，但是东晋在备战前秦之际却不相同。宰相谢安一边紧锣密鼓筹备，一边还采取了一系列减轻百姓负担的措施，改革经济制度，每逢天灾还会降低租税或者除去租布，开仓赈米，下令官员从简，禁止铺张浪费，广受天下百姓的欢迎和好评。这种平均贫富状况、利在长久的做法不仅为百姓做了好事，更加集中了国家的财富物资，更好地为御敌作了准备。

投鞭断流：苻坚的南国梦

从公元378年开始，强大的前秦就对东晋虎视眈眈，就在同年派出17万大军，分兵四路展开攻击。东晋襄阳城粮草断绝，全城军民苦苦死守一年，最终城池还是沦陷。但是苻坚对待俘虏却还宽厚，招降了东晋刺史朱序，但是朱序没有真心归顺，相反心念着自己的故土。

攻下襄阳城之后，苻坚的势力已经极盛，统治的区域东面直达沧海，西边也兼并了龟兹，北边开到了茫茫沙漠，南边也把襄阳收入囊中。看着自己东征西讨无往不胜的百万大军，苻坚踌躇满志："如今我军气势如此之盛，趁机一鼓作气消灭晋朝，天下统一指日可待！"

他这个决心一下，不光东晋王朝叫苦不迭，就连前秦的百姓也等同噩耗。因为苻坚说一不二，当时就下令在全国范围内，每十个男丁就抽出一个充当士兵，征讨东晋。百姓不光要出人，还要出财力，因为全国所有马匹，不管是不是公有的都要统一征收作为战马。于是在短短时间内，苻坚大军达到了97万之多，就连骑兵都有27万，举国之力的效果就是人头攒动，战马奔腾，这种盛大的场面让苻坚极为满意。喜好面子的他还征集了富家子弟三万人，充当光鲜亮丽的仪仗队。

而反观东晋，全国人口也不过三四百万，能打仗的壮力也凑不到20万，苻坚的百万大军可谓是具有无须争议的优势。东晋军队看到这浩浩荡荡的阵势，除了投降别无他法。所以苻坚这么一盘算，乐不可支，尽管大臣都在耳边苦口婆心地规劝，说："按照星象的预示，今年南下攻打恐怕不合时宜。再说东晋前面横着

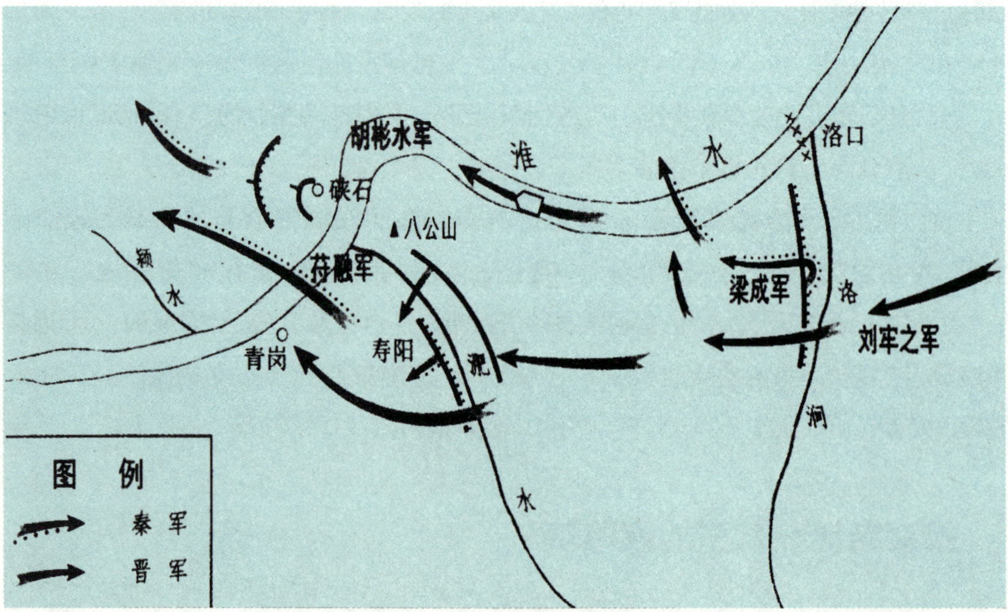

★淝水之战示意图

一条天险长江，这长江是波涛滚滚，雄伟无边，他们的君主和大臣都被百姓深深拥戴，我们还是不要轻举妄动为好！还不如现在发展我们自己的国力，等待他们内讧起乱的时候，趁机攻打更有胜算！”

但是苻坚依旧充耳不闻。“星象这种事情，怎么可以相信！长江虽说是天险，但是你们看春秋时期的吴王夫差，还有三国的吴主孙权，他们不也凭借长江吗？最后不还是亡国了！你们就别啰唆了，我决心已定，大举伐晋，定在今秋！”

公元383年八月，淝水之战正式开战。

苻坚下令弟弟苻融率领精兵强将25万人，作为征战前锋，直奔淮南，而另外又拨了一支军队顺流东下，督导军事。至于自己，更是统领步兵60万人，骑兵27万，前后绵延数千里，战马扬起的灰尘遮天蔽日，前面望去是满满军旗，后面回顾同样也是看不到头的旗帜。水军和陆军一齐进发，堵塞了所有河流和道路。

战争还没开打，苻坚已经有了必胜的打算，他甚至美滋滋地开始盘算，统一之后让东晋的孝武帝做个尚书左仆射，谢安是个人才，必须重用。

因为从前秦到东晋路途遥远，当时并没有快捷的交通工具，马车也数量不多，士兵要赶路只能步行。当时士兵身负沉重装备，适逢乱世，道路荒芜，崇山峻岭十分艰苦。苻坚所进行的战争准备因为是当机立断，所以相当仓促，七月份下达了征伐令，这个命令经过下达执行，等人手好不容易征齐，已经一个月过去了。

未等军队齐整及好好操练，苻坚便觉得时不我待，此时不打更待何时？八月份人手刚刚到位他就命前锋部队出击，紧接着又亲率军士从长安前往战场。

九月初，秋意萧瑟，寒风逼人，而前锋部队刚刚到达淮河流域的颍口，苻坚的主力也抵达到此附近，看到自己人多势众，苻坚异常骄狂地宣称：“靠我们这么多人，只要把手中的马鞭扔到江中，整条宽大浩瀚的长江都会因此断流！

无为而无所不为：谢安的应对

在东晋方面，全国都陷入惊慌之中。东晋此时可以倚仗的力量也就是谢玄统率的8万“北府兵”了，在谢安的主持下，朝廷立刻通过决议，由“北府兵”北上备战。

★谢玄画像，北府军的首领。

北府兵整装待发，在出征前夜，谢玄向叔父谢安问计，结果谢安脸色还是波澜不惊，跟平时一样淡淡地说道："到时候我自然会有主张，不用担心，你先出发吧！"接下来就继续闭目养神，不发一言。

这个回答让谢玄心中惴惴不安，他实在不知道叔父的葫芦里究竟卖的是什么药，但是也不敢多问惹他生气，于是又派了手下再次请示了一遍，这次谢安却稍显不耐烦了："什么都不要多问，快去准备你们的车马！我要和朋友去山间别墅下棋！"

下完棋，谢安挥挥手辞别众人又去登山欣赏风光，跟以前一样在山水间流连忘返，到天黑都没有回来。

于是谢玄只能七上八下地出发了。

为了抵御前秦的进攻，谢安的准备不可谓不积极，首先他派遣谢玄前去镇守广陵，接着操练北府兵以逸待劳，进可攻退可守，在长江的北岸牢牢看守住京师的大门。另外，他还建立了一支民兵队伍，赋闲时务农来填充军粮，备战时加紧操练，形成一支强大的后备力量。此外桓冲已经稳稳坐在了长江中游，防止前秦来个拦腰一截，这样的布阵形成了京师、夏口、广陵的犄角之势，谢安本人则亲自坐镇京师，俯瞰全局，因为自己部署周密，所以面对火烧眉毛的战况他还能显得不慌不忙，充分显露出儒将风度。

十月份的时候，前秦的先锋部队已经把寿阳攻占下来，将东晋援兵困在中央，由胡彬带领的援兵眼看粮草就要用光，士兵们在忍着饥饿咬牙战斗，只能派人遣送密报往大军寻求支援。谁知屋漏偏逢连夜雨，这封关键的求援书在半路被秦兵给截住了，先锋苻融得此消息喜不自胜，按捺不住激动赶忙向苻坚汇报。苻坚一听，合掌大笑道："太妙了！如今晋军粮草不足，我们正好趁这个机会赶紧进攻，打他个落花流水！"

身在曹营心在汉：朱序的关键抉择

苻坚亲率8 000轻骑赶去与先锋会合。这个时候他还不忘劝降，于是任用了前文提到的朱序，这个错误犯得如此严重，以至于战局就此变更。

朱序此人，十分隐忍负重，他坚韧不拔的性格从死守襄阳城一事中就可以看出来，而且能屈能伸，在实在无力抵抗的情况下，为了保护自己的子民，他也只能顺从苻坚，但是表面上一声不吭的朱序心中却燃烧着熊熊的复仇怒火，眼下侵占自己城镇的贼子居然要把爪子伸到自己的朝都，这让朱序只能强行按捺下恼怒，暗暗观察晋朝有没有需要自己出力的地方。

虽然只是一个一文不名的小人物，朱序却在这场战役中发挥了超出他想象的力量。

一收到苻坚让他劝降的命令，他心中暗喜，立刻收拾出发。

朱序一到晋营，在表面上恐吓规劝了一番，而等到四周无人，没有耳目的时候却悄悄对谢石说："现在前秦的百万大军还没有全部会合，要趁这个时候迅速攻击。把先锋部队一打败，苻坚的士气一定会大受打击，到时候我们就可以乘胜追击，取得胜利了。"

领军主将谢安之弟谢石见对手强大，本打算采取守势，待敌军疲惫再伺机攻击，但听过朱序的报告后，觉得很有道理，便改变策略，转守为攻。

十一月份，江水萧瑟，草木肃杀，谢玄派遣部下带领精兵5 000人向秦军发动进攻。因为晋军成竹在胸，也知此仗系战局关键，所以纷纷奋勇向前，强行渡河，一举把来不及反应的秦军打得落花流水，晋军当场就斩了秦军将领梁成。遭到意外打击的秦军吓破了胆，争先恐后地渡淮水溃逃，一路上惊魂未定的秦兵因为多日疲惫，加上攻击突然，均魂不附体，个个脸色苍白。

晋军一直追赶到苻坚所在的寿阳，与秦军隔淝水对峙。

当时秋风瑟瑟，残阳似血，在凛冽的寒风中苻坚登上了城楼观望局势，看到追击而来的晋兵军容颇为齐整，士气十足，比起自己慌不择路的残兵败将来是天壤之别，心里面已经隐隐有了寒意。当苻坚转望八公山的时候，一阵大风袭来，整个八公山树林摇动，草叶互相击打着发出的声音，令苻坚大吃一惊，在他眼里看到的仿佛是漫山遍野的晋兵，正伏着身子，那幢幢暗影好似他们手舞兵刃！

“哎呀！那山上全是他们的士兵啊！”苻坚失声喊道。身边的人劝慰他那只不过是草木，但是挽回不了他颓唐的神色：“谁说他们是弱旅，这分明是强敌啊！”惆怅的语气透露出了他的畏怯，和以前的嚣张完全不同。

为什么晋军会突然发动这么强势的袭击呢？苻坚想不明白的道理，到后面给他吃了更大的苦头。

风声鹤唳：领导者的决策摇摆

此时的形势已经变成东晋军队斗志昂扬，与庞大的前秦军队隔着淝水遥遥对峙。其实战争发展到此时，对苻坚来说也没有多大压力，尽管先锋受了很大的挫败，但是主力还在，而且十倍于晋军。形势对晋军并没有很大的转变，依然严峻。足智多谋的东晋将领在谢安的主持下，经过周密策划，终于琢磨出一条妙计。

谢玄派遣使臣前往秦军阵营对苻坚说：“你们先锋部队孤军深入，但是为什么要在这淝水的岸边停住不动呢？还安营扎寨，看起来有跟我们长期较量的意

★曾被苻坚占领的寿阳城（今安徽寿县）

★淝水之战古战场

思，这样可不利于速战速决啊！既然你们这么有信心赢，那还不如干脆稍微往后退一退，好留出块战场，我们就勉为其难亲自渡过淝水来跟你们决一死战，这样不是更好吗？也省得我们双方麻烦了！”

苻坚当然不会被对手的说辞所打动，但是他内心其实还有自己的想法，他心想如果晋军渡河到一半，发动铁骑杀他们个措手不及，肯定会取得大胜。于是他说：“答应你们也未尝不可，我宽厚为人，就让你们一步。”

没想到聪明反被聪明误，秦军收到后退的命令正摸不着头脑，这时候朱序知道自己的时机到了，于是扯起嗓子到处喊叫：“秦军败了！秦军败了！”刚刚被晋兵打击过的秦军立刻阵脚大乱，更何况秦兵中大多数人都是被强行征来，心中自然不情不愿，还夹杂着大量各族战俘，人心各异，同时长久的舟车劳顿使得他们早已精疲力竭，丝毫没有奋起抵御的意思。相反每个士兵都奔走呼号，表现出丧家犬似的惶惶不安。在这个当口，东晋军队已经渡过淝水，真的到来了，他们借着秦军大乱的时候大举进攻，在一片混乱中杀死了前锋主帅。

苻坚一看大事不好，立刻策马准备再次组织军队，正好这时一支乱箭射来，他也负伤倒下。秦军人数众多，此刻溃不成军，都成了乱民，为了逃命他们不惜自相践踏，被东晋军队杀死的少，被自己人踩死的多。一时哀鸿遍野，哭喊声、逃命声震天。因为秦军人数太多了，逃亡的士兵根本摸不清方向，到处被人所围，一路狂奔中，很多士兵哪怕是听到脑后有风声，空中有白鹤的叫声，都以为晋兵正在赶来，吓得魂不附体，一刻也不敢停下。

在清晨太阳升起的时候，淝水岸边还布满20多万杀气腾腾的前秦士兵。而等到残阳如血，被余光照耀着的，只有前秦士兵面目全非的尸体。前秦帝国的国运，就此衰落。

前秦的兵力其实此时也完全抵挡得住晋朝进攻，后续部队还未到达淝水就听到战败的消息，于是一哄而散。

苻坚在慕容垂的护卫下，总算是保了一条命回到了洛阳，淝水之战正式结束，秦军却落得了这个惨不忍睹的下场。

苻坚的妄自尊大、独断专行给了他一个惨痛的教训，当初就是不听劝阻一心开战，在内部不稳、意见不一的情况下盲目布下过长的战线，此时手中还有企图叛乱的降将闹得人心浮动，兵力又因战线拉长颇为分散，舍弃了自己的长处，而用短处去跟别人的优点相撞，刚刚开战受挫就失去了信心，连情况都没弄清楚就慌忙后撤，自乱阵脚，给晋军可乘之机。

★淝水之战的场景

淝水之战大捷，消息传到晋朝京城时，一向笑看花开花落的宰相谢安正在府中和客人下棋。他接过捷报，随便看了一眼就继续下棋，好像什么事都没发生一样，客人忍不住好奇地问道："前方战事怎么样了？"谢安淡淡地回答："那些孩子已经把敌人打败了。"

下完棋客人一走，谢安按捺不住内心的狂喜，转身回房的时候居然忘记迈门槛，把木屐都踢断了。淝水之战赢得如此漂亮，使得东晋不仅转危为安，而且谢家的声望也如日中天，谢安从容安详地修养，获得了世人的一致称赞，谢安"不动如山"退百万秦兵的佳话也流传了下来。

战典回响

决心和意志——决定战争胜负的思维

苻坚大举进攻晋朝，完全是十拿九稳的战役却意外溃败，这里输的不是军力谋略，更多的是输在决心与意志上。

苻坚的士兵来自北方，许多人从未踏足南地，精疲力竭，水土不服，在军队发生混乱之时，如果有过硬的心理素质与平日的良好训练，也不至于立刻发生这么大规模的溃败。但是苻坚强行征兵，士兵多有埋怨，战斗欲望不高，对战争和死亡有着极度的恐惧感，这样就引发了群体性的恐慌。

此时如果有冷静得当的指挥官来制止这场集体狂奔，那么悲剧也就不会发生。而当时苻坚本人也是惧意十足，明明自己掌握着具有绝对优势的大军，到后来却自讨苦吃，完全控制不了局面。

民族大融合的浩荡画卷

淝水一战，东晋取得了全面胜利，王朝统治得到巩固，北方少数民族贵族也因此暂时停止侵扰，广阔南方因此避免了一场巨大的破坏，江南地带的经济文化得以迅速发展，而北方前秦损失惨重，对于苻坚的前秦政权来说，更是北方地区统一局面的解体。苻坚带伤北归，一路聚集散兵，到达洛阳时仅仅是出征时的十分之一。慕容垂等少数民族贵族趁机游说贵族权力的回归，肢解了前秦统治，在淝水之战的后半个世纪里，北方又重新分裂成燕、夏、凉三块势力地区，公元384年还出现了羌族人统治的后秦，鲜卑人建立的后燕与氐族人建立的后凉，各民族贵族纷纷登上北方政权舞台，稳定崛起的南方与分裂的北方形成了长期对峙的局面。

★沙场点兵★

人物：谢安

谢安出身显赫士族，字安石，是东晋最伟大的政治家、军事家。谢安从小聪颖过人，年少时就颇负盛名。但是生性淡泊的谢安一开始并不愿意踏上仕途，宁愿隐居在东山与友人寄情山水。经人推举他不得不当官，一个多月就辞职回家。因为谢安的才华过人，民间都仰慕他，都说：“如果谢安不出来做官，那这个国家怎么办？”直到四十多岁，因为弟弟惹出祸端，为了家族荣誉，谢安踏入政坛，这一段佳话也被称为东山再起。

谢安在朝，锐意改革，挽救晋朝于危急之时，从军事到经济，都给晋朝贡献了无数良计，作战时从容淡定，常常能震慑军心，稳定大局，赢得天下人的敬佩。谢安死后被追封为太傅兼庐陵郡公，世人皆称谢太傅、谢安石、谢相、谢公。

武器：骑兵

骑兵即指骑马作战的军队或士兵，既能骑马作战，也能下马徒步，通常在兵阵两侧担任包围追击和奔袭的任务，也常常参加正面的突袭。骑兵的优势在于行动敏捷，冲击力极强，对步兵来说具有极大的优势。骑兵有组织，能够快速地打击敌人，也能够迅速撤退，保住实力。在中国古代战争史上，游牧民族的骑兵往往成为以步兵为主的汉族军队的致命威胁。但是，骑兵在南方水网密布的地理条件下的威力发挥会受到极大限制，这也是中国历史上多次形成南北对峙局面的一个重要原因。在淝水之战中，拥有强大骑兵部队的前秦军队在进入长江流域后，因为水土不服及地形不适等原因造成的战斗力下降是前秦战败的重要原因之一。

战术：伺机而动

伺机而动，即窥伺时机来采取行动。在淝水之战中，谢安以逸待劳，寻得前秦漏洞或者合适时机再迅速出击。这种战术灵活性强，适合游击战、保卫战，也属于小股的攻击战。这种打击会扰乱敌人的注意力，改变敌人战术，破坏敌人阵型。在面对大军压阵、敌多我少的情况时，借助天险和防卫攻势，伺机而动，大大提高了己方士兵的利用率，取得事半功倍的效果。采用这种战术必须具有相当敏锐的眼光和精准的判断以及快速的出击。

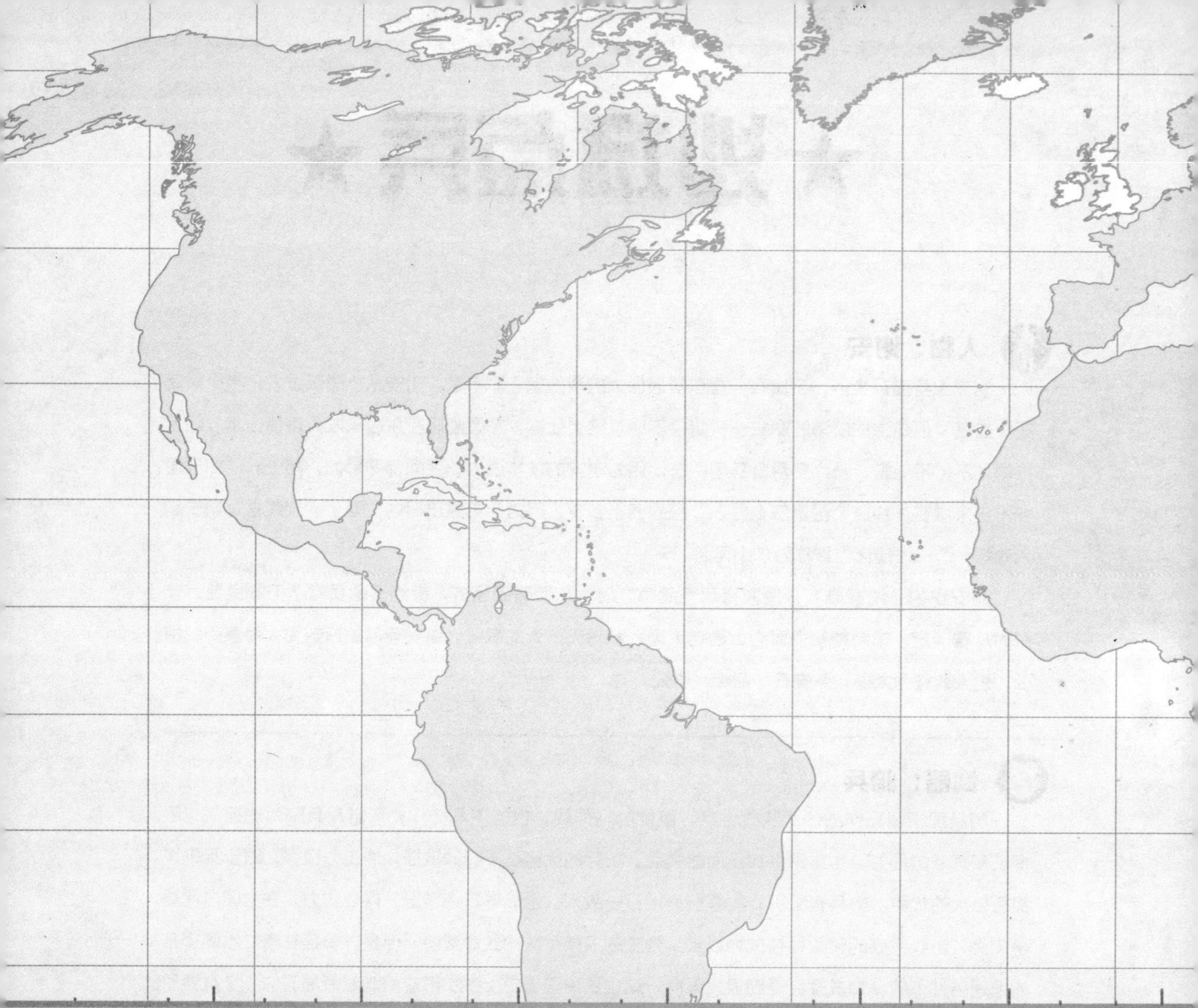

战典

毕其功于一役

THE CLASSIC WARS

决战

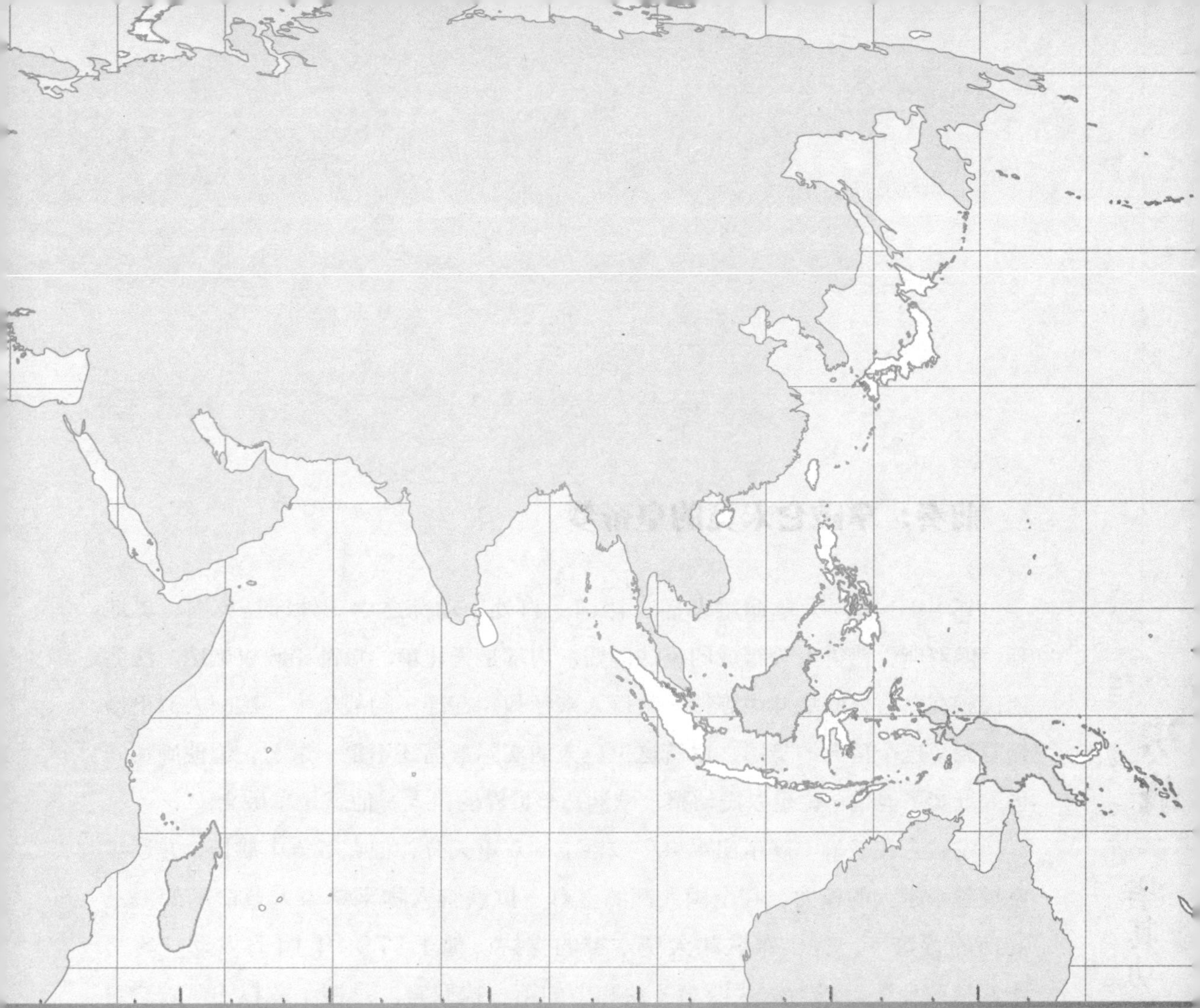

第六章

滑铁卢战役
——永远的最后一战

▲拿破仑在长期的征战中耗尽了法国的力量，1814 年，拿破仑被反法同盟击败，这个往日的欧洲霸主满怀屈辱被放逐。拿破仑没有放弃自己的梦，就在第二年，他奇迹般地返回法国，第二次登上皇帝宝座。反法同盟不能容忍他的再度崛起，纠集大军向拿破仑杀去。在比利时的滑铁卢，一场决定法国和欧洲命运的战役打响了……

前奏：拿破仑未竟的皇帝梦

1789年法国大革命爆发后，法国一直处于动荡之中，外部是英国、奥地利、俄罗斯、普鲁士等组成的反法同盟，内部是无止境的叛乱和政权更迭。法兰西民族在血与火的战斗中等待一位巨人来拯救。在连年的战争中，法国人似乎慢慢看到了这个巨人的身影，尽管这位巨人的实际身高还不足一米七，但他确实向世人证实了他是一位足以震动整个欧洲乃至世界的巨人。他就是拿破仑。

拿破仑在战争中展示出军事和政治上的双重天分，他在战争中成长，并逐步掌握越来越大的权力，在全国人都渴望有一位铁腕人物来结束大革命后的混乱局面的背景下，凭借军队和大资本家的支持，他于1799年11月发动“雾月十八日政变”，成为法兰西第一共和国的第一执政官。掌握了政权的拿破仑对内颁布《拿破仑法典》，为法国资本主义的发展扫清道路，对外则以他天赋的军事才能屡屡打败反法同盟，把法国的势力范围一度扩张到除了英国和俄国之外的整个欧洲。

随着威望与功勋的不断增长，拿破仑不甘心做“有实无名”的“执政官”，他要缔造一个属于他的法兰西帝国，让他的威名永远铭刻在帝国的国徽上。法国元老院也看风使舵，看穿了拿破仑的心思，开始鼓吹建立世袭政权，为拿破仑当皇帝摇旗呐喊。

无论是明目张胆的号召，还是私下授意的暗示，任何人都无法反对拿破仑势在必得的皇帝梦想。立法院、保民院都识时务地对此给予了无比热情的掌声。

1804年5月18日，拿破仑镶着金边的皇帝梦终于在绝大多数人的赞同下实现了。法兰西从此有了一位骑在马背上的小巨人作为自己的皇帝。

拿破仑是个对自己亲信慷慨大方的人，他称帝之后，立刻授予手下大量军官以元帅头衔，更是给了为他铺就皇帝路的功臣一大笔赏赐。扬扬得意的拿破仑也没有忘记自己的一家老小，该封的全都封上头衔，举朝上下喜气洋洋地等待加冕典礼。

12月2日的加冕典礼，和人们梦幻中的一样辉煌灿烂，华丽至极。

从欧洲四面八方而来的人们携带了各地珠宝，观看着盛况空前的非凡典礼，这样无与伦比的场面让在场所有人都为之惊叹，大饱眼福。

镶金边丝袜，白丝套装，金丝绒刺绣的紫红色礼服装饰着月桂与蜜蜂的美丽花纹，领口熠熠闪光，由硕大的钻石制成。如此华贵的礼服穿在拿破仑身上显得无比奇特，拿破仑对于它的昂贵造价也颇有微词。

和珠光宝气的约瑟芬王后会面后，拿破仑登上四轮豪华马车，在炮声齐鸣中及仪仗队的护送下前往圣母院。一路上人潮汹涌，钟鼓齐鸣，皇帝镶金嵌银奢华无双的马车引来了一阵阵欢呼。

风光无限的队伍缓缓来到了大主教府，拿破仑登上高高的皇位，心中感慨万千，数年前自己仅仅是个一文不名的穷光蛋，而现在扶摇直上，成为万民的统帅，他禁不住对自己的哥哥说："要是我们的父亲能够看到我今日的辉煌，那他该有多高兴啊！"

★拿破仑加冕法国皇帝

可惜他这样的好心情并没有持续多久，因为野心勃勃，拿破仑入主巴黎之后立刻开始创建一支“新大军团”，用于对外的四处征讨。西班牙、葡萄牙、丹麦……拿破仑皇帝兵锋所指，一个个国家先后倒在了他脚下。

然而，盛极必衰，1812年对俄国的进攻成为拿破仑命运的转折点，俄国人顽强的抵抗和俄国冬天的严寒一起压垮了皇帝以往无坚不摧的军队，法军主力损失大半，帝国元气大伤，欧洲各国早就对法国的动向了如指掌，见时机成熟，马上组成了反法联盟，趁法国新伤未愈的时候把这个庞大的帝国拉下马来。

战争打响，反法联盟兵分三路，从东南北三个方向一起进攻。只要拿破仑一旦上前向谁应战，那一方就撤退，而其他方向就大肆进攻。这一招确实狡猾，最后南线联军干脆跳过了久攻不克的德雷斯，跳到莱比锡和东线北线联军会合，与拿破仑来了一场大决战。

法军因为多日征讨，奔波劳碌，人困马乏，弹药和援军都被消耗得所剩无几，所以被人数和火力都占优势的联军一举击败，法兰西帝国也由此垮台。

拿破仑这次的失败十分出人意料，战无不胜的他很少见地违反了自己一向极为推崇的集中兵力原则，但蹊跷的是面对三路联军，他这次却没有像以往一样集中兵力各个击破，反而兵分三路，结果处处受制。

当时拿破仑的心态已经是一个征服者，完全放弃了解放者的初衷，如果他听从梅特涅的建议，放弃手中少量的占领土地，那么大战就会暂时免于爆发，他可以凭借这个机会休养生息，恢复战伤，加强法军的战斗力，为即将到来的决战储备更加雄厚的力量。但是皇帝骄横的心态使他面对挑战时无法容忍，即使知道敌方实力强劲，却还是坚持一战。

4月份枫丹白露宫景色宜人，表情僵硬呆滞的拿破仑至今不能接受自己的失败：“我只晚到了四个小时！还不能投降！”但是现实就是残酷的，他不得不签订耻辱的《枫丹白露条约》，放弃自己苦心得来的王位，路易十八进入巴黎，而他只能被流放到一个小岛——厄尔巴岛。

卷土重来：逃离厄尔巴岛

昔日的帝国皇帝在厄尔巴岛的生活并不快乐，尽管他已经远离了政治，远离了战争，并且失去了自由成为阶下囚，但是，政客们和军人们并未能忘却他的传说。

★厄尔巴岛，拿破仑第一次被囚禁的地方。

率先来到厄尔巴岛的是刺客，但是拿破仑忠实的追随者紧随其后，拿破仑在狭小的海岛上度过了最凶险的时刻，然后他的追随者再次将帝国的希望托付到他的手上。

1814年9月，在拿破仑战败被流放之后，奥地利外交大臣梅特涅就召集欧洲列强在奥地利的维也纳召开了著名的“维也纳会议”，会议的目的其实很简单，就是要恢复拿破仑战争时期被推翻的各国旧王朝及欧洲封建秩序，防止法国东山再起，战胜国重新分割欧洲的领土和领地，重新划分拿破仑战败后欧洲的政治版图。

但是，维也纳会议并没有像想象中进展得那么顺利，因为以英国、法国、奥地利、普鲁士和俄国为主的五大国各怀心思，彼此为了各自的利益争执不下。俄国沙皇亚历山大一世力求在维也纳会议上取得最大的利益，他决心攻占波兰，然后进军西欧，代替拿破仑成为欧洲的新霸主。

英国则志在阻止与会的任何一国在欧洲大陆建立自己的霸权，并且着力于保护自身的海上霸权，取得海外殖民地及海外航运利益。同时，奥地利不想让俄国干预中欧的事务，所以反对亚历山大一世对波兰的领土要求，另外对普鲁士希望提升在德意志地区的领导地位的野心也非常抵触，除此也在忙于着手巩固自身在德意志的盟主地位。

★维也纳会议

与这几个大国的明争暗斗不同，受邀来参会的西班牙、葡萄牙、瑞典等国大多数代表并无发言权，每天只能无所事事，同样悠闲的奥地利国王佛兰兹二世于是举办了很多娱乐活动让这些小国的代表消遣。大国们为了自身的利益争执不下，其他的代表则忙于纸醉金迷，与会的德利涅语含嘲讽地说："大会不行动，大会在跳舞。"

欧洲列强因为利益问题争执不下，赶走了拿破仑的法国也并不安静，新国王路易十八带着他那帮顽劣的封建贵族回到巴黎之后，就开始对法国进行残酷的统治，虽然对拿破仑终年征战感到厌烦，但是法国人民更加痛恨这复辟的波旁王朝，于是，在不知不觉间，拥护拿破仑的势力就悄然抬头了。

1815年2月26日，负责在厄尔巴岛看押拿破仑的英国特派员去里窝那游玩，两天后，当他回到厄尔巴岛之际，发现皇帝的卧室里已空无一人，随之消失的还有负责看守皇帝的一千多名法国士兵，以及停靠在海岸上的所有舰只。历史就是这么安静和沉稳，没有什么风波浪涌，没有什么预兆，拿破仑就这样离开了厄尔巴岛，奔向了自由的世界。

拿破仑所乘坐的"无常号"双桅船最终停靠在了昂蒂布附近的儒昂湾，然后，皇帝带着他的一千余名士兵经过迪涅、加普，穿过尚未解冻的阿尔卑斯山区，到达了拉弗雷隘口，在那里，他接受了士兵们狂热的膜拜。

拿破仑站在法国士兵们的面前，高举起自己的手臂，他矮小的身姿又一次充满了力量和激情：“士兵们！你们一直是法国人民最英勇的护卫者。我也跟你们一样，为了法国的利益，冲破了重重险阻，终于又能与你们一道并肩效力于法国人民了！”至此，法兰西已经无法拒绝拿破仑。

整个欧洲再一次沉默了，因为所有的声音都只属于拿破仑，这个重新回到世界中央的帝王。

1815年3月13日夜晚，还在睡梦中的内伊将军被人唤醒，来人告诉他，他部队中的一部分炮兵和骑兵正在哗变，要去迎接即将到来的拿破仑·波拿巴。皇帝带领着他的士兵们已经来到了夏尼，内伊穿着军装不知道如何是好，就在这时，掷弹兵给内伊送来了一张纸条，上面清清楚楚地写着：“内伊，我将像在莫斯科近郊之战后的第二天那样接见你。——拿破仑。”老内伊的眼泪从眼眶中流出，他站起身来，对着镇守夏尼的军人们抽出战刀：“士兵们！波旁王朝已永远失败，法国自己选择的帝王将重新掌控皇位，以后应该由皇帝、我们的伟大君主来统治这个国家！”

接着，内伊带着自己的士兵来到城外，亲自将拿破仑送上直达巴黎的大道。拿破仑搀扶起俯身拜向自己的内伊，并且与他高兴地拥抱，就像好久不见的朋友那样。

★拿破仑麾下的重要将领内伊

此时的路易十八已经带着自己的妃嫔和子女仓皇地逃出了巴黎城，五天之后，拿破仑在整个法国的呐喊声中走进了枫丹白露宫，狂热的人们将他从马车里连带着座位一起抬出，欢呼着将他迎入皇宫。这一天，佛兰兹二世的舞会上空无一人，维也纳的街头巷尾都在讨论着：拿破仑，回来了。

四国联军：大战一触即发

流亡的皇帝回来了！没有落魄不堪，有的只是热烈的欢迎！因为波旁王朝用的大多是拿破仑的旧部，派出这些部队抵抗时，却见到所有士兵都兴高采烈，将身上白色的波旁帽章抛弃，直接加入了拿破仑的队伍。本应该短兵相接的部队却像看到了阔别已久的亲人，纷纷拍打着彼此的肩膀，恰似兄弟一般融洽。

拿破仑一路上基本没有遇到任何抵抗，洋溢着狂欢气氛的战争前奏让他长驱直入，3月10日他抵达里昂，波旁王朝元帅麦克唐纳等人已经望风而逃，通向巴黎的道路毫无障碍。重登皇位以后，拿破仑立刻抓紧所有时间，努力恢复自己的权势以及军事力量。在波旁王朝统治的10个月里，因为经济惨淡，军队大幅削减，许多军官仅仅拿到一半薪水，众多受不了这种制度的军官士兵已经复员回乡。路易十八原以为百姓疲于作战，放弃征兵能够收买人心，这个制度也给拿破仑造成了一定困难。现在他唯一可行的就是重新唤回已经回乡务农、做生意的那些复员军士们，靠他们的热情来组建一支强大的野战军。

而更为缺乏的是英明能干的指挥官。拿破仑太强了，强到一路打来他独断专行到了飞扬跋扈的地步，众多指挥官要么被废除，要么就是作为傀儡。但是现在拿破仑意识到，在他自己脑筋发热的时候，一群冷静有主见的指挥官是多么重要。但是麦克唐纳、乌迪诺等九位波旁王朝的主将已经拒绝再回到他的麾下，所以他只能任命忠诚的达武作为自己的心腹，而内伊等人则是百般无奈下的战场指挥官。

正当拿破仑对此情况颇为无奈的时候，一名优秀的将军出现在他的视野里。时年48岁的格鲁希能征善战，曾经是名出色的骑兵将领，在对俄以及1814年战役中表现突出，在本次法国内部镇压保皇派的战斗中也成绩显著，于是拿破仑授予他元帅的军衔。

拿破仑重新夺回自己的法兰西之后，细细一盘算，发现波旁政府拥有的武器与弹药已经所剩无几，于是大量军事设备和弹药的生产被列入了计划，他甚至授权向外国购买枪支，同时大量扩充骑兵数量。

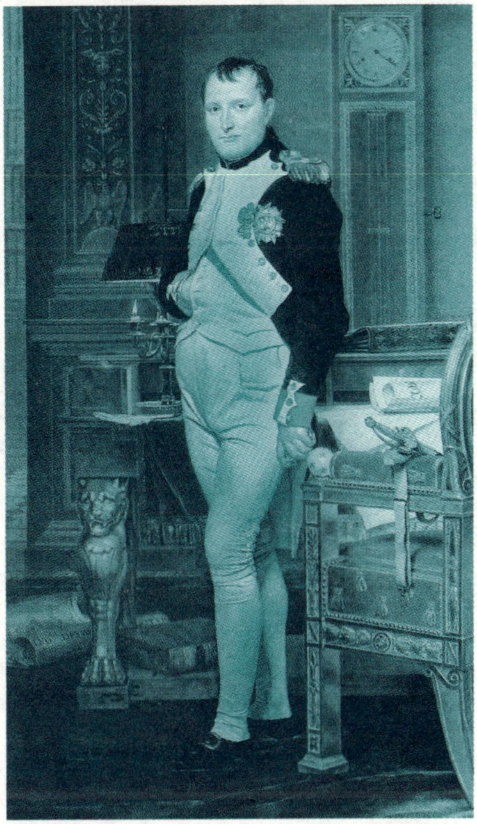
★百日执政时的拿破仑

拿破仑如此苦心想要迅速恢复自己军事力量是有原因的，因为一接到拿破仑已经登陆法国、重夺政权的消息，在维也纳的同盟国立刻采取了行动，本来这些同盟国正埋头于内部争吵，为了彼此的相关领土而互不相让，但是老对手、强大的拿破仑皇帝回来了！

本来正推杯换盏、背后暗藏玄机的维也纳会议，被接连而来的信使打乱："拿破仑回来了！雄狮已经逃离了他的牢笼！""所有人都归附于他，他的气势比以前更甚！""到处欢欣鼓舞，他又重掌了法国的政权！"接连不断的消息让多国元首一片愕然，这使得他们立刻摆出了联合的姿态，称拿破仑是和平世界的破坏者，他们要为了世界而战！

同盟国行动得很快，面对拿破仑谁也不敢耽搁，仅仅过了五天，《肖蒙条约》出炉，除了进一步强调征讨拿破仑的必要性以外，奥地利、英国、俄国以及普鲁士军队各自投入15万雄壮之师，粉碎拿破仑这个"不正义的篡位者"！

4月4日，铁骑重装的威灵顿公爵也前往布鲁塞尔，受命指挥英国和荷兰的联军。

拿破仑加快了步伐，他要赶在联军发起攻击之前，作好充分的准备，现在各个国家兵临城下，虎视眈眈，他在室内反复踱着步，考虑到奥地利和俄国的军队要到6月底以后才能横跨波光粼粼的莱茵河，目前对巴黎最有威胁的就是来自威灵顿公爵和骁勇的普鲁士军队了。

他想起了1814年的惨败，还是差不多的对手，他被逼得走投无路，只能屈居在一个小小的岛屿上，当时内心的彷徨失意，梦想破灭的沮丧曾经逼得他试图自我了断。

这种惨痛的回忆不能再有第二次，这次绝对不能重蹈覆辙！拿破仑的脚步停住了，咬紧牙关作了决定："与其等待他们攻击，被迫防御，困在笼中徒劳挣扎，不如主动出击，先发制人，对最近的两个对手进行轮流打击，在俄国和奥地利还没有赶过来之前，取得胜利！"

计划已定，拿破仑立刻在6月12日派遣了一支近13万人的法军悄悄移至比利时边境。普鲁士军队的营地外有一大片密林，正好让法军相隔驻扎，一场恶战即将展开。

大雨滂沱：拿破仑对峙威灵顿

在猎犬成群结队之前，先要分头一只一只打死，这就是拿破仑的策略，而此刻在他面前的，就是两只老奸巨猾、经验丰富的恶犬。

6月15日凌晨3点，拿破仑日夜兼程，赶到普鲁士军营之外，于16日对毫无防备的普鲁士军悍然发动猛攻。雄狮出笼之后的第一声吼叫释放了所有的压抑，这一次战斗进行得异常激烈，而大雨也应景而至，雷声隆隆，闪电映着刀光，惊雷和着枪炮，整个林尼村地动山摇。普鲁士的将军布吕歇尔这才发现，法军已经包围了他们，整个防线被锋利地切断。普鲁士军损失惨重，部分慌忙撤退。拿破仑看到普军败局已定，满地尸体和鲜血，战士们也在湿滑中疲惫不堪，便令法军休息一日，追击的事情稍晚商量。

★击碎拿破仑复辟梦想的威灵顿公爵

解决了一个，接下来就是威灵顿了！拿破仑很清楚，绝对不能停下，绝对不能喘息，在战场上每一秒都是致命的！如果现在法军拖延，那么对方肯定会有更多的力量汇集！

威灵顿听到布吕歇尔已经战败溃逃，估计自己孤军作战毫无胜算，于是将英军撤离到滑铁卢方向，拿破仑立刻派内伊前往阻截，但是内伊的性格一直软弱犹疑，英军轻易地从他手中溜了出去。拿破仑知道后气愤难当，破口大骂内伊，但是这也无济于事，只能尾随英军一起来到滑铁卢附近。17日，刚刚大捷的拿破仑全军到达西比蒂村高地。

威灵顿何许人也？除了拿破仑，能让对手想起就会胆寒的，还要算上威灵顿公爵一个。他头脑之冷静，意志之坚强，就像战场上一块冰凉的钢铁，在拿破仑大军赶来之前，他已经在高地上筑好了所有工事，严阵以待。

虽然进攻勇猛，但是粗中有细是拿破仑引以为傲的一点，他也给自己的军队作好了一切周密部署，不仅反复考虑进攻方案，也充分预测了各种风险。比如说普鲁士残部的问题。上次攻击虽然凶狠，但是并不致命，普鲁士还是有部分士兵撤退成功，如果不加以追击，可能会有后患。那么究竟派谁去执行这个任务呢？

他的目光又落在了格鲁希身上。他抽调出一部分部队去跟踪追击普鲁士军，以阻止他们与英军会合。

他从军三十年，参加无数战役，从西班牙到俄国，从尼德兰到比利时，可是说他一向稳扎稳打，一步步爬到了元帅地位置，如果不是因为其他更为英勇的元帅相继丧命于奥地利人的火炮、埃及的炎炎烈日以及北风刺骨的俄国，他也不会如此幸运得以担任这么重要的职务。

拿破仑对于格鲁希并不抱任何特殊的希望，他仅仅看中格鲁希的可靠踏实，而正逢自己手中无人，不得不把这个独立指挥权交给了格鲁希。他下的命令很清楚：当拿破仑亲率部队进攻英军时，格鲁希率领其他三分之一兵力追击普鲁士军，时刻保持紧密联系，以备回程支援。

格鲁希元帅对于这样的任务并没有喜出望外，相反有些踌躇，从来不习惯自己拿主意的格鲁希是在拿破仑的坚持下接受了这项任命的。不过他心中估算到大本营并不遥远，只需三个小时，他就可以把自己部队带到皇帝身边。

大家都把注意力集中到了滑铁卢这个小镇上。因为连日的阴雨，士兵们饱受潮湿寒冷之苦。

是夜，大雨倾盆，浓密的乌云遮住了朗朗明月，水花溅落在马匹身上，溅落在帐篷上，溅落在守卫的士兵脸上，一切都在酝酿着一场大战的爆发。

犹豫不决：格鲁希援军迟迟不到

雷雨初歇，空气中还饱含挥之不去的湿气与沉闷，拿破仑再一次骑着自己的高头大马，从头到尾检阅着自己的战士。寒风呼啸，旗手热情洋溢地举起手中的旗

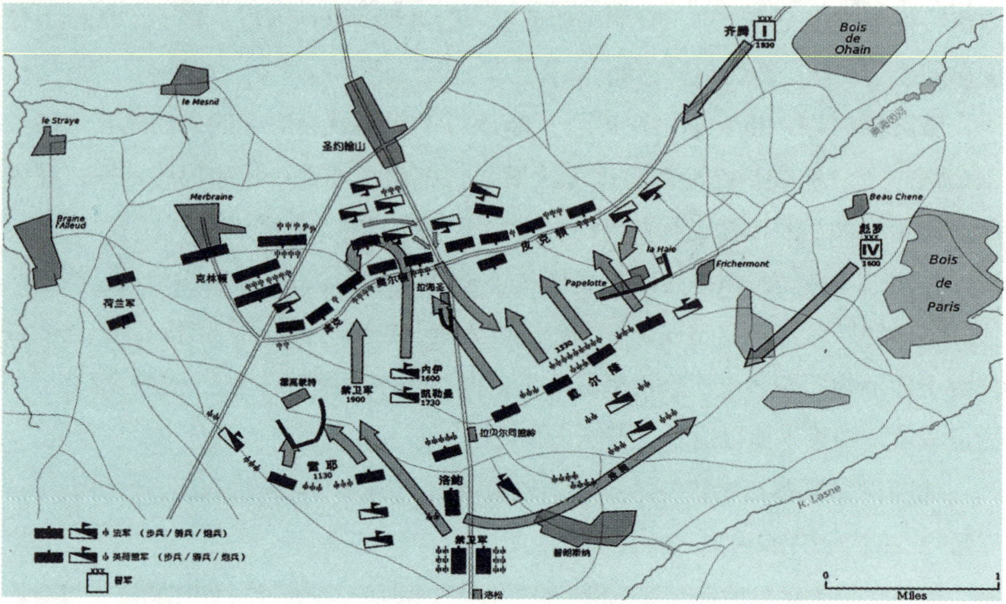

★滑铁卢战役示意图

帜，骑兵也动作一致地挥舞战刀，步兵用闪着寒光的尖刀挑起了自己的军帽，都狂热地向自己的皇帝致意。战鼓响了，压着人心的密密麻麻的鼓声由缓至急，催得人热血沸腾；号角也响了，嘹亮的声音打破僵持的局面，鼓励着士兵向前冲击。

拿破仑轻轻点了点头，面对自己这支欢乐强大的队伍，他的骄傲自豪显而易见。11时，他给炮兵下达了命令——在那山头身着红衣的就是英国人，投掷你们的榴弹炮！而内伊，这位一直在改变自己主意的人，曾经的勇者，后来的随波逐流派，也按捺不住心头炽热的血液，率领步兵发起了冲锋。拿破仑一生中最为关键的战役开始了。

从11时到下午1时，水汽蒙蒙的天空从昏暗到逐渐散发白光，法国大军一路高歌猛进，直冲高地，一度将村庄和敌阵占为己有，但是威灵顿几次受挫仍不气馁，一而再再而三地将法军击退。这样一次次的进攻与击退，使得无数士兵白白地被杀死，尸体厚厚地覆盖在泥泞不堪的山坡上，鲜血混着泥土，滑得令法军简直无法冲锋，只能踏着尸体前行。

到了这个时候，双方都已经疲惫不堪，拿破仑在等，威灵顿也在等。

威灵顿等的是布吕歇尔，溃逃的普鲁士军团并没有因为惨败而散开和消失，相反一段时间后又紧密地聚拢在一起，分为两路，一路前去支援英军，一路从左翼包围法军，伺机发动攻击。双方的统帅脸上都渗出焦虑不安的一层薄汗，究竟谁的援军会先到？先到的人就赢了！

而此时的格鲁希显然并不明白他手中这支军队的重要性，他一贯只会按指挥办事，既然拿破仑之前已经给他指明了方向去追普鲁士军，他便按照原计划继续追击，但是一路走来并没有发现任何普鲁士军的踪迹，敌人不知去了哪里。就在这位疑惑的元帅还在滑铁卢战场附近的一家农户里享用他的早餐时，突然一声巨响，脚下土地微微颤动，屋顶泥沙也簌簌下落，紧接着又是一阵沉闷的巨响，毫无疑问，这是大炮的声音，这是炮兵们正在开火。

元帅手下的军官立刻趴在地上，用耳朵细细倾听远方的动静，格鲁希停止咀嚼自己的火腿，询问他们的意见。

“元帅！我们必须马上向开炮的地方挺进！”

“没错！要迅速赶过去！时间可能来不及了！”

所有的军官七嘴八舌，急得像热锅上的蚂蚁，但是中心只有一个：“元帅，我们必须马上赶到皇帝身边！”但是格鲁希又叉起了一块面包，继续犹豫不决，他一向是有命令就服从，没有命令就不知道该怎么办的人，皇帝的命令是追击普鲁士军，那就只要一门心思去追就是了。副司令热拉尔看他这样是要坏大事的，不顾身份地位地要求格鲁希立刻带兵返回。

格鲁希胆怯地回答：“我们最好还是再等等吧！”

军官们绝望了，大炮声也戛然而止，这像是不祥的预兆，让所有法国人心头一紧。热拉尔作出最后的恳求：“请您允许我带领一个师骑兵赶去，就一个师而已！”

格鲁希考虑了一下，他的面包和火腿已经吃完，还有最后的鸡蛋，军官们眼巴巴地望着他。结果他双手一摆，粉碎了军官们的希望：“这可不行，要是分散了我的部队，那可太不负责任了，我们只要追击普鲁士军，别的就别管了！”

整个屋子鸦雀无声，殊不知帝国的生命就在这鸦雀无声中一点一点流逝了。

部队继续向远离大本营的方向走去，随着时间一点一点过去，一个小时，两个小时，格鲁希自己也越来越没把

★法国将领格鲁希

★滑铁卢之战

握，地面上连普鲁士军的脚印都没有。而这时情报人员也纷纷带来消息，说普军已经有部分转移到了异常激烈的主战场。如果格鲁希能够重视这个消息，立刻带领自己部队前去增援，那么拿破仑也可以扭转局面，但是格鲁希宁愿这样一边强烈地不安着，一边继续等待着。

皇帝要求返程的命令没有到来，到来的却是天崩地裂的悲惨消息。

生死一线：滑铁卢阴霾的下午

滑铁卢的下午阳光还是没有露出，拿破仑浴血的战士已经攻击了四轮，虽然还是照样被威灵顿死死击退，但是很显然威灵顿主阵地的一道防线已经松动，出现了可以利用的空隙。拿破仑瞅准这个漏洞，准备发起一次致命性的攻击。

他下令炮兵加强对英军的攻击，炮弹砸到地面上，砸到土墙上，砸到士兵身边，泥土四溅，血花四溅，腾起的黑色硝烟弥漫开，形成了一道屏障。在这次攻击之前，拿破仑最后回顾了自己的战场。

突然，他发现东北方向奔来一支队伍，难道是格鲁希当机立断，赶来支援？

所有望远镜立刻掉头观察这个方向，但是奇迹并没有发生，这不是援军，而是之前的普鲁士败军！拿破仑心中一沉，知道大事不好，看起来格鲁希的部队不仅没有追杀到逃兵，而且这逃兵已经摆脱他们前来为英军助阵。

自己把三分之一的兵力白白浪费在搜寻上了！而格鲁希这个没有主见的大将如果不是自己下令的话，是绝对不可能回来的！于是拿破仑心急火燎地草书一封信加急送给格鲁希："你要不顾任何代价前来与我会合！极力阻止普鲁士军对英军的援助！"

整个漫长的下午，拿破仑的军队和威灵顿的守军还在苦苦死撑，一次次进攻，一次次击退，疲惫不堪的军士面临着越发残酷的战局，步兵一次次增多，蜂拥进早已是一片废墟的村庄，但是威灵顿强大的堡垒却纹丝不动。

拿破仑牵马不停打转，望眼欲穿地等待格鲁希的归来，他脸部肌肉颤动，不停叨念着："格鲁希你在哪里？你怎么还没有回来？"

内伊发挥出自己勇士的本色，亲身率领全部步兵投入战斗，刀光剑影之中，士兵们一个个血肉模糊地倒下，已经分不清脚下的尸体是自己的还是对方的。而格鲁希方向还是毫无动静。

★正在冲锋的法国军队

★拿破仑在指挥战斗

普鲁士的复仇大军逐步逼近了，背水一战的法国铠甲骑兵与悲壮的步兵冲入英军方阵作着最后的殊死搏杀。此刻英军也坚持不住了，眼看防线就要被捅破变得松散。

威灵顿知道法军的援助离此不远，尽管普鲁士援军已经近在眼前，但是他捏着怀表的手还是紧张得直出汗，时间一分一秒地过去，只要法军援队不出现，这场仗还有胜的希望。谁知道前来的普鲁士军有没有作用呢？是被击溃的散兵游勇还是重新整顿的精锐之师？威灵顿的心里并不比拿破仑来得轻松。

这个时候，普鲁士的侧翼响起了枪击声。难道是格鲁希赶来了？拿破仑心中一宽："虽然来得晚了些，但是总算来了！"这下他完全不用去担忧自己边上的普军，只要把火力继续集中在威灵顿身上就好。这块阵地就是欧洲大陆的门塞，必须一鼓作气冲破！但是很快枪声就停止了，出现的是普鲁士的大批军队，树林里冒出数不清的士兵，布吕歇尔回来了！

拿破仑的军队收到这消息大为恐慌，部队开始有秩序地撤退。但是威灵顿却从藏身的堡垒里出来，向自己的残部挥舞胜利的帽子。英军士气大振，如狼似虎地向法军扑去，而普鲁士骑兵也从侧面包围，一路喊杀着冲向法军。

赫赫有名的精壮法军顿时溃不成军，局面一片混乱，只顾各自逃命，人流如同肮脏的泥水，被泼洒得到处都是。拿破仑逃到一家破败的乡村旅馆里，却还是惊魂未定，他头脑昏昏沉沉，一片空白，但是有件事情却很清晰，法兰西帝国完了，他的一生也完了。

战典回响

拿破仑的末路和欧洲的嘈杂

滑铁卢之战以后，拿破仑被迫第二次退位，被流放到圣赫勒拿岛上，雄狮再未被唤起，1821年郁郁而终。拿破仑第二次称帝时间，总共没有超过一百天，被历史戏称为“百日王朝”。而滑铁卢一战象征着他征战生命的终结，也成了失败的代名词。

战争天才的遗恨

拿破仑以为凭借自己的战无不胜、雄才伟略就可以轻易拿下滑铁卢战役。“这场战役对我来说就跟吃早餐一样简单”。但是没想到这一仗打得一败涂地，让自己的战争生涯在屈辱中结束。他在这场战役中的失误，均可以给以后的军事家作为参考。

威灵顿公爵认为拿破仑采用的进攻策略是他失败的主要原因。但这一点站不住脚，如果等待联军到来再被迫防御，等同于困兽之斗，拿破仑以攻代守，这个计划是相当出色的。拿破仑自己说是因为懦弱无能的格鲁希迟迟不到，导致骑兵被击溃引起惨败，而内伊勇气有余，机智不足，也是失败的原因之一。这番话虽然确实符合实情，但是问题不光是出在他们两人身上。

首先缺乏指挥员，导致军队素质参差不齐，仓促组建的队伍根本没有进行良好的训练。

其次对待普军的攻打不够利落，如果乘胜追击，而不是稍稍休息，那么后面的普鲁士增援军队也就不可能发生了。

第三是拿破仑再一次犯了自己的老错误，分散了兵力，将三分之一的兵力脱离战场去搜寻普军，这点是让人匪夷所思的。

最后确实要说到法军将领的庸碌无能，内伊的有勇无谋和格鲁希的毫无主张，直接毁掉了法兰西帝国的根基。

★沙场点兵★

人物：威灵顿

威灵顿是拿破仑战争时期英国著名统帅、公爵，滑铁卢一战确立了他不可动摇的地位，别号“铁将军”。威灵顿年少时期郁郁寡欢，性格内向，1787年入英军服役，随后参加对法兰西共和国的战争。在长期的军事生涯中，他冷静果断、坚韧不拔的性格得以发挥，随后在印度率英军征服了印度王公部队。

威灵顿声名鹊起是从在伊比利亚半岛中多国联军对抗拿破仑一役开始，他灵活运用多种防御战术，主张主动撤退和适时进攻，抵御并且击溃了数量较多的法军。在滑铁卢一役中，威灵顿更是声名鹊起，他坚守堡垒，消耗法军实力，并且等来了援军的配合，彻底击败了拿破仑。自1828年以后，因为他的杰出贡献，任英国首相，并长期担任英国陆军总司令。

威灵顿手段强硬，主张以暴制暴，镇压了多次英国暴乱。他对于提高英国陆军战斗力作出了贡献，也开发了英军防卫战的传统，尽管在军事上他锐意改革，但是在政治上确实是个不折不扣的守旧派，主张棍棒纪律。威灵顿不仅有英国元帅的头衔，更获得了法国、俄国、普鲁士、西班牙、葡萄牙和荷兰六国的元帅头衔，是历史上第一个也是唯一一个七国元帅，被公认为19世纪最具影响力的军事家、政治家。

武器：滑膛枪

拿破仑时代的战争正处于冷兵器时代向热兵器时代过渡的阶段，在欧洲，滑膛枪成为步兵的标准武器。这是一种从枪口装填弹药，枪管内无膛线的枪械。尽管这种枪械存在杀伤距离近（大约100米），精度不足等缺点，但当时却大大改变了战争的形态。在滑铁卢战役中，交战的各国军队均以滑膛枪为主要步兵武器。其中最主要的两款是英国的“褐贝丝”（Brown Bess）滑膛枪，法国的“1777”滑膛枪。由于滑膛枪精度较差，所以当时的步兵战斗通常采取站成纵列齐射的方式以取得较强的火力强度以及不间断的火力支撑，前排士兵在齐射完毕后立刻退后装弹，同时后排士兵向前齐射。由于滑膛枪射程较近，所以刺刀是滑膛枪不可或缺的配置，往往在短暂的相互对射之后，交战双方仍然要靠用刺刀肉搏来决出胜负。

战术：攻击侧翼

侧翼，即敌方军队两旁。在己方实力不足以与敌方正面抗衡时即可使用这一战术，如果一支部队有其自己的进攻方向，但是其作战的同时受到了这个方向之外的方向的攻击，会降低作战效率。从侧面包抄，逐步削减敌方战斗力。若用于助攻则更加如虎添翼。两军交战，多配以侧翼作战。可以用在战场的一个方面进行正面交战，而从侧面进行突破攻击，牵制敌方力量，侧翼作战在军事中大量运用。滑铁卢一役中，正是普鲁士一支侧翼奇袭奠定战局，宣告了拿破仑的灭亡。

毕其功于一役

THE CLASSIC WARS

决战

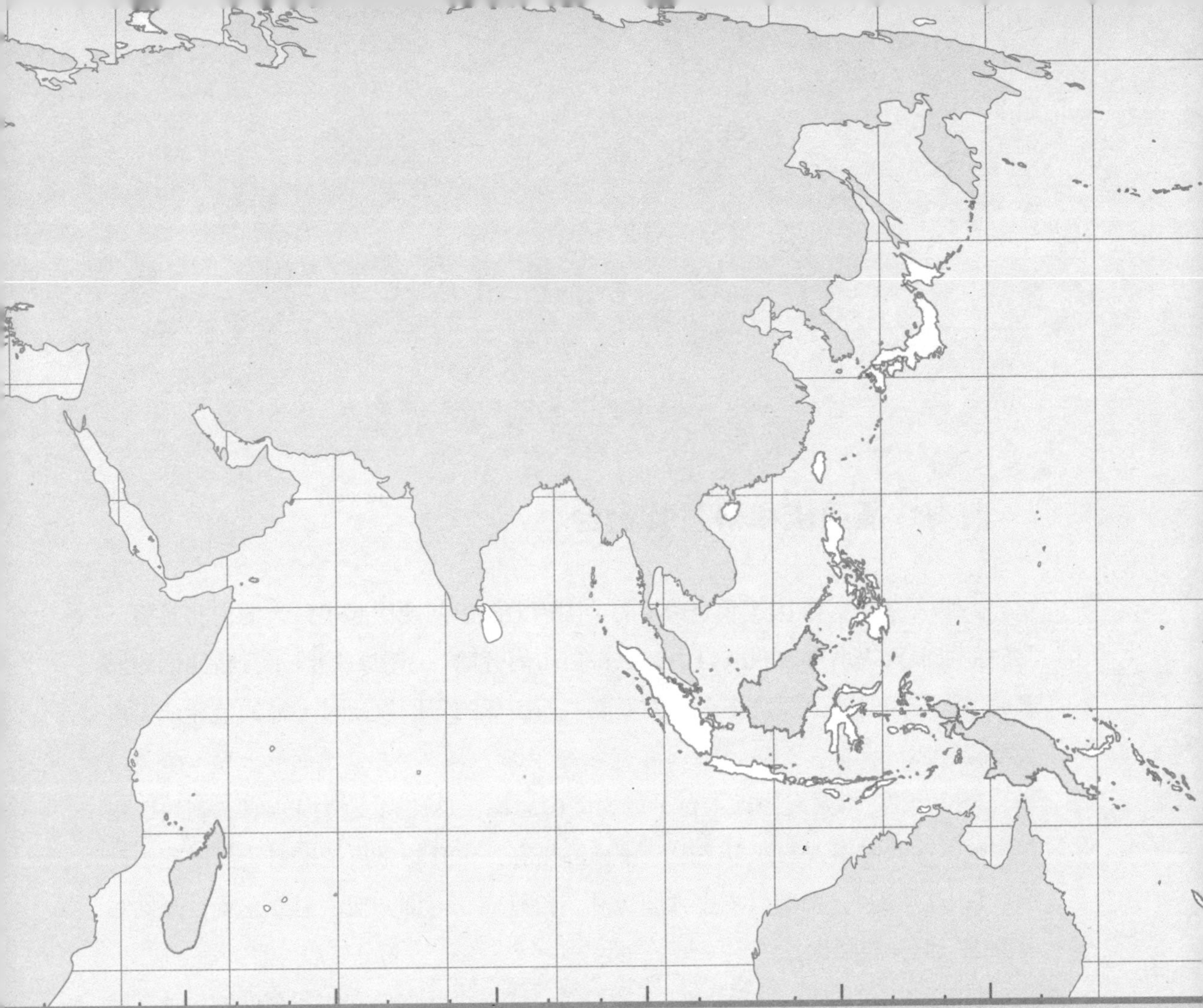

第七章

葛底斯堡战役

——铸造美国的未来

▲当人们提到美国历史上最伟大的总统之一林肯时，总会想到他著名的“葛底斯堡演说”，这场演说则来源于美国内战中最为惨烈的葛底斯堡战役。这是美国历史的转折点，这场战役之后，南方在战争初期取得的优势不复存在，而北方则开始转入战略反攻，最终使南方野蛮残忍的奴隶制度被埋葬，美国开始进入一个高速发展的历史阶段。

前奏：征兵法和格兰特上台

19世纪中叶，建国不到100年的美国因为黑奴问题引起了巨大的南北矛盾，北部主张黑人奴隶应该获取自由，进行自由的劳动，而南方始终不肯将他们的奴隶放走，美国的社会经济正在急剧发展，而南部的守旧以及对土地的争夺成了重大障碍。

1861年共和党人林肯上台，成为美国总统，这使得支持南方奴隶制的民主党惨败，而此时南方的奴隶主嗅到不祥的气息，也开始暴戾地准备脱离联邦的统治。1861年2月，南部奴隶主大胆叛乱，自行成立南部同盟，另立总统，开始对北部进行恫吓与骚扰。

1862年9月22日，这是个伟大的日子，这是个标志着文明新高度的日子，就是在这一天，美国总统林肯发表了《解放宣言》，他热忱地将目光投向拥戴他的狂热的人们，说道："南方的叛乱者们！如果你们在1863年1月1日以前，还不肯放下你们野蛮的武器，那你们的奴隶也势必获得自由！"这个宣言一发布，南方不计其数的黑奴热泪盈眶，他们看到了北方自由的光亮，不顾一切地开始逃亡。这个时候英国政府正准备干预，但是本国工人阶级却公开表明支持美国北方运动，于是英国政府只能摊开双手，颇有兴致地观看美国内部这场战争如何打响。

在战争初期，北方掌握绝对优势，因为人口众多，远胜于南方。北方经济发达，工业强劲，交通便捷，物产丰富；而南方工业凋敝，铁路也极为稀少。但是南方野蛮霸道，拥有充分的军事准备和以一当十的精良士兵。所以即使北方人多马壮，依旧不堪一击，战争初始，北方连败，损失惨重。林肯政府不得不改变策略，加大军事力量。首先他实施了黑人武装政策，成千上万的黑人为了自由而战，所以这支军队包括了大量渴望逃脱奴役的南方奴隶，从1863年，用征兵法

★林肯当选联邦政府总统成为美国南北战争爆发的导火索

来代替募兵制。林肯号召道："兄弟姐妹们！自愿站出来吧！我们不再强迫你们，但是你们必须为了自己的命运而战！"

同时，林肯大举调整军事领导机构，以防权力和兵力分散，实行统一指挥，他任命了具有卓越才能的格兰特作为北方全军统帅。格兰特骁勇善战，从西点军校毕业以后在南北战争中纵横沙场，拥有"常胜将军"的美名。

此时南方阵线因为接连大捷而喜气洋洋，一片载歌载舞之下掩盖了矛盾日益剧烈的事实。而战争的影响越来越明显地显现出来，逐步加强的封锁，愈发恶化的通货膨胀，南方军队也翻然醒悟，意识到形势已经越来越紧迫。

传奇将军格兰特兵分几路，交织成一张密密的战网把维克斯堡围得水泄不通，田纳西中部也在告急，罗斯科兰斯似乎已经有了足够的信心把布雷格的南方军队驱赶出境，联邦军水陆齐发，查尔斯顿全面告急。不知不觉南军在各条线上都被强大密集的北军所包围。

兵分两路：罗伯特·李的冒险

在这种危急的情况下，南方同盟的高级将领紧急动员，召开了一次高层会议，以商讨对付这种形势的办法。朗斯特里特提议道："不如交给我，我亲自率领两个师往西开去，向罗斯科兰斯发动进攻，助布雷格一臂之力。"

他说的话不无道理，如果这个计划成功，那么不仅田纳西州将归为自己所有，而且格兰特也会被迫解除对维克斯堡的包围，前来应战。

但是罗伯特·李却摇了摇头，他沉吟了一会儿说道："虽然你说的话有道理，但是考虑到实际情况，那边的铁路破烂不堪，十分糟糕，想要西运大军是不太可能的。而且炎热的夏天就要到来，闷热潮湿的环境不用我们动手，维克斯堡北边的士兵也会因为水土不服而撤退，所以用不着来逼格兰特。依我之见，最重要的还是弗吉尼亚，我们可以看到，北军最弱的地方在哪里？不就是弗吉尼亚吗！我们攻击他们的弱点，增强我们的攻势，这样一来，里士满受到的威胁就解除了，而且要知道，宾夕法尼亚可是一块大肥肉，得到了这个地方，我们吃穿补给就不用愁了！"

罗伯特·李依旧滔滔不绝地阐述着他的构想，接下来就可以迫使占领地的联邦军队去增援东部，这样西部南军的压力就减小了，战无不胜的南方力量就可以联合主和派的民主党向整个欧洲施压，南部联盟必须被世界承认！

他的话语掷地有声，句句不容反驳，所畅想出来的美好愿景也让在场的将领深深向往。因为罗伯特·李威信极高，所以力排众议，他的进攻计划被批准了。因为接下来要涉及华盛顿，林肯未雨绸缪，任命了波普少将统率三军，誓死捍卫华盛顿。

★时任南军总司令的罗伯特·李将军

8月底，李再次提出了一个冒险的分兵计划，他提出可以在拉帕汉诺克河一岸牵扯住波普的力量，趁前方纠缠不清的时候，让杰克逊悄悄溜到波普后方，捣毁他的基地，打他个出其不意。这一招确实很有效果，在8月29日的战斗中，波普中计失败了，但是李赢得也不轻松，因为波普的牢牢抵抗和他的兵力分散，约20%的南军战死沙场。

在短时间内，李已经不太可能往前推进。而这时候北方的神将麦克莱伦已经从半岛回来，他以锐不可当之势，带领雄厚兵力向李逼来。

转瞬就到了9月初，寒风袭人，天气越来越差，阴沉压抑的天空似乎马上就会下起大雪，天寒地冻。李的军队一再拖延，已经缺粮断草，急需补充给养还有添加军服。李踌躇再三，率兵向存有大量供给物资的宾夕法尼亚州挺进。这一次他为保险起见，还是采用兵分两路的战略，这种分散兵力的方式极为冒险，他打算一边让杰克逊前去消灭马丁斯堡那边的对手，然后一边让朗斯特里特攻打黑哥斯顿。

不幸的是他的如意算盘的草拟副本被麦克莱伦截下，如果当时麦克莱伦利用这个机会，趁他们兵力分散时一举攻下，那么弗吉尼亚军团也就不复存在了。但是麦克莱伦却对这条消息不加利用，高傲使他留了大量的时间给李重新集结军队。

麦克莱伦一向不屑利用宵小手段来打击敌人也是有他的道理的，他指挥英明，作战神勇，即使李已经把所有军队会合完毕，也不能突破麦克莱伦的防线。在9月17日的安提坦战役上，双方杀得是血光四溅，天地为之失色，李再次受到重创，13 000名士兵横尸战场，战斗因双方力疲而停止，并没有分出胜负。

数天后，弗吉尼亚军团还是不甘心，试图再次强行渡河。麦克莱伦眼见他们急匆匆地作着迂回，心里面也不慌不忙，慢悠悠地行军。麦克莱伦慢条斯理的作风使他指挥官的职位被撤下，他的作风太不适合争分夺秒的战场了，此时不是比拼风度，而是生死较量！

没想到前来替换的伯恩塞得将军也是个慢性子，他跟麦克莱伦一样放纵李重新聚集兵力，在高地上构筑了防御的坚固阵地。好不容易赶到的伯恩塞得将军企图攻击，结果这支12万人的军队徒劳攻击了一天，南军不伤分毫，相反是进攻的北军伤亡惨重，在被击退的过程中人员大量牺牲。胜利的天平又倾向了好运气的李。但是李也有自己的顾虑，自己所在的这个地方，易守难攻，想要积极主动出击恐怕就没这么幸运了。

率先发难：争夺卡尔普斯山

这时李又接到一个大好消息，由朗斯特里特指挥的几个师不但已经返回，而且还带来了其他增援，这下李底气十足，扬眉吐气，人数已经达到75 000，对比北部军队也不太逊色。

李从来没这么有自信过，面对大好形势，他扬扬自得，不仅没有派遣部队去密西西比河流域支援自己的南部同盟，相反却带领这支庞大的军团去侵占宾夕法尼亚州。上文已经说过，宾夕法尼亚物产富饶，供给丰富，这也是李的一个考虑，现在军队给养缺失，的确需要进行补充，而且李占领的高地易守难攻，不适合进一步战斗，干脆将对方引诱过来，尾随自己到波多马克河的北面，到时候他自然能找到更加有利的战场来给北军一记教训尝尝。

他心里的小九九还不只如此，他甚至考虑到，这样一来北方主和派就有理由鼓励外强来干涉美国内政，因为看起来入侵北方不但没有加剧分裂，相反更加统一团结了。

李总是把前景想得过于完美，事实是南部军队的进攻对北方人产生的影响完全与他的打算相反，他非但没能说服这些北方人反对战争，相反更激起了他们的怒火。因为入侵的南军素质极差，洗劫了所有的牲畜马匹、车辆衣物甚至还有鞋子，只要南军经过的地方全都光溜溜什么都不剩，这些南方佬跟强盗有什么区别！北方人愤怒了，当然，南军跟强盗还是有区别的，区别就在于他们还强行俘获了一大批宾夕法尼亚的自由黑人，全部送往南部继续做他们的奴隶。这激起了北方人切齿的仇恨。

胡克带领右翼向猖狂的南军扑来了，起初一切顺利，北军的先头部队屡屡告捷，胡克对林肯说："南军正在向北开进，那我们就往南去解放里士满！"林肯

★战场上的罗伯特·李将军

★葛底斯堡战役中南北双方的激战场面

却否决了，他和善地劝告道："目前你的目标应该集中在李身上，争取把这支猖獗的队伍打垮，里士满就不要去管了。"

虽然胡克听从命令集结了部队拦在南军前方，但是他还是不停地跟林肯抱怨："现在南军人数那么多，而我没有得到更多的支援，如果政府不信任我，那我肯定是打不了胜仗了！"

这位将领就好像是又一个麦克莱伦，又一个伯恩塞得，都是一样的腔调。林肯只能撤下胡克的指挥权，于6月28日任命米德担任司令官。

年轻的米德错愕地接过指挥棒，却怎么也想不通为什么总统会选择自己，但是时间容不得他细细考虑，现在罗伯特·李的三支狼军已经驻扎在钱伯斯堡，而他的帮手们有一部分在约克城和哈里斯堡附近，曾经多次袭击过麦克莱伦的斯特尔特已经带领他的骑兵走了。

初次交手，双方各有损失，尤其是北方最优秀将领雷诺兹的阵亡，给米德带来了不可挽回的伤痛。几乎是同时，南军北师的力量都按捺不住，纷纷奔向葛底斯堡，争取用一场惊天动地、血流成河的大战迅速解决长期的痛苦。

眼下南北双方都在比赛着集合的速度，谁的增援强大，谁就更有胜算。结果南军厄尔利将军拔得头筹，率先赶到。这下形势对北军来说大大不妙，被追击的自由战士狼狈不堪，李站在高处狠狠欣赏了一番黑人战士倒在血泊中的场景。

这时候他也考虑到必须迅速集中兵力，如果能趁着北军尚未大批集结抢先发起攻击，那么胜利就如同探囊取物了。

7月1日凌晨，星星还稀稀落落地在辽阔的天空中闪烁，忧心忡忡的米德将军带人马赶来。在黑暗中，他缓缓巡视了加固后的北军阵地，这块半圆形的公墓山区域一直延伸到卡尔普斯山，在此防守的是第一军的沃兹沃思师，这个师目前还未参加战斗，实力保存完整，而能不能把好这个关口，就是此战的关键了。

第二天中午，阳光灿烂，沙尘蔽天，北军威武的第十二军黑压压地占据右边阵营，第一军则隐藏在公墓山之后，公墓山一线还密密麻麻分布着第二军和第三军的大部分力量。

而第五军和第六军还没能探索到他们的马蹄震动大地，但是即使没有出现，以北军目前的防备，也可以说是固若金汤，起码能够支撑很长一段时间。

黎明曙光：惨烈的防御作战

天刚一亮，朗斯特里特仔细研究北军阵地之后，判断进攻如此坚固的防守将相当不易，他建议李率兵从南部侧翼迂回，选择一处适合防守的阵地以逸待劳，等待米德耐不住性子自己主动进攻。

但是当时斗志昂扬的罗伯特·李怎会接受这种软绵绵的建议，他相信自己目前的队伍无坚不摧，而且目前斯图尔特的骑兵没到，侧翼迂回也并不像朗斯特里特所说的那么容易。目前对于李来说，情势很明显，给养再多也是有限的，交通线更是薄弱不堪，所以只有鼓足勇气背水一战，不然就只能撤退，右翼迂回这种事是不用考虑的。

罗伯特·李拒绝了朗斯特里特的计划，下令他继续进攻北军两翼，但是尤厄尔表示北军右翼实力太强，贸然上前是自取灭亡，因此应该由朗斯特里特先行攻击北军的左翼，这样尤厄尔就可以趁着掩护一举拿下右翼。

按理说这些将军的建议都没错，但是朗斯特里特此时已经对李失去了信任。他的计划被否决后积极性就被打击了，一路行军缓慢，因为还要绕过北军的一个监视站，他们本来应该第一个打响战役的却直到黄昏才步入战场。

朗斯特里特的对手是北军左翼第三军军长斯科·斯，此人不仅阴险残暴，嗜血好杀，而且喜欢自作主张。看到有军来袭，便将自己的军队从山脊南端的低洼地带带到一处较高的地方，突出了北军整齐划一的防线。这个刚愎自用的人就此使他原本该守的山头顿时空出，幸亏这个消息被沃伦将军发现，立刻补拨了第五军的两个旅前往防守。

当这支补充军队赶到的时候，南军的队伍正狰狞地赶到，他们仅仅早了几分钟，气息还未定，双方的眼睛都变成了战火燃烧的血红色。山坡乱石嶙峋，坑洼遍地，南北军这两支队伍狭路相逢，厮杀得异常惨烈，天空阴云时不时遮蔽住惨白的太阳，大约是神也不忍心见到如此残酷的拼杀。双方你来我往，在血肉横飞中展开艰难的拉锯战，枪声由密集到寥落，子弹用光就展开肉搏，每个人已经分不清谁是谁，因为血已经把整张脸都糊住了。

就这样，这个小山头在北军的死守下保住了，但是南军并没有就此放弃，击溃了其他几个阵线的北方守军。

尽管南军占有人数上的优势，但是攻击犀利不代表配合默契，各个旅分散作战，缺乏团队合作，而北军则统一作战，显得整齐有序。

天色一暗，厚厚沙土因为血液浇灌而凝结，战斗开始时震天的厮杀声早已随风消逝，没有了冲刺，没有了肉搏，没有了火炮，只剩下喘息声。士兵们都累了，累得已经无法从战场爬起，南军只能放弃对北军右翼的进攻。

南军懊恼不已，一切状况都与他们预计的相反，朗斯特里特的左翼迟迟不发动攻击，早不知道哪去了，尤厄尔等不及只能率先点燃大炮。但是尤厄尔知道自己的步兵就此前进的话绝对会吃大亏，所以就只是放放炮，并没有大举进攻。作为回敬，北军阵地也是炮声隆隆，双方阵地周边泥沙俱下，土地不停微颤，但是毫无结果，几乎就像两边的炮兵进行了三小时的游戏。

尤厄尔终于决定派出步兵，一开始时颇有成效，有几个旅渗进了北军阵地，但是因为各旅之间缺乏配合，哪怕攻进去了，得不到支援也只能最后败出。

地狱之门：生死之间的白刃胶着

此时战场上已经伤亡惨重，希尔的军队全军覆没，朗斯特里特的部队也七零八落，在这个时候，朗斯特里特再次恳求李改变自己的作战方针，不要正面硬性交战。

但是罗伯特·李只是冷冷看了他一眼，什么都没说。朗斯特里特绝望了，他知道从此在统帅的心里他的意见不值一提，因为他今日糟糕的表现，因为他延误了

★正在发起进攻的南军

战机，使得己方失去大量血液。他只能选择沉默。同样沉默的李之所以不同意朗斯特里特的建议，也有他自己的原因，两天激烈的战斗，自己这方确实损兵折将，北军也好不到哪去，大将的失去，增援的未至，恐怕现在北军比自己还要焦头烂额。

他错了。伤亡确实让南军一度低沉，但是想让北军垂下他们昂扬的头颅是不可能的。李一开始以为攻击北军的两边，会使米德惊慌失措，立刻将中部兵力放到两边增援，这样的话下一步就是攻击他们薄弱的中部了。

朗斯特里特极力反对他这个想法："主帅！你千万不能冒这个险！"但是此时他的声音已经传不到李的耳朵里去，李将派遣三个师的兵力，从中部挖掘，为皮科特的精壮之师开道。

来到北军阵前时，让李惊讶的是北军根本没有丝毫沮丧的迹象，各个欢欣鼓舞，面对中部来袭，米德更是笑得嘴都合不拢。他早就盼望敌军能攻打他厚实坚强的中部，因为中部正是波多马克军团最为所向披靡的军队。

皮科特收拾了自己的马匹，环顾了自己精壮的兄弟："明天，就是和北方人决一死战的时候了！"然后就在天刚破晓、人们睡眼蒙眬的时候，一声尖锐的枪响打破了黎明前的宁静。枪声来自卡尔普斯山，北军开始全面进攻，目标直奔自己曾经失去的战壕。

李的军队在前，皮科特在后，双方整整战斗了六个小时！六个小时！太阳从一线到耀眼的中天再到半边的残挂！六个小时！成群结队骁勇的士兵以飞快的速度丧失着自己的生命！六个小时！刚刚清理完毕的战场已经没有任何可以落脚的地方，因为满地都是湿滑的碎尸！六个小时，河流由清澈变成暗红，浑浊地奔流着！

又一次精疲力竭！北军终于将南军通通驱赶下山，到了下午，已经没有任何声响，只剩一片死寂。

漫长的死寂，让饥渴疲累浑身伤痛的士兵仿佛忘记了身在战场，而是在自家门口惬意地晒着太阳。但是下午一点多钟的时候，代表死亡与战争的信号弹冲天而起，哨声打破了难得的沉默。随之而来的是声浪，是绵绵不绝、震耳欲聋的声浪！从南方军队那边铺天盖地射来无数火炮，落到北军阵营，腾起团团黑烟，于是北军炮兵也精神一振，跃上自己的岗位，开始了踊跃的还击。这场战役中最为庞大的炮战就此开始。起初，南军因为抢先具有优势，目标瞄得准，射得精确，但是到后来沉重的大炮后坐力使得架尾下沉，炮弹不免往高处飞去，北军步兵蜷缩在石墙之后，让南军无法判断炮击效果如何。不过让南方人惊喜的是，一个小时后，北军的炮弹声逐渐稀疏，似乎有弹药用尽的迹象。

★激烈进行中的葛底斯堡战役

★葛底斯堡战役纪念碑

他们高兴得太早了，南军炮手乐滋滋地相信自己已经摧毁了对方的大炮，差不多三点的时候他们也停止了攻击，改派身着灰色军装的步兵上阵。正当南军方阵气势汹汹挺进的时候，久未有动静的北军大炮突然集体开火，猛射的炮弹切断了步兵的队伍，正当步兵方阵向南方疏散的时候，北军步兵又放出阵阵排枪，密集清脆的枪声伴随着南军的惨叫使得战场形势完全一边倒，皮科特的精锐部队来不及发挥作用便阵亡的阵亡，重伤的重伤，在这场最著名的战争冲锋中，李的进攻部队只有一半逃回。李此时骑上战马在伤兵中徘徊，试图用语言进行安慰："是我的错，请务必原谅我！""但是请你们一定还要站在我身边！""没负伤的继续战斗！"战士们眼中流露出漠不关心或者仇恨的神色，李长叹一声，知道大势已去。

元气大伤：尤厄尔的留白

罗伯特·李和朗斯特里特都是战争狂人，对于战术运用都有自己独到的见解。在这种情况下，两人碰头商议防线修补计划，以迎接北军的进一步攻击，但是却一直等不来意料中的攻击。事实上，北军阵营中，汉考克将军虽然已经负伤，但是仍旧积极要求米德立刻发动下一轮攻势。

米德太迷惘了，突如其来的上任才仅仅六天，三天中都是紧锣密鼓、命悬一线，现在虽然赢得了一定的胜利，但是部队伤亡惨重，精疲力竭，他实在是没有心情也不敢去利用这个机会。当时北军有三千多人阵亡、一万四千多人受伤，总共有两万多人不能继续投入战斗，占到了全体兵力的四分之一。一片狼藉的战争场面让所有人都不忍再看，奄奄一息的战马叠着马上就要死去的战士，一层一层铺满了战场。

但是米德却忘记了，自己手中还有一支两万人的预备部队，这支休息充分的部队根本没有参与前面的展示，如果米德敢作敢为一点，这支生力军马上就可以充当先锋，使得南军彻底溃败。谨小慎微的米德在这次战斗结束后就一声不吭，毫无动静。李的军队在战壕里等了又等，发现暂时安全，立刻鼠窜，垂头丧气地回到了弗吉尼亚。当天暴雨倾盆，雷电狂闪，这样的天气也让不可一世的罗伯特·李报以苦笑。听到战争这样结束的消息，林肯不笑反怒，他认为这次南军侵犯不仅不是威胁，更是机会，应该抓着这股绳彻底捣毁隐藏在后面的基地力量，怎么可以就这样放走？于是总统督促给米德发电，下令一定要进攻。米德收到电报以后心烦意乱，尽管自己援军已来，兵力强盛，而李的部队因为河水暴涨，停滞不前，军力也一路衰减，这么好的机会米德却不感兴趣，他早已感到精疲力竭，对于不断发来的电报更是不想理睬，于是他不紧不慢地跟着李的部队，而李却在抓紧逃生，飞快地架起一座大桥，顺利逃之夭夭。

战典回响

从战略进攻到战略崩溃

南北双方的这次战争，南军一直有步骤、有计划，罗伯特·李从头到尾掌握全局，战略方针集中，葛底斯堡战役使得北军失去两万三千人兵力，而南军也损失两万八千精壮。米德将军在战争中下达的命令确实对战斗发挥了积极的作用。从葛底斯堡战役以后，南北战争出现拐点，从此南军丧失了战略主动权，由进攻转向防守，再也没能侵入北方。

而北军则由守变攻，此战的胜利鼓舞了无数的美国人民，仔细分析战争中南军由战略进攻到战略崩溃的过程，可以发现其原因不止一个，如果斯图尔特当时在场，或者尤厄尔带军返回，都可能左右战局，重写这段血染的篇章。

如果不考虑这些因素，单从主帅罗伯特·李身上剖析，也能找出端倪。毫无疑问，李是优秀而出色的将领。然而，他处处受到军需限制，他不能保证自己的队伍吃饱穿暖，也不能保证自己的士兵时刻拥有崭新耐用的武器，更不能让部下对自己充分信任，导致朗斯特里特不听命令，擅自行动，他无疑是要为这些负责任的。

林肯的力量

林肯是美国历史上公认的最伟大的总统，葛底斯堡战役之后，死难者众多，需要举行一个盛大的葬礼。负责治丧的委员会给总统发了一张再平凡不过的请柬，谁知林肯居然来了。

面对这样的侮辱，林肯强装镇定，暗自忍耐，在著名演说家滔滔不绝之后，他平静地上台了："我们创建此国，人人生而平等，人人尽享自由。如今内战激烈，我们为牺牲的战士奉献战场的一部分作为墓地是可取的。但是这块土地我们不能让出！神圣的战士的英魂也不允许我们相让！我们永远纪念他们，全世界永远不会忘记这些勇士，我们一起来到这里，下定全部决心，英雄的血不会白流！自由和幸福会降临到这块土地上！"

短短几百字的演讲，和前面大相径庭，却引来了经久不息的掌声。这就是林肯的魅力，这就是一个激情四射、满怀热忱的美国总统的魅力！

★沙场点兵★

人物：乔治·米德

乔治·米德，曾经担任联邦军波多马克军团总司令。米德为人老成持重，小心翼翼，在葛底斯堡一战中重创罗伯特·李，但是他瞻前顾后，缺少决断的勇气，使得队伍在面对南军溃逃时没有乘胜追击。虽然优柔寡断，但是他脾气暴躁，在听闻总统对他不满时便一气之下提出辞职。

武器：来复枪

来复枪，是指有膛线的步枪，用于单兵架在肩上射击，主要用于杀伤暴露的有生目标。来复枪射程一般在400米以内，在近身战中，可以使用刺刀和枪托进行搏斗。来复枪在美国南北战争中已经成为步兵的标准武器，与以前步兵使用的滑膛枪相比，来复枪具有精度高、射程远、装填弹药方便快捷等突出优点。由于来复枪的出现，使南北战争中步兵的战斗形态有了与以前完全不一样的改变，双方由面对面列阵对射变成了在战壕中远距离互相发射枪弹。这种战斗形态一直持续到了今天。

战术：居高临下

居高临下是指己方占据有利高地，借助掩护防御敌人攻击。居高临下能够使己方凭借地形观察敌方阵形，掌握敌方动向，也在爬坡过程中消耗敌军体力，并且借着向下的冲势，极其容易建立起牢固的防守。居高临下使得敌人完全暴露在己方视野中，可以配合主动出击、一击即退的灵活战术，借地形为堡垒，是军事上经常运用的战术。南北战争中著名的“皮科特冲锋”就是北军在居高临下的情况下对南军进行的大规模射杀。

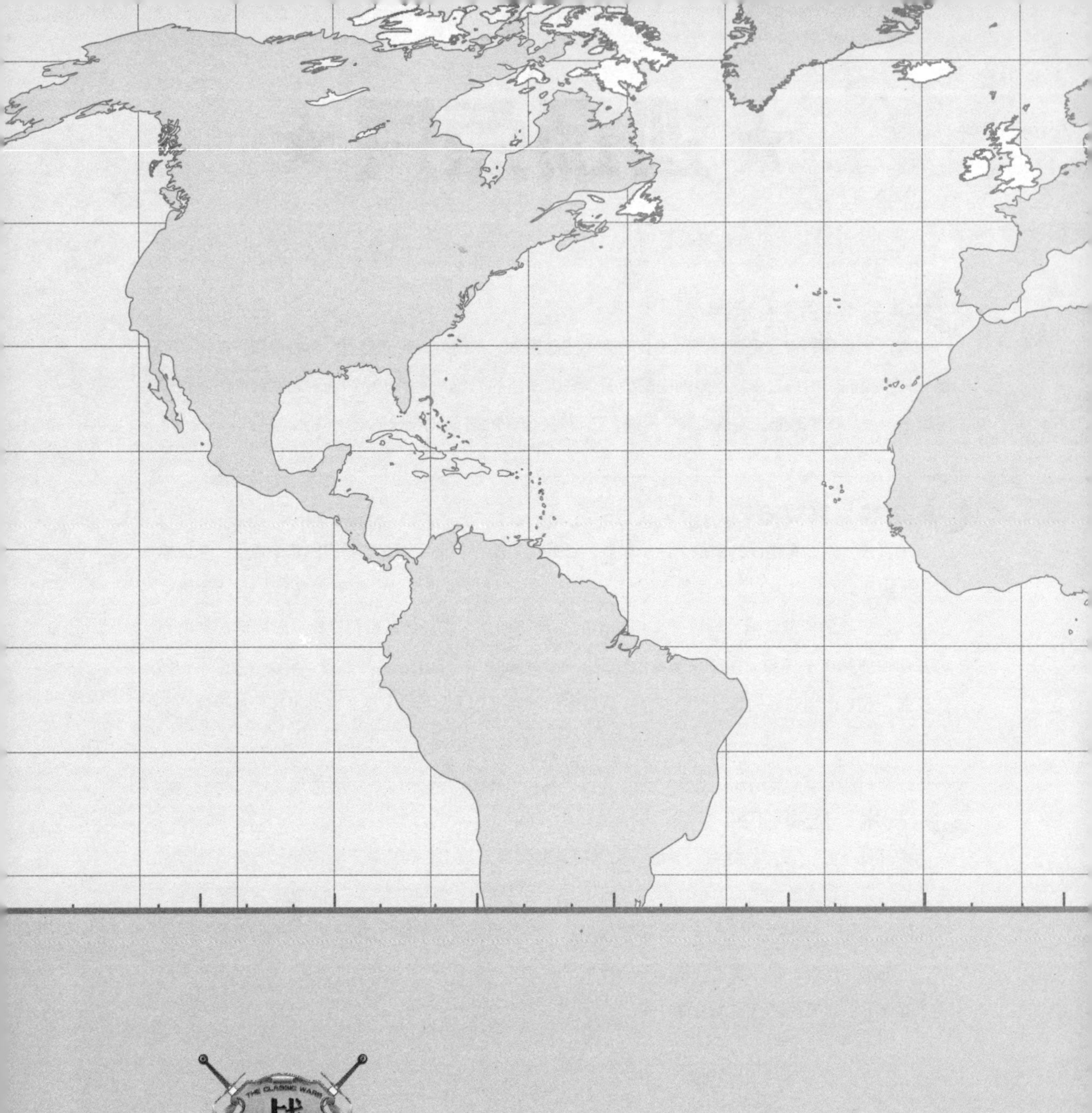

战典

THE CLASSIC WARS

毕其功于一役 决战

THE CLASSIC WARS

第八章

马恩河战役

——法国人创造的奇迹

▲第一次世界大战初期，德国军队在西线咄咄逼人，很快攻入法国境内，并对法国首都巴黎形成巨大威胁。1914 年 9 月初，德军开始越过马恩河，英法联军在法国名将霞飞的指挥下进行反击。9 月 5 日，第一次世界大战中规模最大的一次会战正式展开，双方投入兵力达到破纪录的 350 万。此次会战的结果是使德军速胜的计划落空，西线战局呈现出长期胶着状态。

前奏：向巴黎挺进

曾经辉煌的法兰西帝国中落，流光溢彩的巴黎成为欧洲列强觊觎的目标。1914年7月，奥匈帝国向塞尔维亚宣战，第一次世界大战就此爆发。野心勃勃的德国不断以各种理由挑衅其他国家，首先以对俄国进行战争动员为由，向俄国下达战书。8月3日，德国还不满足，把流着口水的嘴巴伸向了法国，它莫名地向法国提出了所谓的“中立”条件，法国还未来得及反应，德国便悍然以法国拒绝条件为借口，把法国也拉入了战局。

德国人的计划相当周密，一系列战争计划都由前总参谋长施利芬一手炮制，在退役前他已经预见了德国很快会陷入同时对付两线交战的局面，当时法国军力虽说不能称霸欧洲，但是四十万的兵力是何等强盛，而冰雪皑皑的俄国，要顺利拿下恐怕不太可能，同时作战的话绝无胜算，考虑到俄国国土庞大，如此巨大的纵深势必会影响到军队的会合转移，所以这段漫长的时间正好用来攻打法国，尽快拿下，这样就能将全部精力都集中在俄国身上了！所以他制订了这样的计划：集中强大火力到西线，趁着比利时、卢森堡与荷兰的防线空虚，从侧翼包围法军，务必要速战速决，一击即中。等到拿下法国，再挥师东去，和俄国开战。德国现任总参谋长小毛奇曾经在普法战争中服役于第七集团军，生性阴郁多疑，是一名狂热的军国主义者。战争一爆发，小毛奇便按照施利芬的计

★施利芬画像

划，集中了共78个师的力量火速运送到西线（俄国仅仅派遣了9个师进行监视），以梅斯为轴心，分成两翼，和施利芬的计划一致，借道比利时、卢森堡与荷兰，再突破法国北部边境。

★小毛奇画像

施利芬之前已经全面考虑，一旦要开战，法军必定会派遣大量部队聚集在德法边境上，以便夺回本来就属于他们的土地——阿尔萨斯和洛林。这两座城市在普法战争中被无情地割让，让众多法国人怒火中烧，这样的话，紧邻卢森堡的西部边境就不会有多少士兵把守，如果从法国的北方分别向西部、西南部开去，那么就能对法军形成后面包抄之势，到时候历史就会倒流到普法战争那一天，法国人将再次一败涂地。整个计划共42天，只能提前结束，绝对不能延误。

虽然小毛奇一开始完全按照前总参谋长的部署来做，很快就有了自己的疑虑，经过深入研究以后，他得出了该计划完全没有可行性的结论，但是他自己也想不出还有其他什么办法，于是就对详细的计划进行一步步修改，首先他改变了右边侧的行军路线，避开中立的荷兰，他可不想在分秒必争的关键阶段为自己多出一个不弱的对手，这样右翼部队也就不必派遣那么多人。但是如此一绕路却又出现了问题：虽然右翼部队可以暂时免去战争之苦，但是取道比利时有一处狭窄幽深的山谷，这条必经之路将队伍拉得又细又长，不仅堵塞难行，连后勤供给都出现麻烦。

后勤部队发现他们哪怕是加速行军，一天之内也不可能走完队伍的所有区域，这就意味着他们走不到的那部分士兵便没有食物供应，只能饿肚子，后勤人员抱怨，饥饿的士兵也牢骚不断，一旦开战了，这部分的弹药供给都成问题，事实证明没看地图就改计划是错误的，小毛奇完全不明白施利芬的苦心，这支以为轻轻松松就能上战场的右翼队伍，赶到前线时已经是精疲力竭，因为饥饿疲累死去的士兵数量众多，于是右翼力量大减，企图包抄法军的计划也只能落空了。

普法战争失败后，法国人一直不甘心，对德国人有着刻骨的仇恨，为了复仇，法国人从1872年起就制订接连不断的对德计划，到开战前已经达到17个之多。

法军总参谋长霞飞敲定了最新的复仇计划，即“第17号计划”，他主张在这段时间德军应该把主力都放到法德边境线上，既然边境线防守牢固，那么法军就不应该坐以待毙，而要以攻代守，积极主动地出击，一举把流落在外的阿尔萨斯和洛林再赢回来！

被阻要塞：法国人糟糕的开场白

1914年8月4日，德军的右翼大摇大摆开进比利时，原以为中立国家防守薄弱，比利时会识趣地放他们过去，谁知道护土心切的比利时人压根不管德军意图如何，组织军队奋力抵抗，德军大吃一惊，没想到竟会遭遇如此强烈的反抗。德军巨大的洪流必须得通过一个大概只有七十五英里的地区，而按照时间表，他们必须尽快把比利时军队击溃。

对德军来说，最关键的地方是列日要塞，在这座坚固堡垒的后面便是可以任德国军队纵横驰骋的广阔平原了，越过平原，便是他们的目标法国。

列日是座杰出的军事堡垒，花了二十五年时间才完工，装有装甲炮塔，由三角形小山状的钢筋混凝土铸成，冷峻地驻扎在横跨马斯河的一个高耸的斜坡上，比利时守军通过这里就可以看到德军的所有情况。十二座炮台稳稳架住，围起

★比利时小城列日

了一块直径约十英里的战场。这样的设计即使德军大炮隆隆而至，也只能伤及它的皮毛。

列日每座炮台周围都有三十英尺深而干燥的沟渠，配备了强光照射灯，为夜间奇袭作好准备，比利时军队借助这个防守攻势，观望着德军动向，一有情况就派出机动部队，相当灵活牢固。

8月4日清晨，德军发现马斯河上的桥已经被炸毁，比利时士兵严阵以待。率领着骑兵团和步兵旅的奥托将军立刻改变方针，指挥大军涉水过河。比利时军没想到德军没有丝毫停顿，于是迅速向列日撤退。傍晚，双方终于到了河的同一岸。

德国人嘴角露出一丝冷笑，开始报复顽强的比利时人，他们大肆开枪杀伤平民，所有无处可逃的人都被逮捕，集体处死。

比利时整洁美丽的房舍惨毁于大炮和火焰之中。村庄夷为平地，焦尸遍野。小毛奇得意扬扬地寄信给比利时康拉德将军说："我们的进军是无法阻挡的，你们最好早日放弃，以免自食其果。"

比利时人原本有着美好的愿望，他们强烈排斥军国主义，只希望当个永久的中立国，但是面对野兽一般凶猛并且丝毫没有回旋余地的德国，他们只能改变自己的政策，以最大的努力来进行军事对抗。

双方一时僵持不下，列日要塞牢牢被阻，三天不得动弹，20日，德军才勉强占领布鲁塞尔。

而这个时候，法军主力正在德法边境线上按照"第17号计划"对德军左翼发动攻击。但是，这项计划显然高明不到哪去，在初期的战斗中就受到了打击。

法国第一军团和第二军团在洛林被进攻萨尔堡和莫朗日的德军打得狼狈不堪，德国人对外强中干的法军毫不畏惧，既然自己只是一个边翼，便打一步进一步，步履不慌不忙。而右翼的德军在艰难占领比利时之后，其他五个集团军的百万雄壮人马即锋利斜插而进，开进法国。

此时最右边的是克卢克统率的大约30万的第一集团军，是德军右翼主力，也是矛头直指巴黎的中坚部队。8月24日，这支危险的队伍穿越了比利时，直奔巴黎，25日德军就攻占了那慕尔。

霞飞看到一支寒光凛凛的长矛就这样向自己心脏捅来，情急之下为了阻挡它的攻势，把兵力从洛林战场紧急召回，组成了法国第六军。

逼近巴黎：法国政府先开溜

秋意萧瑟，9月2日香榭丽舍大街的枫叶刚刚转红，克卢克带领的德军右翼已经一路挺进距离巴黎仅仅15英里的地方。倾城在即，霞飞尽管想尽了办法围追堵截，但是因为一开始主攻方向就错误，他种种试图挽回的努力都宣告失败。德军杀气腾腾，围绕着浪漫却惊恐的巴黎，巴黎的浮华盛世、花香鸟语都化成了瑟瑟发抖的噤声不语。

德军就在眼皮底下，马上就会拿着刺刀和手枪冲上前来，这可如何是好？法国政府惶惶不安，整个宫殿里人们都在左右奔跑，碰倒了银烛台，碰倒了金丝线，碰倒了法国政府的信心。在这种紧张不安的情势下，政府决定趁德军还没到，赶紧迁都至波尔多。

但是出人意料的是，德军的铁蹄没有直接踏破巴黎这具娇嫩的空壳，相反拐了个大弯，向东作了大幅度调转，居然前往配合由比罗指挥的德国第二集团军，并肩歼灭法国的第五军。

这下情势就变得有趣了，如果德军右翼这样大幅调转，那么势必要经过巴黎周边，而且要绕过法军第六军前方，这样的调转相当贸然，如果法军能抓住机会，趁他们转移的时候发动攻击，想必德军首尾不能兼顾，失败的可能性大大增加。

当时霞飞并没有看到这一点，或者是看到了也没当回事。他的想法依旧刻板：既然右翼绕过了巴黎不再攻打他们曾经的皇都，那么法军也跟着一并撤退，到后方参加大战好了。

但是巴黎保卫司令加利埃尼却敏锐地抓住了这一点，他难以相信主帅居然忽略了这么大的一个良机，他兴奋地提醒道："这简直是天大的好事！他们是准备白白牺牲自己的侧翼吗？德国人的脑子真不知道是怎么想的！但是不管怎样，这都太好了！"

兴奋不已的加利埃尼立刻命令法军第六军前去打击这支德军转移中的右翼，当然他也没有忘记打电话给主帅霞飞，进行请示报告。但是奇怪的是在电话那头，霞飞沉吟了，半天没有说出同意还是不同意。

在战场上，时间远远比金钱珍贵！心急如焚的加利埃尼又连夜驱车赶往联盟的英军司令部，希望能在外国人那里获得支持。可是英军参谋长长长吐出一口雪茄烟，脸上挂着似笑非笑的表情："抱歉，我们对攻打德军右侧翼这个计划，实在是没有兴趣。"

加利埃尼大失所望，他虽然很想咒骂这些没有远见的军官，但是眼下他什么也做不了。这位身经百战的老将军在自己屋内来回踱步，观望着德军的下一步动向。

★法国统帅霞飞

9月3日晚上，一切都被笼罩在漆黑中。克卢克已经率领自己的三十万大军来到了马恩河，他的目标是和同伴集团军一起追击法军第五军，顺便把法军外侧助阵的英国远征军也一并剿灭。当时这两支仓促撤退的英法联军队伍被德军追赶得疲惫不堪，孱弱的实力根本无法摆脱强劲的追击，虽然一再收到炸毁桥梁的电令，但是没有人去动手。

这让紧随其后的克卢克不费吹灰之力就占领了全部桥头堡。胜利冲昏了克卢克的头，尽管来自德国柏林最高统帅的命令措辞严厉，命令他必须与比罗的第二集团军保持步调一致，不得擅自行动，但是眼见肥美的胜利果实就要到嘴，克卢克也管不了许多，喜滋滋地决定天一亮就渡河，把法军第五军一举剪除！

等待时机：加利埃尼的耐心

克卢克满意地对自己的部下们说："天亮就渡河，小伙子们，打起你们的精神来！"但是一天急行三十英里的德国官兵哪还有精神热情洋溢地回答他？根据法国的一位目击者汇报说，在马恩河北岸附近的德军疲惫不堪，喘着粗气，许多人还未列好队便瘫倒在地上，纷纷合上眼睛，已经没有任何力气说话，顶多从嘴唇里模模糊糊地吐出几个字：三十英里！三十英里！看起来简直就像被没命地驱赶了很长时间，到达了体力的尽头。

克卢克眼看着士兵累得瘫软如泥，急行军让他们把给养部队和重炮车远远地甩在了身后，心里面也并不紧张。在他看来，法军只会一味逃跑，绝对不会有什么命令让他们趁机攻打过来。他考虑了法国政府，考虑了法军主帅，可以说有这个把握是正确的，但是可惜他唯独漏了一个“老家伙”，饱经沧桑的加利埃尼正在窗前静静地窥伺着他，就等他疏忽松懈的时候到来呢！

克卢克继续强行驱赶着士兵前进，9月4日，他干脆直接告诉最高统帅，他不可能停下等待第二集团军过来，然后屈为比罗的侧卫，相反他觉得不能再等下去，如果给法国两天的时间，那么他们完全可以重整旗鼓，而德军攻势就此被削弱，所以他手上的三十万大军，是要继续攻击作战的！

而长途劳累，也使得比罗的第二集团军迟迟不到，行军不但缓慢，消耗也巨大，确实再等下去也不知道什么时候才是下次战斗的时机，至此，克卢克完全不再听从最高统帅的指令，率部往东南追去，他本来是要拐一个弯迎合第二集团军，而现在，弯越拐越大，巴黎也离他越来越远。

9月4日早上，法军侦察机带来克卢克正大举来犯的信息，加利埃尼放下望远镜，心想：“这个时候终于到了！必须马上进攻！”克卢克尾巴拖得长长的队伍向巴黎东南方向甩去，却使他的殿后部队暴露在法军第六军团和英国远征军的面前。上午9时，加利埃尼来不及给霞飞打电话征求其意见，直接向第六军下达战争准备的命令。

踌躇一会儿之后，加利埃尼还是拨通了霞飞的电话：“主帅，时不我待，现在是攻击德国右翼的最好时机！”

★法国元帅加利埃尼

又是一阵沉吟，霞飞哼了一声，听不出他是同意还是反对，但是下达攻击的正式命令却由此耽搁了。

为什么霞飞始终不置可否？其实不光是加利埃尼，霞飞自己也有反攻计划，而且这个计划也考虑到了用第六军来攻击德军右翼外侧，但是霞飞希望更加稳妥一些，只需要再多一天的时间，增援部队就可以赶到，这样第五、第六军就可以开始全面部署，也有充裕的时间争取到英军的合作。但是听完加利埃尼心急火燎的电话，他独自面对着地图，迟迟不能作决定。

沉着求稳是霞飞的特征，所以虽然不发一言，但是他并没有停止思考。

下午，按捺不住的加利埃尼又急匆匆地打来电话，霞飞这次终于下定了决心，下达了正式的命令："进攻！第六军！"在下达进攻命令以后，霞飞深思熟虑的计划立刻紧锣密鼓地展开，当晚10时，霞飞下令法军其他部队停住撤退的步伐，准备全面反攻。

法国人反击了，但是英国人还没有放出话来，面对反攻计划，他们显得无动于衷，拒绝加入这项计划。

如果没有英国人的帮忙，这次进攻可就悬了！这次轮到霞飞开始着急，9月5日，马上就是大举反攻的日子，霞飞亲自前往英军司令部说服英军司令，弗伦奇爵士终于答应："行了，我知道了！你放心吧！英国士兵必定竭尽全力！"

霞飞大大松了一口气，黄昏晚霞灿烂，一片绚丽的红色横在天边，但是霞飞根本没有心思欣赏，他立刻返回自己的司令部，对着自己的部队简短地说："我们马上就要进行一场战役。这场战役关系着我们祖国的命运。撤退已经够了！从明天起，我们再也不会逃跑，而是全力以赴地把敌人赶出我们的土地！"

话语简短，语气凝重，每个法国士兵都明白，如果这次部队不能前进，那也必须不顾一切地守住阵地，宁为玉碎，不为瓦全，宁愿战死不能后退，绝对不可以示弱！

抓住战机：加利埃尼的超级出租汽车

此刻在德国柏林，8月份接连不断的捷报使狂热的军国主义者都欢欣鼓舞，从德皇到老百姓，都觉得法军一步步败退，应该已经被彻底消灭，德军的胜利近在眼前。

"帝国列车滚滚向西！""流干法国人的血！"兴奋的人们已经想好了胜利后的庆祝方式，用法国人的鲜血当做美酒，欢庆这场胜利！

但是只有一个人疑虑重重，他就是总参谋长小毛奇，他仔细琢磨了许久，心中充满困惑："按说胜利的话必定会有大量俘虏，我们一路追击法军，应该缴获了众多的俘虏和军备，但是这些都在哪儿呢？就算加上洛林的，一共也才三四万人，连缴获的武器数量都很少。法国人是怎么回事？这样的撤退是有计划的吗？"

他有疑心是正常的，可惜他没有想到法军不但没撤退，正准备大举反攻。

在这个时候，因为德国柏林最高统帅部离他的大军太远，无线电通信变得嘈杂难辨，信号时好时坏。在早期战争中，统帅部只有一架粗制滥造、不用电线的接收机，而德国第一集团军则拥有一台发报机。随着信号的减弱，这些设备只能用来拍发最为紧急的电报。不断的破坏活动使野战电话系统更加混乱了。克卢克无法跟总部取得联系，因此只能自己作出判断。

而另一边，法军却不断利用德军遗留下的野战电话系统，甚至连民用电话系统都能使用，团结紧密程度大大超过德军。

9月5日，克卢克大军已经拐过了巴黎边缘，稍稍远眺就可以看到举世闻名的埃菲尔铁塔。其右后方的侧翼遭遇前来攻击的法国第六军，克卢克当即下令第三集团军与第九集团军一同赶去，揉烂法国第六军的计划。可是他忽略了这两支军队本来的作用。

在小毛奇改良的施利芬计划中，第三集团军和第九集团军肩负其他重任，需要负责掩护德国第二集团军的右翼。如今他们被调走，使得本来紧紧相连的德国第一集团军与第二集团军中间出现了一个缺口。

当然克卢克也多少考虑到了这点，只不过因为他认为这个缺口正对溃败撤退的英国远征军，所以撤走防卫部队也不会有太大问题。

于是三支军队围住法国第六军纠缠绞杀，第六军苦苦支撑，快要顶不住的时候，加利埃尼这个精力充沛的老家伙出现了。

他丰富的想象力以及一切出其不意的妙计使人根本看不出是出自65岁的老人之手，他接到求援信号以后，居然立刻组织了历史上第一支摩托化纵队，即马恩出租汽车队。

这个想法如神来之笔，让人不禁拍案叫绝。当时赶来准备支援第六军的法国第七军刚刚抵达巴黎，而通往前线的遥远路途中没有任何特路运输可以利用。如果紧急步行赶往，不但士兵会累坏，而且到达时可能前线已经是尸横遍野，第六军全军覆没的命运恐怕不能避免。城里的军用车辆数量极少，要运输如此庞大的队伍等同于将一大桶水通过细水管缓缓放出。加利埃尼眼珠一转，看到巴黎街上市民都仓促出行，便大手一挥，下令征用“所有的机动车，包括出租汽车在内！”

情况危急，已经顾不得许多了，巴黎警察全部出动，拦下一辆辆出租汽车，礼貌地请出乘客。就在短短的时间内，加利埃尼就征用到了大约七百辆各种型号的出租车，有宽敞的，有狭小的。无论怎样这些临时被征用的出租车出色地完成了它们的使命，仅仅用了两个来回，就把整个师的兵力运送到了前线。

全世界都会记住巴黎出租汽车的功勋，当时估计每辆汽车搭乘五名士兵即可运送六千人前去战场。司机们情绪高昂，异常配合，他们将乘客送出车门时自豪地宣布：“我的车要去打仗了！”司机纷纷把车子加满油，整整齐齐排成队伍等待命令。平时老辣的加利埃尼见到这种场景，也激动得眼眶发热，他大喊道：“看！这多么伟大！”

德军惊愕不已，现在他们右后侧翼的压力空前加剧，本来还在苦苦支撑的第六军有了第七军的支援，士气大涨，整个面貌焕然一新，德军觉得自己这么长时间的仗白打了。

要是加利埃尼再调来其他法国集团军支援，那对德军而言就大大不妙了。

保卫巴黎：一战的峰回路转

9月6日天色刚刚破晓，受够屈辱的法军开始了全面反攻，他们复仇的日子到了！在巴黎附近，法国第六军还在与德国第一集团军纠缠，火拼激战，而法国第五军也由撤退改为进攻，停顿了几天的步伐急转冲往德军，夹带着凌厉的攻势加入第六军的战局。

同时德国第二集团军也不好过，一方面受到法国第五军来势凶猛的连带冲击，另外一方面孤立无援，因为法国第四、第九军已经截住了前来主攻的德国第三、第四集团军。

居然被一直乖乖挨打的敌人反噬了！法国炮兵的弹火密集，德军尸体在战场上堆积成山，德军大为惊恐，法国人一改以前温顺的面貌，如此凶狠全面的反扑让他们顿时反应不过来。

9月8日的晚上，酣战一天的疲惫不堪的德兵正在进行休息，一直没有露面的三支英国远征军悄悄出现了，他们爬进了德国第一集团军和第二集团军之间的缺口，把这两支紧密相连的兄弟军团分开，克卢克和比罗再也不能协同作战。

当德国人意识到这点时为时已晚，眼看两支集团军会被英法联军包围分割，比罗二话不说下令撤退，以退求全是这只老狐狸面对残酷战争的保密法则。但是克卢克当时刚刚击破了法国第六军，好不容易振作起精神，面对同盟的撤退他也进退两难。

如果继续进攻，那么很显然他已经孤立无援，独自对抗是自寻死路，但是如果随同撤退，那么辛苦取得的战果又要拱手让人，有所不甘。小毛奇恶狠狠地宣布：“我们的侧翼被打击了，我们的中央部队撤退了，但是我们还是要坚持战斗！”

性格冷酷的克卢克反复思量之后，不得不也在同一天向后撤退。

到9月11日，德军全面撤退，逐步离开法国大陆。马恩河战役就此结束。

因为德军的主动撤退，英法联军最后没有造成重大伤亡，德军速战速决再进攻俄国的计划被粉碎了。巴黎重新回到歌舞升平之中。

而第一次世界大战的西线战场，也第一次形成了凝重的胶着状态。让人闻风丧胆、不可战胜的德军败退了！这个消息不仅鼓舞着它的敌人，更使德国人沮丧地意识到他们已经失去了最为宝贵的进攻俄国的机会。

消息传回德国国内时，一片令人窒息的沉默，柏林人庆祝的笑脸还没有还原，欢呼的嘴巴还张得老大，瞬间眼神就全部变成了错愕，犹如遭受致命打击的石像，英法联军在马恩河反败为胜，简直就是不可能的事情，这场战役也被称为“马恩河的奇迹”。

★马恩河战役场景图

★战壕中的协约国士兵

★马恩河战役中的德军阵地

虽然德军损失并不算很大，而且士气依旧良好，但是远在柏林的统帅部深感失望。这一场耻辱的败仗使得德军不败的神话破灭，也使小毛奇前途尽毁，德国皇储面上无光。法国人自杀式的冲锋和为国献身的精神使得他们的祖国热土浸透血液，残忍的景象使人不堪回首。

战典回响

协约国的呐喊

马恩河战役最后以德军大举撤退结束，在他们定下的时间表中仅仅剩下四天，却还是失去了获得宝贵胜利的机会。这场战役对法国，对协约国都有着重大的影响。

当德国人面对胜利志在必得，法国人即将遭受灭顶之灾，而协约国军队一退再退，逃往巴黎时，每个人都惶惶不可终日，但是马恩河一战横空出世，力挽狂澜，极大鼓舞了协约国的信心。

不管是不是有奇迹发生，这一次协约国的作战是相当成功的，双方紧密配合，对德国形成分拆包围之势，是决定战局的关键。在马恩河一战中，协约国军队获得了以往在边境战役里从来没有过的数量优势，这种优势造成德军抽调了部分师的兵力，另外就是法军又从毫发无损的迪巴伊等集团军中调回了几个师，以往和德军对战犹如以卵击石的状况不复存在了。

这里必须提到，正是由于霞飞的坚持，才形成这样一道坚不可摧的协约国阵线，他坚定不移的信念和沉着稳重的作风给了两军极大的鼓舞。

法军愚蠢的第17号计划和施利芬计划的破产，合在一起造成了第一次世界大战中西线的僵持局面，第17号计划的失败与施利芬计划的破产同样是致命的。每天有数以万计的人牺牲，而由于一开始的错误所造成的残局不仅决定了以后的归宿，也决定了将来合约条款的制定以及协约国充当的角色。

马恩河战役结束后，战争不但没有收敛，反而进一步扩大了，迅速把各国卷入了战争的旋涡，此后的战争，无论参与国有多后悔，想作怎样的退让，甚至愿意签订怎样的条约，都已经于事无补，没有哪个国家可以全身而退，没有哪个国家可以从中拔足，马恩河战役之所以重要，并不是因为它标志着协约国的最终胜利，恰恰相反，它说明战争还要无休无止地打下去。

★沙场点兵★

人物：加利埃尼

约瑟夫·加利埃尼于1849年4月24日出生于圣比特。1870年参加普法战争，在对马提尼克的殖民战争结束后，加利埃尼被任命为苏丹总督，镇压人民起义。

一战的爆发给了年老体衰的加利埃尼新的契机。马恩河一战显示出他宝刀未老、壮志仍雄的才干。曾经的部下霞飞对此十分忌惮，因此尽管舆论对加利埃尼十分赞赏，但是加利埃尼始终没有被重用。

此人年纪虽大，但是激情洋溢，干劲十足，脾气火爆，有话就说。担任陆军部长以后，身体愈发衰弱，但是脾气丝毫没有改变，因为跟霞飞关系不好，势同水火，他时常在办公室与霞飞拍桌大吵，长期动怒的情况下使他的病情恶化，于1916年5月27日病逝。

加利埃尼死后，法国政府才终于正视他取得的辉煌成绩，追授了元帅军衔，并且在巴黎树起了他的青铜雕像。

武器：汽车

汽车是第二次工业革命带来的又一伟大的发明，它彻底改变了陆地运输的形态。在军事领域中，汽车的广泛运用使得部队的远距离机动和运输补给都变得更加便捷。汽车在战争中的使用对更加有效地投送和使用兵力产生了巨大影响。第一次世界大战中的马恩河战役可以说是汽车在军事上大规模运用的开端。在此次战役中，加利埃尼征用了巴黎市内的700辆汽车，赶在德军渡过马恩河之前把驻扎在巴黎的法国部队星夜投送到马恩河防线，当德军到来之时，英法联军早已构筑好工事严阵以待了。此举大出德军意料，使德军遭受了重创。此后，世界各军事强国纷纷开始重视摩托化步兵战术的发展，极大地改变了战争的形态。

战术：摩托化纵队

摩托化纵队是指士兵乘坐自动或者半自动车辆，以列为形式开进的战术。这样的纵队行进速度快，机动灵活，目标小而隐蔽，可分可散，撤退也非常迅速，常被用于城市内作战。马恩河战役中的摩托化纵队属于加利埃尼临时征集，车辆参差不齐，但还是取得了较好的效果，其闪电式的袭击与撤退使敌人防不胜防，自此以后摩托化纵队在第一次世界大战中被广泛运用于城内战争。

毕其功于一役

THE CLASSIC WARS

决战

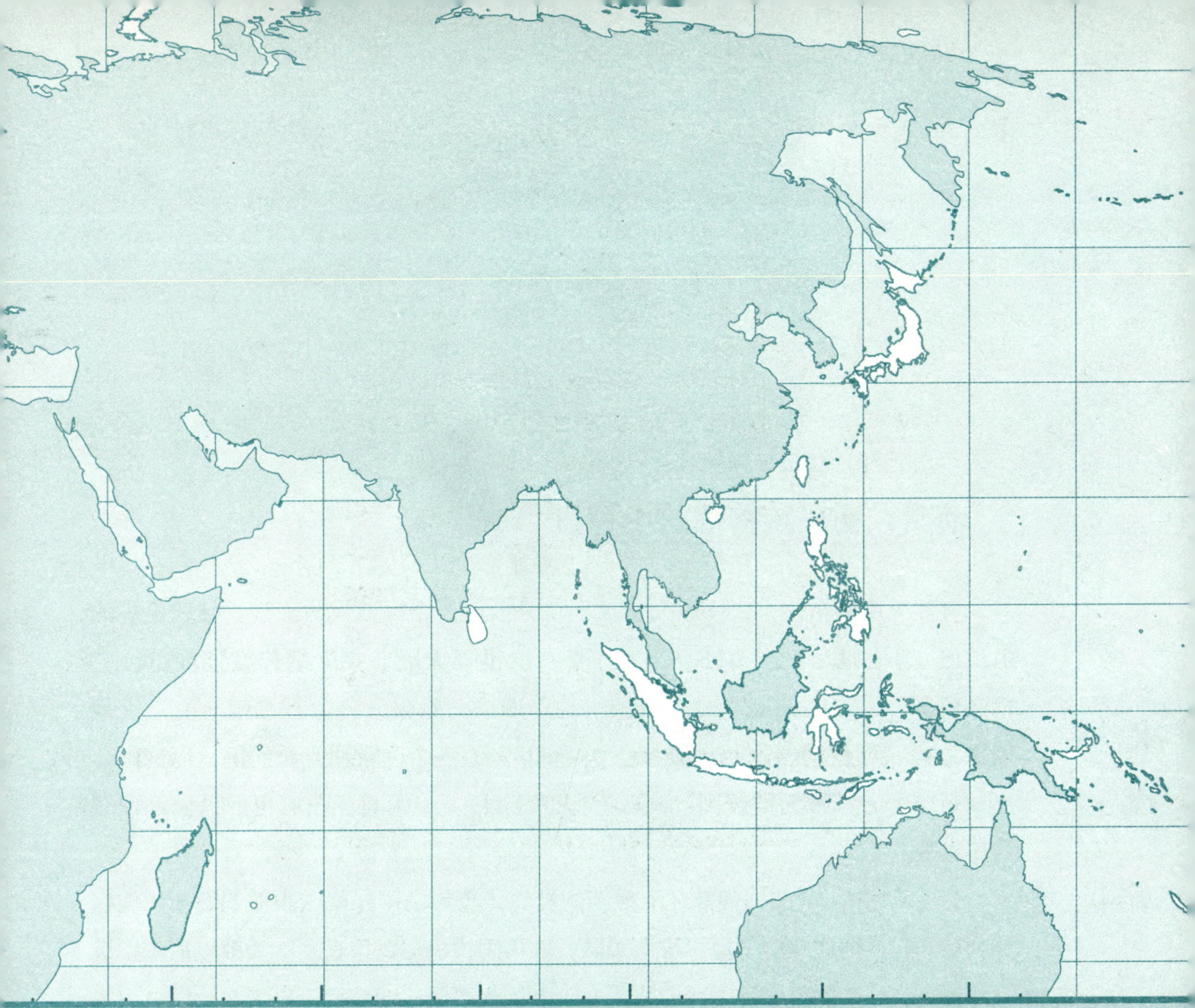

第九章

凡尔登大决战
——协约国的绝地反击

▲ 1916 年，德军为了打破西线的僵局，取得战略主动，发动了对凡尔登要塞的猛烈攻击，一旦拿下凡尔登，德军将打开通往巴黎的门户。为了力保凡尔登不失，英法联军部署重兵在这块弹丸之地与德军进行了拉锯战，飞机、坦克等最新式武器纷纷投入战场。凡尔登战役是第一次世界大战中伤亡最大的战役之一，凡尔登被称为“绞肉机”。此战过后，德军再也无力发起大规模的攻击，逐步走向了失败的命运。

前奏：德军统帅部的小算盘

贪婪无度的帝国主义国家为了重新瓜分世界，夺得更大的蛋糕，夺取更多的殖民地，于1914年至1918年发动了第一次世界大战。在大战爆发期间，阵营已经鲜明，“三国同盟”对“三国协约”形成两股强大势力，互相对峙。大战爆发之后，席卷的国家越来越多，美、日等20多个国家加入协约国，而德国、奥匈帝国一方则称为同盟国。1917年8月14日，中国北洋政府也加入协约国对德奥宣战。

1915年末，欧洲列强都在酝酿新的打算，奥匈帝国和德国跟他们的新伙伴保加利亚一起，彻底碾垮了塞尔维亚军队，而俄国沙皇尼古拉在上次失败以后依旧缓不过神来，居然能容忍德国调遣将近五十万的大军前往西线。于是现在德国就可以不必考虑其他，一心一意对付它的宿敌法国了。

1915年圣诞节前夜，槲寄生翠绿的叶子与红果辉映，烛光温暖地照射在橱窗上，大雪轻轻地在夜色中飘落，而德国参谋总长法金汉却在匆匆草书，给德皇写了份充满血腥的信，随着在马恩河战役中施利芬计划的流产，德国指挥部调整了作战方针，东线主要是防御，而西线重点则是突击攻进，法金汉已经有了自己的计划，向德皇提供了军事上面临的几种选择。他觉得最为强大的劲敌是英国，但是英国距离遥远，除非发动潜水艇，否则要直接打起来不太现实。他顿顿手中的笔，坚决写道：“英国在陆地上能够运用的武器只有法国、意大利和俄国的士兵。”但是现在又可以先不管晕头晕脑的俄国、意大利，他极力主张攻打法国。他详细地写出了自己的理由：“法国长期处于战争中，在军事上徒劳无功，只要我们奋力一击，打破他们人民对于战争胜利的幻想，那么英国想要法国帮忙就不可能了！”

但是是不是要大举进攻、大规模作战呢？法金汉缓缓摇了摇头，他蘸了一下墨水，继续急书道："法国人面对大规模的战争并不畏惧，但是这些天性浪漫、充满精神力量的国民却有一个致命的缺点，就是他们的信仰。如果能选择一个在情感上被法国人认为是神圣不可侵犯的地区进行战斗，就像在人体割开一条动脉一样。"法国的鲜血一定会流失殆尽。因为为了这个地方，他们会不顾一切地前来保护，最后不得不奉上他们所有的士兵。使得法国军事崩溃，那么剩下的英俄两军就不算什么了。"

★德国参谋总长法金汉画像

在他的信里，有着两个选项，都是法国极其重要的地名：贝尔福与凡尔登。他重重地在凡尔登后打了一个勾。

凡尔登对德军而言并不陌生，它位于法国东北部，居住着一万四千人，被大规模的堡垒团团围住，气氛沉闷但是地势险要，位于法德边境的凡尔登要塞靠山而造，周围环绕着严谨精密的炮台，防御工事极其坚固复杂，它居高临下，堡垒严实，对进入法国北部的德军侧翼会形成极其严重的威胁，素有"法国东方门户"、"巴黎钥匙"之称的凡尔登要塞就像一颗尖利的牙齿，插在了德法交火线上。

如果法军选择在凡尔登发动攻势，那么紧邻德国铁路的凡尔登必定会成为德国人的心腹大患，同时法金汉还指出，凡尔登是通向巴黎西北入口的大门，如果能攻破这里，巴黎也就畅通无阻了。

无论如何，凡尔登都有着非同一般的重要性，必须不惜代价尽快拿下！

写到这里，法金汉揉揉酸疼的手腕，满意地望着密密麻麻的字，仿佛看到了德军猛攻凡尔登，一点点碾碎逐步赶来的法军一样。

阴云袭来：凡尔登要塞中传来呼救声

这个时候的法国总司令霞飞正按照自己的步骤紧锣密鼓地准备松姆河战役，距离巴黎200千米之余的凡尔登要塞实在是鞭长莫及，他考虑到凡尔登要塞异常坚固，筑垒光是正面就有112千米之宽，有着四道牢不可破的防御工事，特别是最底层一道守军，不仅有着永备工事和两大堡垒地带，光是士兵就有四个师大约11万人。

德军也知道要攻下凡尔登异常艰难，为了首先保证占据压倒性优势，法金汉召回了所有散落在俄国、巴尔干半岛以及工厂的大炮，整整齐齐摆放到战场周围，仅仅12千米长的战线紧紧列着千余门大炮，杀气腾腾，严阵以待。值得注意的是，在这群数量庞大的大炮中间，居然还有13尊威力可以震天撼地的攻城榴弹炮！武器装备的强大还不止如此，在前沿阵地，德军更是配备了5 000多个威力十足的掷雷器，这种东西小而凶悍，能够发射装有一百多磅重的高爆炸药与金属碎片！这种榴霰弹的破坏范围之广能让对手无比头疼！在人员上，先锋部队10个师共27万人，比法国守军的两倍还多。法金汉这才罢手不再往自己这边拼命加筹码，他已经对这样的实力感到满意，给这次战役取了个“处决地”的行动代号。

行动计划的开始时间是1916年2月21日。此时为了更好地说服德皇，法金汉又想出了个主意：“不如由敬爱的皇储指挥第五集团军率先攻击！第五集团军在马恩河战役中就已经非常熟悉凡尔登的状况了！”

德军的准备虽然小心隐蔽，但是大量的军备上阵也引起了法国情报官员的注意，他们将这一信息传达给霞飞后，霞飞不屑一顾，列日与那慕尔要塞已经被德

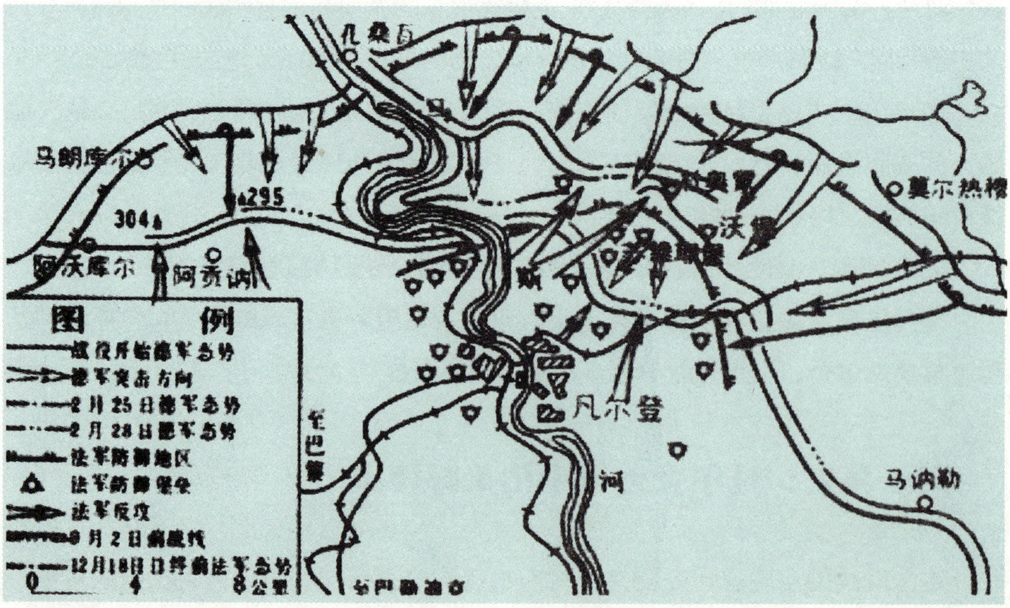

★凡尔登作战经过示意图

★凡尔登战场上的德军炮兵阵地

军攻陷，凡尔登的战略意义他觉得价值并不算大。于是在这个当口他反而撤离了凡尔登炮台的4 000多门大炮，其中至少一大半是生猛的大口径火炮。凡尔登虽然靠着防御地形美其名曰法国最坚强的堡垒，但是实际上已经被拆卸一空，防卫措施都挪为它用。

法军并不是不担心凡尔登就此失守，对于凡尔登究竟会不会被攻破还存有疑虑，政府在此前已经派遣人员前去调查，当时的迪巴伊将军一拍胸脯打了包票："凡尔登固若金汤，犹如铜浇铁铸，绝对没有任何问题！"而凡尔登军事长却提出了相反的观点："眼下凡尔登其实相当薄弱，恐怕抵挡不住大军来袭。"真相总是惹来祸端，因为说了实话，这位可怜的军事长就此被免职。

对凡尔登存着忧心的还大有人在，卓越的军事分析家米尔上校写了一份凡尔登急需供给的报告上呈到加利埃尼手中。这份报告详细分析了凡尔登现状，焦灼地呼吁需要更多的火炮与人力甚至刺铁丝网。"德军凶悍的势力已经扑了过来，我们仅凭现在的实力是万万支撑不住的！凡尔登需要救援！法国需要凡尔登！"

加利埃尼明白这份报告的重要性，在考证核实之后，立刻签署了同意意见，火速送往霞飞处等待回音。哪知霞飞一看到这份报告，顿时大为光火，拍桌子瞪眼睛怒斥道："我的部下居然越级送上这种东西！居然让政府直接看到他对我的抱怨！这不是蓄意扰乱战争吗？”他气得一下就扔掉了这封饱含血泪的报告，米尔上校的恳求被打回了，他知道这一消息之后，望向光秃秃的凡尔登要塞，下定了用血肉铸就最后防线的决心。

不得不说霞飞是被德军迷惑了，为了掩护凡尔登的备战情况，西线德军全面放松，牢牢吸引着霞飞的目光。而等到德军一切准备就绪，面对凡尔登摩拳擦掌时，凡尔登的守卫只有原先的十万大军和两百多名火炮手，强悍的法军主力远在西线征讨，一时根本撤不回来。

战事初起：德军势如破竹

1916年2月21日的清晨，天气极端寒冷，天地尚未醒来，一切都被冻在一片蓝蒙蒙的雾气里。德军的炮响拉开了一天的序幕，沿着六英里长的战线，隐蔽在后方的德国炮群伴随着闪光耀目的信号弹一起炸响，德军猛烈的攻击就此展开，这种高速度的炮弹以一小时十万发的密集程度展开轰炸，将凡尔登野战防御阵地轰为一片火海，怒吼的炮声和尖锐的枪声响成一片，两百多万炮弹直落凡尔登，将法军深深的前沿战壕全部炸平 。凡尔登上空不断下落铺天盖地的炮弹，下面则燃起了熊熊大火。

很快，德军的13尊无敌攻城大炮就被摆上战场，这些有着16.5英寸巨大口径的榴弹炮被齐齐射向凡尔登要塞最为坚实的第四永备工事上。而掷雷器也不失时机地发挥作用，成片的高爆炸药混合四溅的金属碎片在法国军队中飞舞。锋利的金属片钻进了法军的身躯，削掉了他们的躯干，更是配合不停响起的爆炸声，将法军战壕通通夷为平地。

12个小时的大炮猛攻过去了，德军又用了另一种恐怖的武器，这种5.2英寸的“小口径高速炮”，它以步枪的速度飞快地发射霰弹，法军奔跑的人群变成了人肉靶子，还来不及察觉炮弹就已经魂归天国。德军还不满足，干脆又用上了喷火器，在血海中黄色盛大的火焰燃烧着，让德军兴高采烈。

四处是烧焦的尸体，四处是嵌满子弹碎片的法国官兵，刺鼻的气味和灼烧毛发的热焰，一次接一次的攻击使得凡尔登周边狭小的三角地带被完全摧毁，森林也陷入了一片火海，高耸的山头在炮弹的威力下土崩瓦解，隐藏在高地后面的法军无处可逃，赤裸裸地暴露在德军眼皮底下。

战场弥漫的浓密烟火使得士兵咳嗽不已，完全看不到战场的具体情况，这时候德军的枪炮攻势却突然销声匿迹了。侥幸逃生的法军大口喘息着，突然又传来一阵喊杀声，只见德军浩浩荡荡的六个步兵师正挥刀向法军防线砍来。

来自阿尔及利亚的法国轻步兵，习惯了在炎热殖民地的生活，天气的严寒已经让他们饱受限制，而今强敌压境，眼看凡尔登就要失守，坚强的战士们咬紧了已经被冻得麻木的双唇，展开殊死搏斗！

“跟我冲！”一个军官率先跃出战壕，紧接着是一个副官，然后是争先恐后的所有士兵。必须荣誉地战，必须荣誉地亡！他们面对德国强大的军备和攻势丝毫没有畏惧，斗志高昂，在已成灰烬的战场上徒手近身搏斗。尽管德军一次次冲锋上前，都被他们用手中的刺刀，用不怕死的身躯给挡了回去。

直到2月23日晚上，德军也没有取得更大的进展，尽管无论是人数还是军备力量，他们都占着双倍以上的优势，但是总共也只推进了两英里，俘获了两千多名俘虏。

两天激战已过，寡不敌众的法军凡尔登前线野战防御阵地完全被德军控制。

第二天，德军就以锐不可当之势突破了法军主要防线，一举俘获一万名俘虏，以及大炮、机枪无数，加上他们之前的力量，开着炮火前进的德军所到之处全被碾平。

★遭到炮轰的凡尔登城镇

坦克亮相：松姆河上的炮火

话分两头，说到正在紧急备战的法军总司令霞飞，正全神贯注地盯着松姆河，试图迫使德国从俄国战线撤退，从而顺便也减轻了凡尔登的压力。原先霞飞的计划十分周详，整个协约国军队由两支法国集团军和一支英国军队构成，收到法军在凡尔登要塞溃败的消息，霞飞大惊失色，没想到自己小小的疏忽居然有这么大的后果，他立刻召开了紧急军事会议，命令总参谋长火速支援凡尔登，不惜一切代价保住这个要塞，拼命死守，等待后援。

霞飞这时候才发现原来凡尔登的重要性已经远远超出了他的想象，转头他立刻又委任贝当将军作为凡尔登保卫战的司令官，领兵而去，加急增援。

如此一来，能够参加松姆河战役的法军力量便大大减少了，事实上到最后的阵容已经大幅缩水，法国应该承担的二十四英里战线缩短到八英里，而之前跟英国人说的出动法军四十个师，最后也承认是十六个，更夸张的是，松姆河战役正式进攻时，法军其实只有五师出场。

因此英国人当仁不让地挑起了松姆河战役的重担，他们增加了自己的份额，总计有二十一个师的力量，另加八支后备军，内含五个师的骑兵，都安插在后方伺机而动。

★凡尔登战役中亮相的英国马克Ⅰ型坦克

★正在前进的马克Ⅰ型坦克

英国和法国搞的这点小动静当然没能瞒过德国人，轻率的协约国武官早就走漏了风声，尤其是看到法国部队果然向边境开去时，德国人更加确信已经掌握了英法的所有计划，甚至精确到进攻的日期。

6月24日，协约国的炮弹还击也展开了，仅仅六天，就投放了一百五十万发炮弹，其阵势之惊人使得许多协约国的士兵不顾生命危险爬出战壕，就是想看一看在夏夜中无数炮弹夹着火光犹如流星群一样在敌阵中爆炸时耀眼夺目的风采。

德军也没有闲着，早就作好准备的他们也用炮弹还以颜色，偏偏天公不作美，天降大雨，所有沟堑一片泥淖，在里面躲藏的英国士兵苦不堪言。

尽管德军也给自己造成了极大伤害，英军还是牢牢地凭借战壕坚持防守，这时候因为德国自动火力的强劲杀伤力，使得协约国不得不研制一种能克制德军的武器。

其实早就有了一个合适的选择，它能直接开过战壕，刺铁丝网对它也毫无作用，它不惧子弹，它所向无敌，这样的怪物，当时协约国称呼它为“机枪破坏器”。

这是在第一次世界大战中最具革命性的武器，其带来的影响和意义比榴弹炮和毒气深远百倍。为了蒙蔽间谍，英国把这种跟运水车极为相似的车辆叫做——坦克。

当时英国陆军大臣并不欣赏这种划时代的发明：“嗯，没错，它看起来确实精妙绝伦，美妙极了！但也只是个大玩具而已，我看不出它有什么价值。”

幸亏时任海军大臣的丘吉尔秘密干预，用非法筹集的资金生产出了操作模型。

直到1916年8月，坦克也只是实验性的只可把玩、无法施展威力的半成品。已经制造出49辆霸气坦克，还缺少它们的舵手——经过训练的坦克驾驶员。

面对德军咄咄逼人的攻势，耀武扬威的尖利兵器，黑格实在咽不下这口气，他不顾众人的反对，甚至连发明者的忠告都不听，下令将坦克投入战场，马上使用！49辆神秘新武器一路上因为各种原因，最后只有10辆发动起来，履带蹭着黄土，震耳欲聋地向敌人开去。

德军一下子惊慌失措，他们从来没见过这么无坚不摧的怪物，所有的枪弹打到铁壳上只能留下一个白色的凹痕！它究竟是什么东西？吓慌了的德军开始逃跑，坦克慢吞吞地发挥着自己的威力，其中一辆坦克总算是攻占了一座村庄，还有一辆则占有了一条战壕。

这个消息传到丘吉尔耳中，气得他把雪茄狠狠一掐："蠢材！绝对的蠢材！这么重大的秘密，这么隐蔽的武器，居然就这样暴露了！"为了一场小规模的会战而提前泄露坦克的存在，这一点看来不仅威胁到了坦克在日后的有效运用，还使得敌人有所防备，达不到一击即中的效果了。

★战壕中的法军

比起血流成河的凡尔登，松姆河的战斗也同样伤亡惨重，一系列小仗在转化为局部性的袭击，双方实力都在衰退，实在组织不起一场全面战争。单是英国的人员损失就达到四十五万人，而法国则是三十万多人，德军更是凄惨，整整六十七万的战士残骸永远留在了异乡的土地上。双方停滞不前，英法联军没有达到反攻德国的目的，而德国也无法再展开新的攻击。

拉锯大战：凡尔登绞肉机

重新回到凡尔登战场。贝当心急如焚地来到状况惨烈的凡尔登，先察看了被摧残得所剩无几的防御系统，看到前沿阵地腥风阵阵，暗色血液已经流到脚下，贝当心头一阵发紧，情况比他想象的还要危急，凡尔登正面临着被全线包围的危机。

正当他皱起眉头冥思苦想的时候，雪上加霜的事又来了，原先有一个师的轻步兵把守的凡尔登东北部都慕炮台已经被德军占领，让人心情阴郁的是，占领炮台的德军仅仅是一支9人组成的巡逻队，之所以一弹未发就能登上炮台，是因为在此前德军的炮弹狂轰中，炮台守军已经全部阵亡。

贝当不愿去想此前的状况有多凄惨，他赶到前线，面对为数不多瑟瑟发抖的士兵，沉默地在地上划出一条督战线，然后威严地下了死令：出了这条线，就不允许回来，如果有敢退阵的人，一律处死！

士兵本来就斗志高昂，虽然状况惨烈，但也与主帅一样抱定了搏命的决心。贝当一刻也没有停歇，立刻又召开了军事会议，讨论出保证援军到达和补充供给的通畅路线。仅仅过了两天，被法国人称为“圣路”的一条公路源源不断地通过了6 000辆汽车，19万援军火速运来，2万多吨物资堆积如山，这次补充行动完成得相当迅速出色。于是战场上法军士气大涨，军力恢复，如此迅速的支援让德军大吃一惊，细细掂量一下现在双方的实力已经相差无几，虽然在前一轮攻击中，德军已经占尽先机，但是法军雄赳赳、气昂昂的大量援军和闪着寒光的成群大炮又让他们无法继续推进。

★法国历史上毁誉参半的贝当将军，成功指挥凡尔登会战是他人生中的亮点。

僵持，暴风雨前令人窒息的宁静！

无法阻挡的爆发终于开始了！3月5日，大规模的战斗全面展开。德军炮火依旧凶猛，吞吐着令人胆寒的火焰，德国步兵在此掩护下，形成30千米战线，一举向法军发起冲锋。

法国这边的大炮也发出了复仇的怒吼！炮声隆隆，无数炮弹遮天蔽日地射到德军阵地，法军阵线用各种炮火迎接德国步兵的到来！

★正在赶赴战场的法军预备师

这一次冲锋，德军死伤严重，肉身毕竟抵不过子弹，盲目冲锋恐怕只会带来更加惨重的后果。法金汉改变了作战策略，不再要求全面进攻，而是把兵力聚集到一侧，进行侧翼突击。这次稳扎稳打的进攻使得德军冲上了沃堡垒，虽然说好像又获得一次小胜利，但是成果却小得可怜，密集的法军使得他们仅仅推进了不到两千米。

4月份天气回暖，气候潮湿，德军已经和法军如此战斗了70个昼夜，法军防线没有突破，德军攻势也没有削减，这样惨烈的拼杀一直持续到了7月，残酷的拉锯战使得双方都承受着恐怖的生命损失，每天密集的高爆炮弹炸开的时候，不仅大地颤动，人体碎肢和着装备以及石块，就像扬灰一样被抛到空中。

爆炸周围带来的热浪甚至融化了底层积雪，连弹穴里面都是一片汪洋，许多被安置在这的伤病员就此被淹死。惨不忍睹的现象简直不能用文字来描述，到处是双眼失明或者断手断脚、血肉模糊的士兵四处摸索，却找不到一处安全的地方。

凡尔登战役犹如一架巨大的绞肉机，把士兵成群结队塞进去，最后骨头都呈碎渣状被抛掷在战场上！

联军反攻：德军大溃败

如果就此继续拉锯下去，那么也只有无休无止的牺牲和伤亡而已，但是一枚歪打正着的炮弹却改变了这一僵局。

德军隐藏了大量弹药在荒无人烟、幽深僻静、树木葱葱的斯潘库尔森林里，这个秘密兵工厂装载着四十五万颗大口径炮弹。

这部分力量被德军当做有备无患的最后武器，也是他们敢于一直出动高火力枪炮战的原因，但是法国一个炮手发射时不小心瞄准偏差，而德军也不小心在弹药库里留了个引信。

于是轰的一声，火光冲天而起，这次爆炸的程度比起任何一次都猛烈，即使习惯了炮弹的两军士兵都惊慌万分。地动山摇，草飞木拔的景象使人感觉恍若末日。

确实有一个人感觉末日到了，那就是德军统帅法金汉。他知道那不是什么天灾，那是他赖以进攻的弹药库。

因为缺乏炮弹，许多大口径大炮只能废置，很快就被法国炮兵摧毁，德国实力一下减了大半。

因为西线战事告急，5月1日，力挽狂澜的贝当离开凡尔登前往中央集团军群指挥，接替他的是意志坚决的罗贝尔将军，这位将军也是个只进不退的主动派，“他们无法通过！”这句口号响彻了法军阵营，每当开战便有成千上万的法军怒吼这句话。

德国还是维持以前的状态，既没有大胜也不后退，松姆河的攻势确实给法金汉造成了一定压力，德军凡尔登战场的供给开始中断了。

10月24日，法国看准德军难以两头兼顾，动用17万士兵，700多尊大炮以及150架飞机，进行开战以来第一次如此大规模的正面反攻。杜奥蒙炮台从德军手中夺回，再度回到了法国名下。从这一仗开始，就像德军一步步进攻一样，他们正被一步步打回去。

★残酷的凡尔登战役把人间变为了地狱

12月18日，尤记得德军刚踏上凡尔登时正值春寒料峭，而今10个月已经过去了，此地变得刺骨严寒。在这10个月的杀戮中，4 000多万炮弹砸在了这片小小的土地上，百万人惨死在同伴身边。

如今满目皆是焦土。德国人疲惫了，动用了那么多的炮，喷出那么炽热的火焰，使用那么残忍的毒气，甚至凭着狠劲展开白刃战，为什么法军就是没有撤退？为什么防守者始终没有被撼动？他们已经没有任何力气去思考这个问题，拖着残破的身躯，退出了凡尔登。

这次战役，法国受损人数达55万人以上，德军也受到了跟法国一样的重创。法金汉的战术，不仅流光了法国人的血，也把德国的动脉给割断了。这位瞬间苍老数年的主帅颤颤巍巍，没有任何可以辩解的话，回国之后立马辞职，尽管有人接替，但是德意志帝国的夕阳已经只剩最后一抹红晕。

使得德国从兴盛走向衰败的这场凡尔登战役，因为人数伤亡惨重，情况惨不忍睹，被后人称为“绞肉机”、“屠宰场”、“地狱”和“死地”，一连串恐怖的名词不仅仅代表了它血腥的过去，其中也暗含着第一次世界大战的残酷。

战典回响

德军开始全面防御

凡尔登战役激烈进行的时候，松姆河上的德国士兵也在血肉横飞，两头纷纷损兵折将的德国元气大伤，令德国更为吃惊的是，1916年，本来被失败打击得碌碌无为的俄国突然发力，成功地加强了对意大利人的进攻。

同盟国的奥匈帝国战线被勃鲁西诺夫将军撕开了一道大口子，协约国的军队大批拥入这个缺口，一举占领了加利西亚省。

凡尔登战役的损失惨重以及意想不到的来自俄国的打击，令德国失去了往日的雄风，变得委靡不振。而这时候协约国的力量反而壮大了，罗马尼亚等中立国纷纷加入协约国的阵营参战，同盟国为了遏制这种势头，狠狠突袭了敢于投戈的后协约国。

但是，协约国的攻势如开闸洪水，德军西线可怕的流血战争依旧继续，去年此时德军在此大肆杀戮法国人，而现在是协约国攻势逼人，德国被迫转为全面防守。

协约国攻势不停，运用闪电战来打击垂死一搏的德国，德军企图死守西线，通过海上潜艇战逼迫英国投降。当时，德国人已用领导东线部队的兴登堡和鲁登道夫取代了法金汉。在经历了前一年在凡尔登战役和松姆河战役中的毁灭性打击之后，他们决定在西线继续采取守势，而在海上展开无限制的潜艇战以孤立法国，逼迫英国投降。

兴登堡战役后，德军回光返照，在防御中重创协约国。但是欧洲各民族如此漫长残酷的毁灭性战争已经摧毁了所有人的信心，悲观主义和厌战情绪蔓延，第一次世界大战行将终结，而德国只能徒劳垂死挣扎。

★沙场点兵★

人物：霞飞

霞飞是第一次世界大战时期法国著名的陆军将领和军事家，他1852年出生于法国乡镇一个普通的皮匠家庭，因为对军事的热爱与抱负，1870年放弃学业从军，以一名工兵少尉的身份参加普法战争。此后在不断的战争中学习成长，稳步攀升。

1911年因为争夺摩洛哥，德国与法国成为死对头，霞飞虽然表现并不出众，但是因为年轻而且在政治上偏向温和派，被举荐为总参谋长，开始统率三军。

马恩河战役给霞飞带来了巨大的威望，成为人们心中法国的英雄，在凡尔登战役中，他决心以“磨盘”反抗“磨盘”的战术，不惜损伤死守凡尔登，最后扭转局势，由守为攻，此战之后霞飞的荣誉达到空前的地步，但后来他因为没有继续战果，并且态度专横，最后终于被解除指挥权，使得后人对他评价不一。

免去实职以后，霞飞只是担任了政府军事顾问，晋升为虚名元帅，成为几个军事代表团的团长，但是再也没有机会回到血与火的第一线。

1931年，显赫一时的霞飞将军在巴黎病逝，留下了亲笔书写的《战争准备与战役实施》、《霞飞元帅回忆录》等著作。

武器：毒气弹

毒气弹是生化武器的一种，其原理是在炮弹或炸弹中装入各种对人体有极大伤害作用的化学制剂发射到敌方阵地上，使敌军大面积中毒死亡或丧失战斗力。毒气弹主要分为破坏人体神经系统功能的神经性毒气弹，破坏人体细胞组织的糜烂性毒气弹，使人产生思维障碍和失去行动能力的失能性毒气弹，以及使人窒息死亡的窒息性毒气弹。

在第一次世界大战的凡尔登战役中，德国军队在历史上首次使用了光气窒息弹，这是一种典型的窒息性毒气弹，它伤害人的肺部，造成呼吸困难甚至死亡。毒气弹的使用造成了法军士兵极大的恐慌。

战术：野战工事与永备工事相结合

凡尔登战役中，法军采用的野战工事与永备工事相结合的战略被无数国家借鉴模仿，成为战场上的经典战术。

防御工事按工程性质划分，可以分为永备工事和野战工事。永备工事一般是指在边防、海防等预先定好的要坚守的区域，提前构筑成的永久性的工事。永备工事采用混凝土、钢筋混凝土等坚固耐用的建筑材料构成，设计周密，内部装备较为完善，能够很好地防护现代武器的攻击。

野战工事指在战斗准备或进行的阶段临时性构筑的防御工事，因为时间紧迫，条件困难，所以野战工事的挖掘，战壕的修筑都只能因地制宜，根据地形就地取材，力求速度快，常使用蛮力爆破，这样的野战工事防御力较为薄弱，只能短期使用。如果战役尚未结束就必须不断加强完善。

以坑道等永备工事为基础，补充以机动灵活的野战工事，这种防御战斗具有准备时间充足、工作细致完善、能够持续较长时间等优点。

毕其功于一役

THE CLASSIC WARS

决战

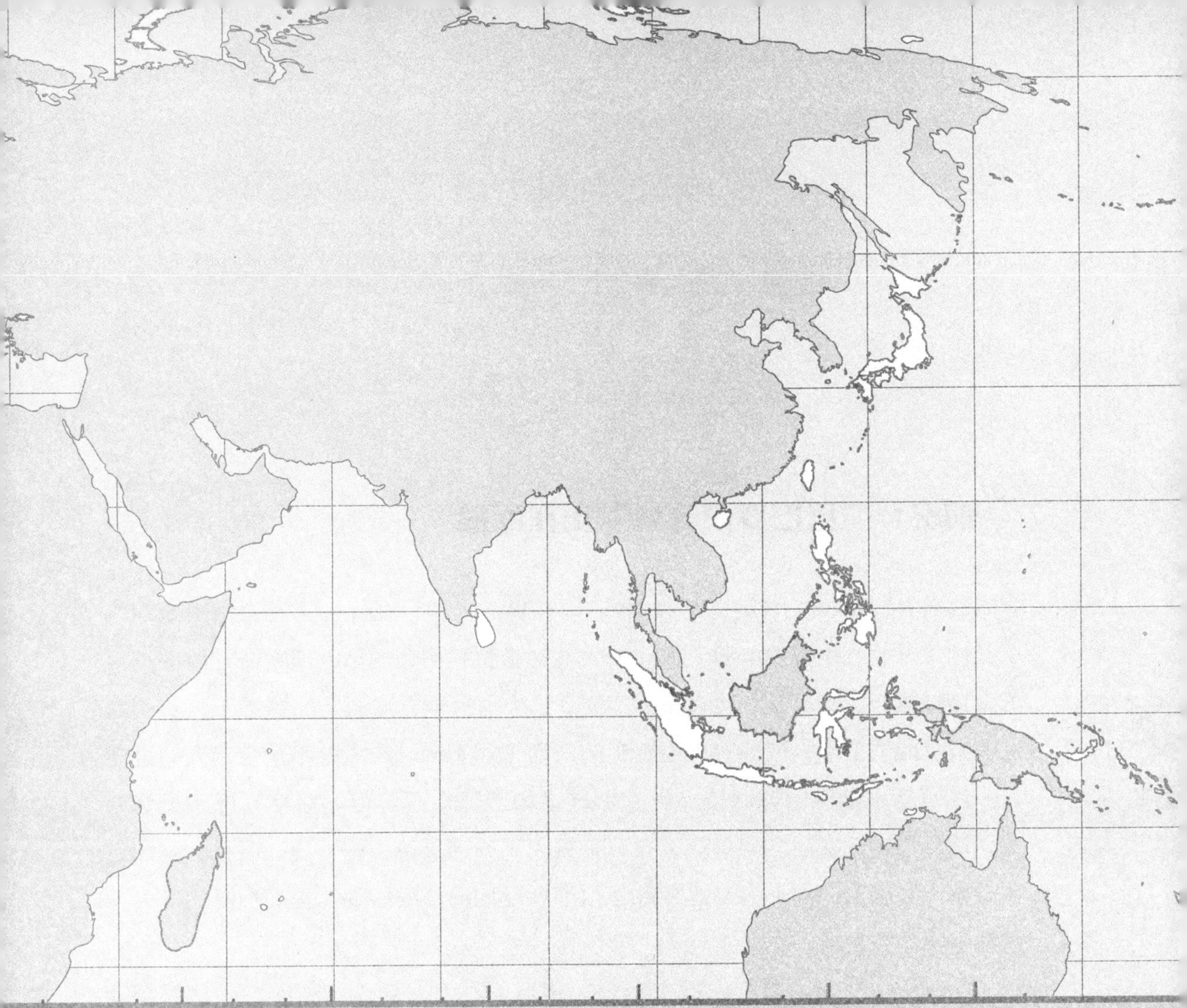

第十章

斯大林格勒战役
——法西斯的闪电之殇

▲苏德战争初期，纳粹的“闪击战”让苏联一度陷入危局，经过一场场艰苦的战斗，1942 年春天，苏联终于稳住了阵脚，而德国也无力像战争初期那样发动雷霆万钧的攻势了。希特勒把注意力转向苏联的战略咽喉，即斯大林格勒，妄图在这里将苏联一击致命。为了保住国家的命脉，苏联红军在斯大林格勒与德军展开了一场寸土必争的城市争夺战，城市的每一个角落都被鲜血浸透了。这场战役带来的不光是苏德战场的转折，也是第二次世界大战的重要转折点，随着斯大林格勒德军的投降，纳粹德国的丧钟敲响了。

前奏："巴巴罗萨计划"正在酝酿

凭着1939年联手侵吞波兰前与德国签订的《莫洛托夫—里宾特洛甫条约》（又称《苏德互不侵犯条约》），斯大林对希特勒率领的法西斯军队在欧洲进行的大规模屠杀无动于衷，即便是在1940年法国沦陷在法西斯的铁蹄下，英国也危在旦夕的情况下，依然对周遭发生的一切不闻不问。斯大林不信德国人会遵守着一纸承诺，他深知苏联最终也逃不过这场腥风血雨，但苏联红军也不是好惹的，估计希特勒在当时的情况下也只有等灭了欧洲其他小国再说。况且，英国这些资本主义国家同样是自己的大敌，何不在他们内讧的时期，提高自身的实力，从而坐收渔翁之利。

实际上，正常人都会这么去考虑。所以，在希特勒偷偷酝酿"巴巴罗萨计划"的时候，苏联正忙着工业迁移调整，发展军工企业，为自身的扩张作着军事准备。

希特勒对目前为止所运用的作战计划颇为满意，然而此次酝酿"巴巴罗萨计划"却是迄今为止最让他感到兴奋的。"巴巴罗萨"在意大利语中是"红胡子"的意思，是希特勒偶像德国皇帝腓特烈一世的外号，他的一句话"生存与毁灭只有在战争中才能证实"备受希特勒推崇。

之所以用这一外号来命名此次计划，也是希特勒向日后指责其背信弃义的人表明的一种态度：一切皆以战争论成败，成者王败者寇，物竞天择。这也是其一直以来对侵略战争的正当性解释的口吻。1940年7月，巴巴罗萨计划完成，希特勒便迫不及待、如火如荼地开始实施，而这一计划内容是：分兵三路，迅速攻占包括列宁格勒和莫斯科在内的苏联欧洲部分，并用空军摧毁乌拉尔工业区，从而击败苏联。

★希特勒会见苏联外长莫洛托夫。“巴巴罗萨”计划实施前德国尽量消除苏联的警惕心理，以便发动突然袭击。

当时德国将英国军队驱逐出了法国，为了达到麻痹苏联人的目的，德国在外交上、经济上和军事上投放了多枚烟雾弹，对并不打算施行的对英“海狮计划”大造舆论，并且还像模像样地大量印发英国地图，给部队也配上了大量英文翻译，同时在英吉利海峡和加莱海峡沿岸集结大量的渡海和登陆工具，甚至在海岸上还配置了很多假火箭，派部队进行登陆演习。在外交上，一改以往消灭共产主义的口吻，停止了对苏联的攻击，转而将矛头直指英国。

与此同时，德军暗地里大规模调动，直至最后将多达320万人的军队调至苏德边界，并且多次派遣侦察飞机潜入苏联领空。斯大林也不是傻子，为了消除苏联的猜忌，希特勒又在外交上狠下工夫：放风将兵力东调解释为在进攻英国之前部队需要到东部休整。德国驻苏外交官主动会晤苏联官员，将大举向波兰增兵的行为解释为实际上是派遣年轻的士兵去完成部队人员的新老更迭。德国驻苏大使甚至在向芬兰大量增兵后，便即刻拜会苏联外长，解释德国将取道芬兰向挪威北部派遣增援部队，至于德军进入罗马尼亚则是派军事代表去帮助罗马尼亚训练部队。而实际上，希特勒正偷偷部署，准备从中心、南部和北部三个方向入侵苏联。

阴谋在迅速地进行着，一切都如希特勒所希望的那样，全世界包括苏联都认为德军正在为对英战争积极准备。希特勒兴奋地导演着这场最为得意的作品，暗自偷笑说：“当巴巴罗萨计划开始实施时，全世界将大惊失色！”虽然苏联人觉得有点不对劲，但是又由于自己有作为大国的信心，觉得那条约也是因为希特勒怕苏联的攻击而采取的权宜之计。

过分自信天真的斯大林完全坚信第三帝国不可能在条约签订不到两年的时间便背信毁约，甚至当谍战专家理查德·佐尔格在战争爆发前向斯大林透露准确的

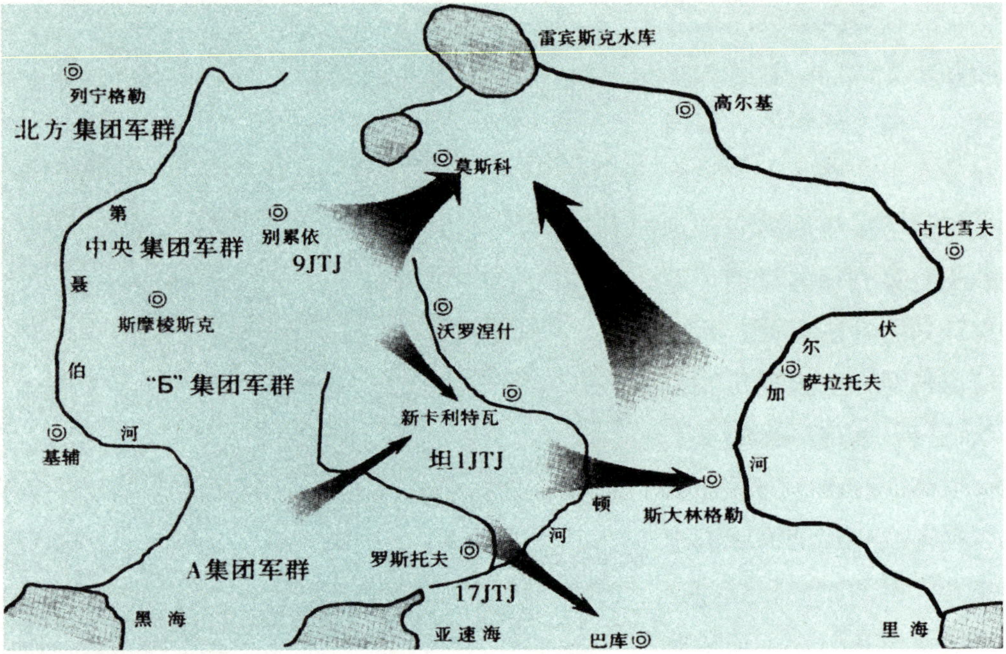

★德国入侵苏联示意图

进攻发起日期的情报时，也未能引起斯大林的足够重视。当1941年6月22日，德军的轰炸机犹如军事演习般驾轻就熟地飞入苏联领空，开始对苏联进行狂轰滥炸时，苏联人才如梦初醒。在苏联人还没有从惊愕中反应过来时，德军190个师加三个独立团，总共550多万人，47 000门火炮，4 500架飞机，4 500辆坦克，从北方、中央、南方三个方向对苏联发起了毫不留情的闪电式进攻。结果可想而知，苏联军队完全失去了方寸，慌乱应战，节节败退，德军甚至不费多大力气就接近了首都莫斯科，在苏联人还未能搞清楚是怎么回事时，德军已兵临城下。这下斯大林清醒了：德军确实是打进来了，而且马上就要占领首都莫斯科了！于是重整部队，积极迎战。

当然，苏联毕竟也是个具有超强实力的大国，结果这场战争远远没有希特勒想的那么轻松，一直持续到了冬天。12月的天气帮了苏联人一个大忙，西伯利亚如此寒冷的冬天所带来的异常困难，对本打算以2个月拿下苏联的德国人来说确实是始料未及的。莫斯科保卫战中，由于德军补给线过长，也从未在如此寒冷的环境中作过战。趁着德军冻得直发抖之际，苏联军队奋起保卫莫斯科，终于取得了首次胜利，漫长的苏德战线因此被迫稳定下来。双方都抓紧时间秣马厉兵，准备天气暖和后进行更大规模的战役。希特勒感慨：苏联的冬天真的是太冷了，还是等明年春暖花开再说吧。

危险升级：轰炸机在斯大林格勒上空盘旋

莫斯科的僵持状态让希特勒不得不另辟蹊径，日本在珍珠港的偷袭事件已经激怒了美国，美国迟早会加入战争。希特勒非常明白他不得不在美国有效投入战争前速战速决。在洞悉斯大林很可能因为莫斯科差点沦陷而惊魂未定时，他又开始故伎重演，部署起了以南方为重点的作战计划，特别制订了“蓝色行动”计划，对伏尔加河的重要运输航线和高加索地区丰富的石油开始了筹划，目标是攻往人口密集的农业心脏地带。因为希特勒知道，斯大林肯定会部署大量的军队防止莫斯科再次出现危急状况，毕竟德军在莫斯科附近还留有大量的军队。但如果再次攻击莫斯科，目标太过明显，对德军来说占不了什么便宜。

攻占莫斯科虽然说有助于提升军威，但目前看并不是一时半会儿便能拿下的。而德军入侵苏联的目的是什么？就是广阔的土地和丰富的资源，再加上随着战争的深入，战士和机器都需要物资和能源才能继续战斗，本国的补给线又太长，根本不能满足突击的需求，必须就地获得能源和物资。希特勒心里非常明白：如果不能取得迈科普及格罗兹尼的石油，我必须结束这场战争。于是希特勒将目光投向了苏联南方的农业心脏地带和能源油田地区。

希特勒对南方集团军进行了重编，取消原来的番号，改编为A、B集团军，分别向南面高加索地区的油田和西南面中心城市挺进。当时的德军已有了空军最先进的设备和最强的战斗力，希特勒自会将这个优势运用到底，于是在两个集团军群的战略布置上均设置了强有力的航空队进行空中支援。

在南方的重要城市中，斯大林格勒的战略地位尤为重要。它位于伏尔加河下游西南，是伏尔加河上的主要工业中心，同时又是一个联系里海与苏联北部的重要交通中心，德军攻占该城后将有效改善对北部的物资和货物运输；并对另外一支攻占油田的军队在左翼上起到保护的作用。另外，值得注意的是，斯大林格勒是以斯大林的名字命名的城市，攻下斯大林格勒能起到良好的政治宣传和提升士气的作用。

主意已定，希特勒随即将主力部队集中到了南部，而吃过亏的斯大林此时眼看着德军在南方部署，却吃不透他们究竟打的什么主意，最后判断德军这样的部署不过是障眼法，真正目的还是要进一步攻打莫斯科，而可悲的是这样的想法却又一次被希特勒看透。

1942年夏天，当斯大林格勒上空响起了德军飞机发动机轰隆隆的声音时，斯大林这才明白德国人在南方的进攻是动了真格的，并非佯攻之举。里希特霍芬男爵指挥的德国空军第四航空队对斯大林格勒进行了猛烈的轰炸，该航空队在那时已是世界上最强大的航空队。顷刻间，数以千吨炸弹倾泻城中，这个繁华的交通枢纽城市变成了一片废墟。大规模的空中轰炸还导致了火灾旋风，使大片废墟进一步变成了残垣断壁，在捷尔任斯基地区90%的住宅被破坏。

此时斯大林只能匆忙派出所有可用部队到伏尔加河东岸来支援，其中有一些远在西伯利亚，而前往斯大林格勒需要渡船。精锐的德国空军完全控制了空中的话语权，所有渡船很快被德军轰炸殆尽，支援部队只得靠最原始的办法利用拖船缓慢过河。苏联军队惨遭损失，大量平民惨死在废墟间，一时间斯大林格勒变成了人间炼狱，到处都是火焰和哀号。德军的飞机就像散播死亡信息的秃鹫，在斯大林格勒上空不停地盘旋。

在轰炸的庇护下，作为德军南方集团军的一支，右翼的B集团军也正逐步向斯大林格勒挺进。8月底，B集团军已经最终到达在斯大林格勒北面的伏尔加河，跟随着的是向河南面的另一拨进攻。9月1日，斯大林格勒的驻守苏军，在南北受敌的情况下，根本不能得到有效支援，苏军只能冒着被德军炮轰的危险横渡伏尔加河，对斯大林格勒城内守军进行增援及补给。斯大林格勒城危在旦夕！

蓝色行动：德军势如破竹

“蓝色行动”作为“巴巴罗萨计划”的延续，希特勒很清楚地知道，“巴巴罗萨计划”顺利实施，险些让苏联丢了莫斯科的事实，给斯大林造成的打击是毁灭性的，足以给斯大林留下心理阴影，从而对德军发起的任何攻击都会左右衡量，揣测这次攻击是否又是“醉翁之意不在酒”的佯攻。正因为参透了此点，希特勒便利用了这个心理阴影产生的影响，轻松实施了“蓝色行动”。结果正如希特勒所料想的那样，斯大林由于之前落下的多疑的毛病，未能对南方的进攻作出及时响应。

1942年6月28日，德军在西南平原上的战争如入无人之境，在苏联的土地上长驱直入，发起战争后一周就占领了刻赤半岛，俘虏苏军17万人，之后更是占领了整个克里米亚半岛。苏联军队在空旷的大草原上很难进行有效的抵抗，苏军向东后撤达300千米，数次重新组织防线的尝试因德军部队的侧击而均以失败告终。德军欢欢喜喜地把顿河及顿巴斯盆地最富饶的地区收入囊中。哈尔科夫战役中，德军更是扬眉吐气，而苏军则损失严重：被围苏军大部被歼灭，大量苏军将领阵亡，被俘25万人，并且损失了大量的坦克和火炮。德军越杀越猛，趁着胜利的好兆头，第六集团军不断逼近斯大林格勒。匈牙利第二军团及德国第四装甲军团实施了对沃罗涅日的进攻。到7月底，德军已压迫苏军渡过顿河，在这里顿河与伏尔加河之间的距离只有40公里，此时德军已远离其在顿河以西的主要供应基地。直到这个时候，斯大林仍然不确定德军是否真要从南面进攻，而死握着主力部队保卫莫斯科。

在西南平原上的战争顺利铺开、势如破竹的这个夏天，南面高加索地区的德军也打得得心应手，利斯特A集团军于7月9日发起进攻。其左翼克莱斯特第一装甲集团军从哈尔科夫南面向北顿涅茨河北岸进攻。鲁夫第十七集团军则从塔甘罗格北面向伏罗希洛夫格勒进攻。同时，匈牙利第二集团军和第四装甲集团军也对佛罗尼斯发动了突袭，并在7月5日攻陷该城，A集团军眼看着攻入了高加索地区。8月9日，克莱斯特第一装甲集团军占领了迈科普油田。

8月22日，克莱斯特的士兵在海拔18 526英尺的厄尔布鲁士山峰升起了第三帝国的万字旗。8月25日，克莱斯特部又攻占了莫兹多克，距苏联最大产油中心只有50英里，距里海也只有100英里。最后由于缺乏燃油，丧失了冲击力，虽

★德军逼近斯大林格勒

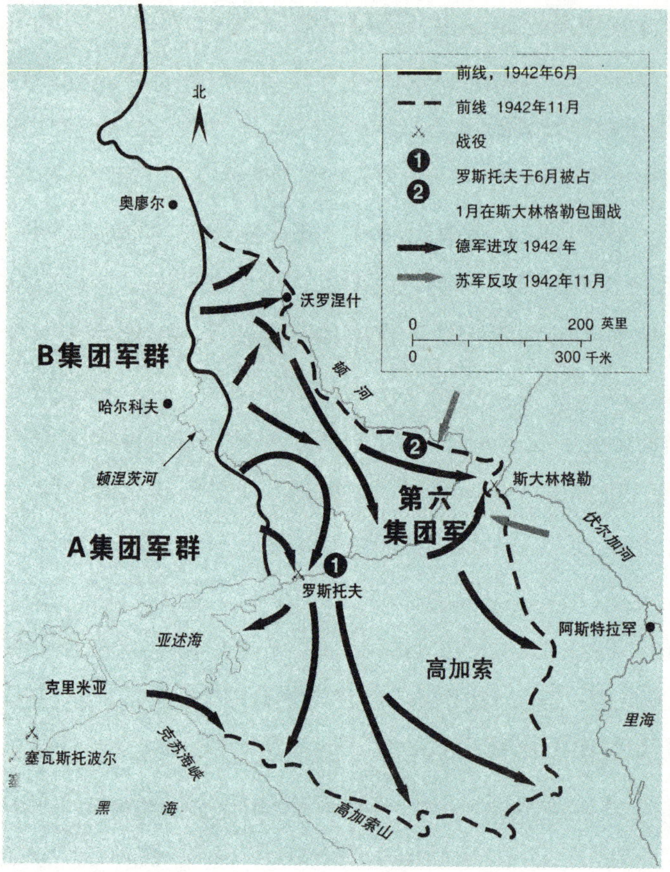

★斯大林格勒战役示意图

然竭尽全力，也无法再前进一步。然而有时候，太过顺利未必是一件好事，“蓝色行动”完美实施而带来的战争胜利成果，以及第六集团军在进攻斯大林格勒时的初期战果让希特勒开始翘尾巴了，本来没有打算真攻打斯大林格勒的，但照现在的情形看来，貌似之前太过谨慎。希特勒大胆地想象着攻陷了以斯大林命名的城市后，斯大林在莫斯科气得跳脚的样子。

此时，在西南面霍特第四装甲集团军的前锋按照原计划已攻入沃罗涅日。但希特勒突然改变了计划，决定不占领该城，他命令霍特在获得第二集团军的接替后，迅速转向南面沿顿河向斯大林格勒前进。而B集团军群司令包克却未能明白希特勒的心思，坚持占领沃罗涅日，以期彻底歼灭该地域内的苏布良斯克方面军主力。这使得希特勒勃然大怒，一挥手便摘了包克的乌纱帽，交由第二集团军司令继续实施攻占斯大林格勒的计划。在一系列空中轰炸之后，第六集团军在战役初期的良好表现令希特勒觉得攻下斯大林格勒不过是时间问题。

希特勒想：亏我还那么担心攻不下来斯大林格勒，这个城市根本就不堪一击，攻陷这里根本不需要如此多的兵力。于是希特勒又命令第四装甲军团转入南面的A集团军，而实际上攻打斯大林格勒的军队只剩下了保卢斯的第六集团军（辖有6个军，含2个装甲军，计14个师约27万人，近500辆坦克，3 000门火炮和迫击炮，由第四航空队1 200架作战飞机进行支援）。

在转移时，却发生了令人意想不到的事情，第四装甲军团与第六集团军因同时使用该地区少数的道路，造成交通堵塞。无奈之下，两个军团均只能停止前进以尝试疏导数以千计的车辆。看到前进进度因为这种事情停滞了一个礼拜以上，希特勒只得又改变想法，命令第四装甲军团重新展开对斯大林格勒的进攻。这样一来一回，为苏军争取了一定的备战时间。

孤城落日：城内的激烈巷战

对于苏军来说，城市南方受着德国第六集团军由南向北的突进，伏尔加河上的来自东岸的供给由于德军空中轰炸变得相当缓慢。空中的补给更因为德军剽悍的空军而根本无法进行。大部分的主力红军留在莫斯科大本营，虽然北面支援部队正在南移，然而始终鞭长莫及，想必在援军到达前，斯大林格勒城早已沦陷。所幸的是，1941年的工业搬迁使得日后苏联可以生产更多的飞机。然而在当时，斯大林格勒守军的战斗变得相当艰难。

苏联红军也试图组织大规模反攻，最终也因德国空军对炮兵据点及防线实施狂扫式的轰炸，被轻易击退。苏军意识到，如果不解决德军的空中炮火，任何进攻和防守都会瞬间被瓦解。分析德军的军事部署是基于协同作战及坦克、步兵、工兵、火炮及攻击机互相配合作战，在这种情况下，苏军指挥官崔可夫采用了前线部队尽可能与德军近距离作战的战术，从而迫使德军选择：要么各自为战，要么就面对被友军误伤的危险。与此同时，苏军防线放在了许多有监察功能并具有重要战略意义的街道和广场建筑物里，这种战略令苏军可尽量长时间地在所有地段坚守。因此他们把多层楼宇、工厂、仓库、街角住宅及办公楼转变为布满机枪、反坦克步枪、迫击炮、地雷、铁丝网、狙击手，同时将5~10名冲锋枪枪手和掷弹兵作为一小组，准备组织逐屋战斗。

★斯大林格勒城内的激烈巷战

这一战术果然削弱了德军的空中炮火支援和地面的炮兵火力，在德国地面部队入城时，轰炸过的满眼废墟却在此时阻挠了坦克的前进。对于步兵，

★硝烟中的斯大林格勒

苏联人则已布下了逐屋战斗阵势严阵以待。在这种情况下，习惯了机动作战的德国人不得不选择投入艰苦而快速的战斗，包括通过炸毁的居民区、办公区、地下室和公寓高楼大厦艰难前进。

每一个废墟、街道、工厂、住宅、地下室甚至楼梯间都成了战场，防线的部署甚至细化到很小的范围，德军称这种看不见的城镇战为老鼠战，他们知道即便是攻占了厨房，但仍要继续争夺客厅。敌人近在咫尺，有时候通过被炸开的屋顶就能看到敌军在楼房的下一层，有时候敌人就在墙对面。双方利用破损的墙洞和转角进行射击，在喘息间隙甚至能很清晰地听到彼此的呼吸声。

一边是早已有必死信念的苏联士兵，一边是刚脱离了战机和炮火掩护的德国士兵，短兵相接勇者胜的道理在这次战争中充分体现。苏联第六十二和第六十四军团包括苏军第十三亲卫狙击师在民居及工厂中坚守，在废墟般的城市中进行激烈而绝望的战斗。

德国军队遭遇了前所未有的激烈巷战，一个有战略意义的据点往往几经易手。例如城市最高点的马马耶夫岗及一号火车站就曾在6个小时内14次被苏德双方交替占领，苏军负责这个据点的第十三亲卫狙击师表现出了异常的勇猛，其士兵超过30%在战斗的头24个小时便阵亡，最后全师1 000人只有320人生还。

希特勒的快速攻下斯大林格勒的愿望并没有实现，相反被苏军激烈的巷战拖入了长期战争的泥淖。但此时，无论对于希特勒还是斯大林，在双方均付出了相当沉重的牺牲的情况下，斯大林格勒已经变成了威望的象征，占领斯大林格勒已经超出了其实际的战略意义。双方主将都异常紧张，保卢斯盯战场盯得青筋直暴，最终导致失明，而崔可夫则整个手紧张地生满湿疹。希特勒眼看着冬天又要来临，为粉碎苏军的最后抵抗，便不管是不是炸到自己人，气急败坏地指挥德国空军第四航空队的斯图卡俯冲轰炸机，在10月5日飞行700架次再次对苏军展开轰炸，苏军的大量步兵团在这次轰炸中被消灭。在经过为期三个月的缓慢而昂贵的推进后，德军终于如愿攻占了90%的市区，并将残存的苏军切成两半。此时由于伏尔加河上结冰，阻止了拖船对守军的补给。然而就是在这样的情况下，巷战仍然激烈如昔，一些平民更是不断自告奋勇地加入战斗的队伍。

苏军反攻：著名的铁钳攻势

转眼间，冬季就要来临，西伯利亚冷空气和顽强抵抗的红军暂时阻挡了德国军队的攻击。而此前被斯大林召回莫斯科的“救火队长”最高副统帅朱可夫正以大本营代表的身份，带领北方的军队前往斯大林格勒进行救援。这位指挥官在不久前的诺门罕战役中，就以他善用的“铁钳攻势”取得了完胜。这也是为什么斯大林在大清洗中唯独保留了他的原因。朱可夫此次亲自挂帅，深入前线分析德军的阵形，以求能找到反攻的突破口，救斯大林格勒于水深火热中。而在反攻的指挥架构中，苏联形成了斯大林——朱可夫——前线指挥官三级结构。

如果说希特勒的进攻风格犹如一把利剑，集中最主要的兵力，以迅雷不及掩耳之势取得战争的胜利，那么朱可夫的防御风格就像一只巨蟹的利钳，它可以迫使敌方拉长战线、两面作战，避实就虚，从而巧妙地避免利剑攻势带来的阻力和损害，并且在敌方薄弱的两侧进行突破，最终形成包围圈。

★指挥斯大林格勒战役的朱可夫元帅

凭着在诺门罕战役中吸取的经验，朱可夫先是亲自潜入前线，利用两支部队从德军的侧面打探了军队的实力，他惊喜地发

★奋勇抗击侵略者的苏联战士

现希特勒用于进攻斯大林格勒的主力军和用于防守的部队的组成是不同的，前者是骁勇的德国军，而后者则是缺乏训练、装备和士气也勉勉强强的轴心国军，尤其是德军北翼的防守军队，均是意大利、罗马尼亚和匈牙利军。这一发现，使得反攻有了突破点，即攻击过度延伸的德军侧翼，突破德军的防线，最终将深入斯大林格勒的德军反包围在城内。

为了顺利实施钳式进攻，朱可夫布置了三支军队，分别是西南方面军、顿河方面军、斯大林格勒方面军。从西南、南部以及北部三个方向突破德军的防线，包抄斯大林格勒里的德军。防守北面的罗马尼亚第三军团率先发现了苏军的动向，便立刻向希特勒要求增援，然而希特勒眼看就能拿下斯大林格勒，怎会放弃这一气呵成的机会，而抽调兵力去帮助罗马尼亚人。

况且希特勒现在不知不觉已经钻进了牛角尖，认为攻占斯大林格勒是这场战争的唯一追求，至于战略战术，都一边儿去吧。罗马尼亚人的增援要求随即被拒绝，防线薄弱、兵员短缺及装备低劣的罗马尼亚人根本不是苏联人的对手，北方防线顷刻瓦解。

而在南方，苏军则几乎不费吹灰之力就将仅由步兵组成的罗马尼亚第四军团击得溃不成军。两方面的攻势形成了一个钳形，逐步向西推进，于两天后在卡拉齐附近会师，在斯大林格勒附近围成了一个“铁钳”，将德军包围。

木星行动：德军第六集团军覆灭

其实，倘若这个时候，希特勒放弃斯大林格勒而选择建立新战线，可能最后第六集团军不至于全军覆没。苏军方面为防止德军突围和获得救援，立即组成两条防卫线：一条外对垒线面向里面，以阻止所有突围的尝试，另一条内对垒线，以防止任何救援行动。

希特勒却认准了攻城，并且认为只要攻下城来就有时间回头去救援侧面的防线。于是他在9月的公开演说中表示没有任何力量可以将德军从这个城市赶走。当然也并非没有头脑清醒的人，在苏军完成包围后，德军高层就曾建议立即向顿河以西突围来建立新的战线，陆军总参谋长蔡茨勒力劝希特勒下令保卢斯撤出斯大林格勒，然而德军麾下也不乏奉承之人，眼见主子心意已定，如果再逆主子的意思，必将得不到好的下场，之前第四军团的指挥官的例子就血淋淋地摆在那里。空军司令戈林元帅在被耶顺内克这么一通劝说后，觉得有道理，就向希特勒保证说，他可以保证空军有能力通过“空中桥梁”，为第六集团军空中补给。空投补给的计划也曾经在一年前规模较小的德米扬斯克包围战中获得成功。

然而那时需要的补给和现在的补给任务又是天壤之别了。当时不过是一个团，并没有达到第六集团军这般规模，况且第六集团军乃是当时全世界规模最大的，单位级别比一般的德国军团大两倍。同时，让德国人始料未及的是，由于二战其他方向盟军的进攻，德国的空军不得不派出兵力去支援其他战场。显然可以用于斯大林格勒战役的空军，远不能符合预想的数量要求。

★被苏军包围的第六集团军

希特勒杀红了眼，他下令被围的第六集团军无论在任何情况下，都不许投降。但空中走廊的支援补给计划很快就破产了，恶劣的天气、技术上的失败、苏军高射炮的强大火力和战斗机的拦截导致德军损失488架飞

★斯大林格勒城下饥寒交迫的德军

★保卢斯向苏军投降

机。剩下的飞机根本未能达到每天117吨供应量的基本要求。

实际投放的物资仅仅只是预计的10%，甚至很多时候投放的物资比如夏季军服根本没有任何用处。安全降落的运输飞机被用来从包围圈撤离技术专家和生病或受伤的士兵。在缺乏补给的状况下，第六集团军慢慢饿死，以至于到后来飞行员发现士兵居然饥饿到没有力气卸下补给品。这次的空投带来了巨大的损失，三分之一苏德战场上的空军被消灭，曾经叱咤风云的第四航空队也被迫解散。

随着时间的推进，苏联战场的温度下降至零下45摄氏度，本来由于伏尔加河道上的薄冰而暂停的供给倒因为冰层不断增厚，变得比以往更加容易了。苏联集中了在斯大林格勒周围的部队，并开始了激烈的战斗，同时进一步缩小包围圈。当然，朱可夫不会忘记南方集团军还有一支在高加索地区。

于是在对斯大林格勒的包围取得重大胜利的同时，苏军在高加索地区发起了二次包围进攻，被称为“木星行动”，该行动是尝试突破轴心国在顿河的防线及攻占罗斯托夫，虽然最后苏军未曾接近罗斯托夫，但战事却迫使德军从高加索撤出A集团军，并且将新战线往后退了250公里，同时这次突击行动亦导致德国空军损失了数量可观的运输机。

在斯大林格勒城内被围困的第六集团军彻底丧失了援军，被围的德军迅速地消耗了取暖燃料和医疗用品，数千士兵因冻伤、营养不良和疾病而死去。最终在1943年2月1日，第六集团军的司令官保卢斯投降。1943年2月2日，被围困在斯大林格勒城北的第十一军残部也宣布投降。

战典回响

德国军队不再是战神

曾经以协同作战及坦克、步兵、工兵、火炮及攻击机互相配合作战的方式，让德军在欧洲的大陆上所向披靡，无人能阻。自从第二次世界大战开始以来，德军以惯用的心理战术、精锐的装备和善战骁勇的战士，处于世界顶级军队的地位，创造了一个不败的神话。在斯大林格勒战役前，德军在希特勒的战略下已经取得了一连串原本被认为不可能取得的辉煌胜利。在那段时间里，希特勒率领德军轻易地赢得了莱茵河、奥地利、捷克的苏德台地区，接着又攻下波兰、丹麦和挪威，每场战役几乎都顺畅无阻。接着他又迅速经由马奇诺防线北方的卢森堡进攻法国，以包围战术歼灭了大规模的同盟国部队，并继续向南进攻直到瑞士边界。北边遭受包围的同盟国部队最后经由敦刻尔克撤离，英军被逐出法国。

然而，这样的德军却在斯大林格勒战役中遭到了前所未有的失败，这虽不是德军遭受的第一次打击，但是这次失败无论在规模还是在战略意义上，都是其他战役不可比拟的。在此次战役中苏联发动的全民皆兵战术，让德意志人最终溃败在苏联的钢铁意志之下。德国军队在人们心中播下的如魔咒般的恐惧也被瓦解。人们终于意识到，德军也并非战无不胜，战神的神话就此破灭。

二战出现拐点

斯大林格勒战役是第二次世界大战中甚至人类战争史上最为惨烈的战役之一。虽然苏军付出了沉重的代价，但也几乎消灭了德军第六集团军全部和部分第四装甲集团军，21个德国师的番号被从序列表中消去，另有大量直属部队被消灭。

斯大林格勒战役后，德军完全丧失了苏德战场的战略主动权，正如德国陆军总参谋长蔡茨勒所说的：“我们在斯大林格勒损失25万官兵，那就等于打断了我们在整个东线的脊梁骨。”苏德战场上的这场胜利成了第二次世界大战的战略转折点，此次战役标志着同盟国正式对轴心国开始战略反击，也标志着轴心国妄想吞并欧洲大陆的计划落空，为日后反法西斯战争的胜利打下坚实的基础。

★沙场点兵★

人物：朱可夫

格奥尔吉·康斯坦丁诺维奇·朱可夫，苏联陆军将领，因其在苏德战争中的卓越功勋，被认为是第二次世界大战中最优秀的将领之一，也因此成为仅有的四次荣膺苏联英雄荣誉称号的两人之一。他被本国人尊称为“苏沃洛夫式”的民族英雄。

有骑兵背景的朱可夫在一战时就曾因作战勇敢两次获得圣乔治十字勋章，并被提升为军士。由于他在作战中详细的作战计划和对纪律的严格要求，一直具有较高威望。

1939年5月诺门罕战役的胜利让其备受斯大林的赏识，从而逃过了1939年的大清洗。在斯大林格勒告急时，朱可夫被斯大林派往援救，他随后运用铁钳攻势，击溃了敌人，并打破了德军战神的神话，取得了决定性的胜利。

虽然朱可夫有着显赫战功，但由于个性耿直，伴随着苏联的政治斗争，一生的经历也相当坎坷。先是战后斯大林觉得朱可夫居功自傲，就借故将他派到远离莫斯科的敖德萨军区任司令员，后来又贬到战略位置更加次要的乌拉尔军区任司令员。

1953年朱可夫被召回莫斯科，并参与逮捕贝利亚的行动，因此成为国防部第一副部长。1957年在赫鲁晓夫与莫洛托夫、布尔加宁等人的政治斗争中，朱可夫支持赫鲁晓夫，并进行了有力的发言指责莫洛托夫等人参与斯大林的清洗运动，从而巩固了赫鲁晓夫的位置。虽然站对了“队伍”，但又让赫鲁晓夫感觉到威胁，随即解除了他的国防部长职务。直至赫鲁晓夫下台，朱可夫才重新被提起。1974年朱可夫去世。

武器：全民皆兵

在德军侵入斯大林格勒时，德军的装备和武器是全世界最先进的。然而在入城后却发现原来世界上还有一种比枪炮更为凶猛的武器，那就是全民皆兵。由于斯大林格勒的军队和平民都不得从城里撤出。所以战争一打响，就奠定了这场战役悲壮、惨烈的主基调。斯大林格勒城的所有居民，男女老少无论主动还是被迫，都加入了战斗。军工生产的工人临时变成了坦克驾驶员，姑娘们加入了炮兵团，年轻的孩子们则加入了预备军。

主要由年轻的姑娘组建的第一〇七七高射炮兵团负责起了最初的防御任务，这些女性志愿者均没有受过射击地面目标的训练，却要瞬间变成操作高射炮的高手，担负起攻击德国坦克的任务。

德军第十六装甲师曾与第一〇七七团的高射炮女士兵交战。军工厂的工人们同时加班加点生产坦克，但却没有足够的士兵驾驶，再加上时间紧迫，最终都是由工厂中的工人民兵驾驶，他们在那时成了苏军依赖的战斗生力军，组建成了装甲部队。

在保卫战的末期，城市的90%均已被德军占领，然而在红色十月钢铁厂、捷尔任斯基拖拉机厂及巴里卡迪兵工厂的民兵们仍然进行顽强抵抗，当苏军防守这些工厂时，工厂工人在接近战场的地方甚至在有时战场中修理坦克及武器，这些平民也自告奋勇地驾驶坦克，以取代阵亡和受伤的士兵，虽然他们没有接受过战斗训练。德军往往在战斗结束后，发现与自己顽强作战的敌人竟是女性或者仅十几岁大的孩子。

战术：钢铁意志

在斯大林格勒战役中，为了破解德国的空军和炮兵的轰炸，苏军的指挥官采取了紧抱德军的紧贴战术，这种战术的必要条件是战士们的钢铁意志。在这场战役中，苏联军队体现出坚毅与视死如归的精神，最终拖住了德军北上的步伐，取得了这场战役的胜利。

在整座城笼罩死亡的阴影，谁都不知道自己何时会死去的情况下，苏联士兵异常英勇。据后来统计，一名新到作战的苏联士兵平均生存时间已少于24小时，而一名苏军军官不多于3天。

在战争深入阶段，一个排的苏军在巴甫洛夫的指挥下把一座可俯瞰市中心一个广场的大厦变成坚不可摧的堡垒，这座堡垒后来被称为巴甫洛夫大楼。当士兵被地雷区围绕，他们在窗口立起机关枪，把地下室之间的墙壁打通以建立更好的联系，他们在战斗中一直没有被换防，而随后两个月都没有得到增援。在该战役后，苏联人骄傲地说，为试图攻占巴甫洛夫大楼而阵亡的德军人数比攻占巴黎时的阵亡人数还多。在大谷物仓库战斗中，长时间激烈战斗后，德军发现实际上仅有40名苏军与之作战时，感到难以置信，而这些士兵在牺牲前已将仓库里的粮食焚烧殆尽。

为了纪念斯大林格勒战役中可歌可泣的英雄，这座城市在1945年被命名为“英雄城”。巴甫洛夫大楼和大谷物仓库等见证了激烈战斗的场所，至今仍接待后人参观。

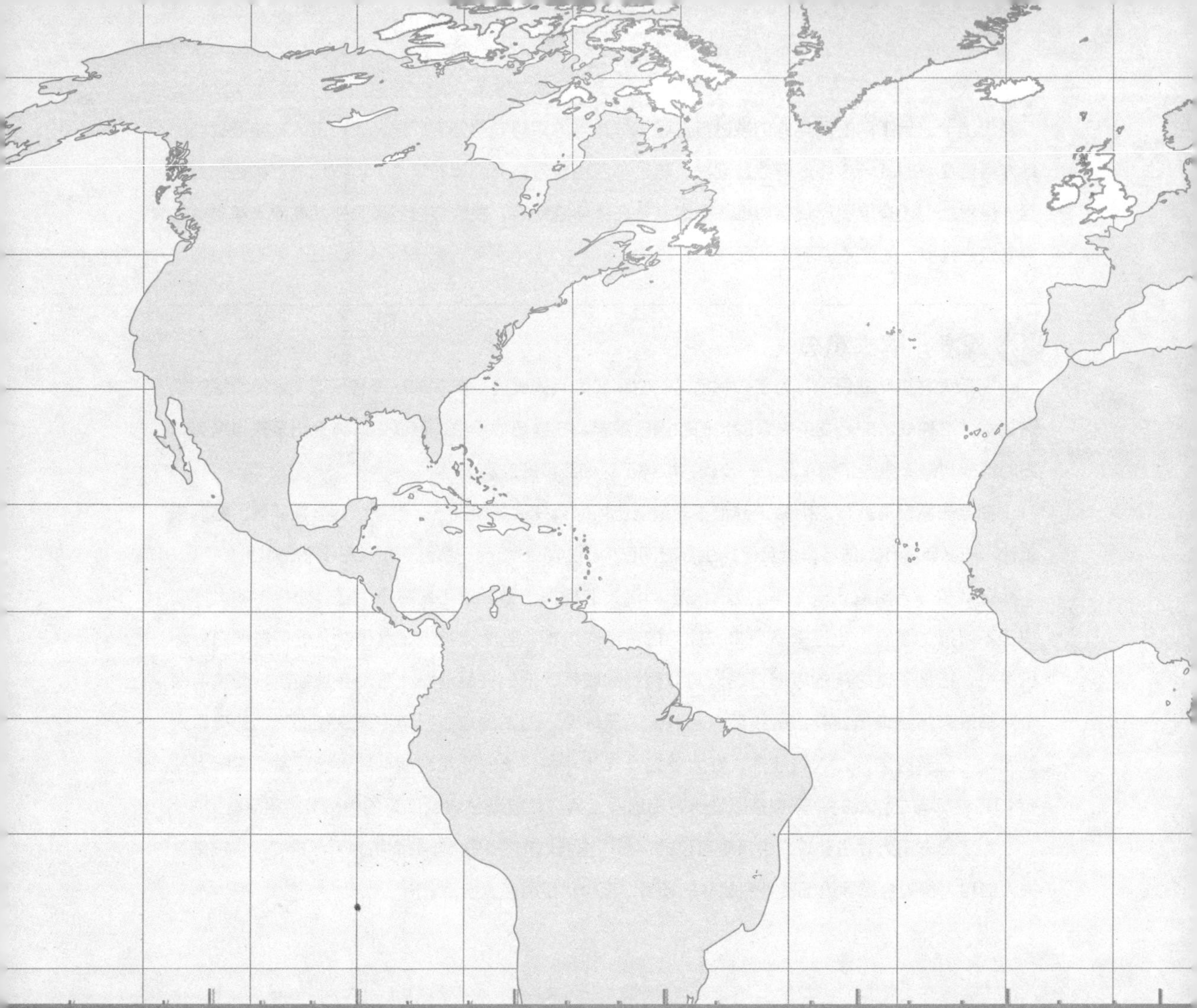

战典

THE CLASSIC WARS

毕其功于一役

THE CLASSIC WARS

决战

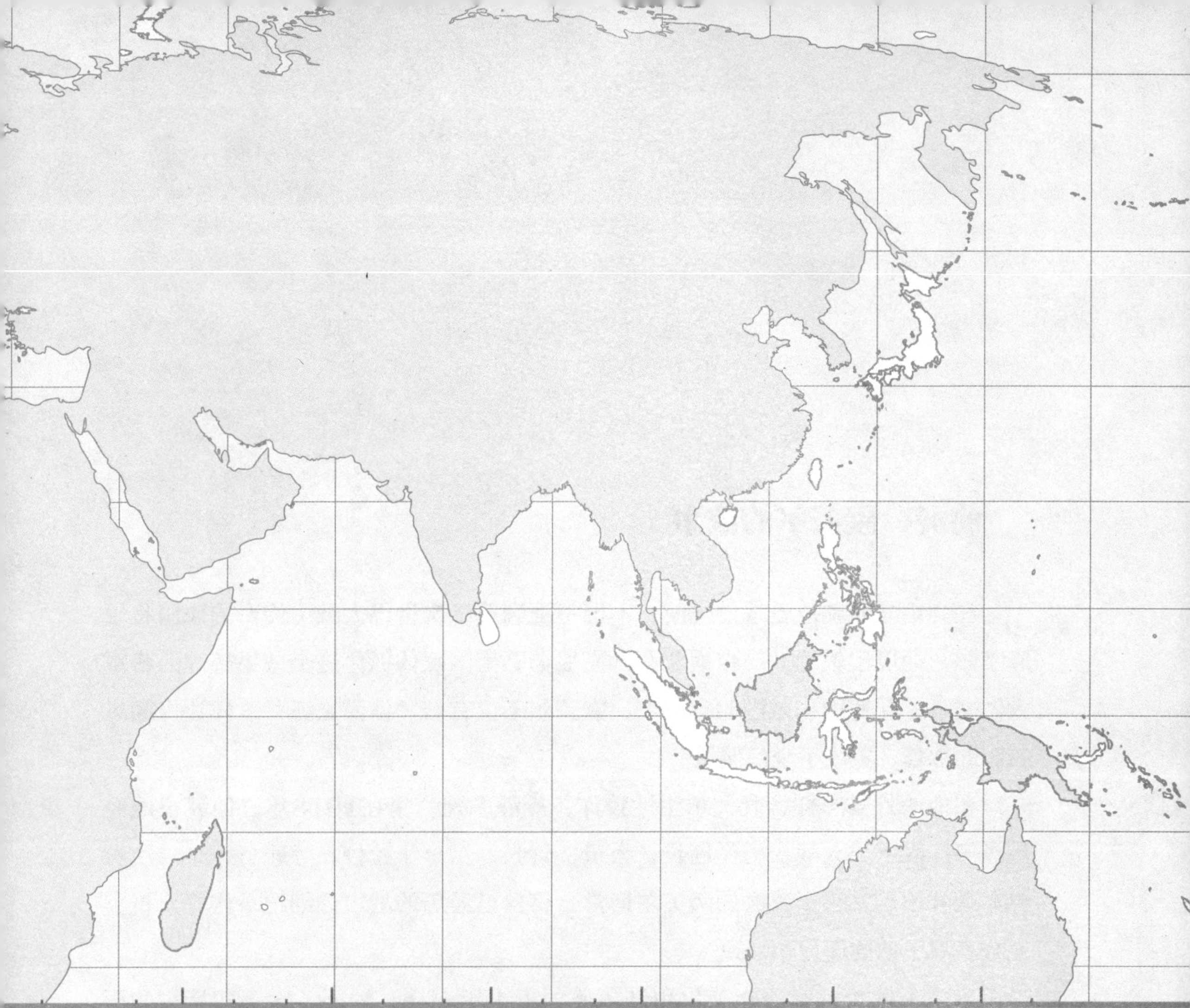

第十一章

阿拉曼战役

——北非战场的片尾曲

▲ 1942 年在二战的历史上被称为“转折的一年”，在这一年，苏军在东线由防御转为反攻。而在遥远的北非战场，英军在德国名将“沙漠之狐”隆美尔的攻势面前屡遭败绩，名不见经传的蒙哥马利临危受命，担负起了指挥北非战场的重任。在北非广袤的沙漠中，一场事关两位名将的搏杀在阿拉曼展开，曾经一路高歌猛进的隆美尔遭遇了他的“滑铁卢”，而蒙哥马利一战成名。

前奏：隆美尔的故事

在介绍北非阿拉曼战役之前，不得不提到第二次世界大战中传奇的德国将领隆美尔。他以出色的战绩纵横北非沙漠战场，德国媒体抓住这个成果辉煌的将军大做文章，在德国和盟国的宣传下，隆美尔不仅有着“沙漠之狐”这样让人闻风丧胆的称号，更成了全民偶像。

和他的外号一样，隆美尔生性狡诈，冷静多疑，早在1918年，他就已经经历过第一次世界大战，历任连长、教员、营长、军事学校校长等职务，第二次世界大战开始后，善于琢磨的隆美尔通常会将自己经历的战役详细记录作好分析，充分表现了他的理智和细致。

出生于校长家庭的隆美尔和许多德国青少年一样，经历了读书和从军的历程。在一战中他因为自己犀利的作风取得了成绩。但是真正发掘出这块璞玉的却是希特勒，隆美尔写的《步兵进攻》一书眼光独到，颇具参考价值，引起了希特勒的兴趣。从此隆美尔被拨调到希特勒身边，展现他过人锋芒的机会到了。

希特勒经过长期观察发现，隆美尔虽然有点专横跋扈，但是确实才华非凡，忠心耿耿，以身作则，总是勇敢地冲在第一线，是士兵们的标杆。这些特质使得隆美尔成为希特勒最为看中的将领之一。第二次世界大战一开始，深受希特勒器重的隆美尔不负重望，接连取得了瞩目的成绩。在战场上隆美尔亲眼目睹了坦克装甲集群的强大威力，震撼之余他当即提出希望指挥一个装甲师继续自己的征程。被认为是山地部队将领的隆美尔说出这样的计划让统帅部相当惊讶，但是深信隆美尔能力的希特勒毫不犹豫地答应了他。

就这样隆美尔的故事开始披上传奇的色彩。分配给隆美尔的第七装甲师实力并不强大，装备陈旧落后，甚至算不上正牌坦克部队。但是隆美尔毫不气馁，一接手就狠吃深挖，将坦克作战原理摸得熟透，有效利用自己仅有的资源，制定了一套有第七装甲师特色的训练方式。当时他自己就能提出迂回穿插、深入装甲部队进攻的战术，这是许多精于坦克作战的老手都深为敬佩的。

★年轻时的隆美尔

1940年5月，德军西线进攻全面开始，势不可当的德军在短短时间内就将荷兰、卢森堡等地收入囊中，直奔法国而去。之前被认为是弱旅的第七装甲师在隆美尔的率领下焕然一新，一路猛攻，就像一阵黑色旋风，法国人甚至称这支部队为“魔鬼之师”。第七装甲师的表现简直让人想不到当初它是多么孱弱。在突破马斯河攻击瑟堡的战役中，第七装甲师惊人地独当一面，尽管反击猛烈，但是隆美尔纹丝不动，指挥部队强渡成功。

传奇还在延续，在和法国作战的过程中，英军前来为法国助阵，更是带来了一样前所未见的利器——马蒂尔达坦克。这种堡垒式设计的坚固坦克完全占据了战场的主导地位，德国反坦克炮大肆开火也不能奈何它。连骁勇一时的第七装甲师也束手无策，就在隆美尔的辉煌即将陨灭之时，这位足智多谋的将领想到了88mm高射炮，这种此后名震天下的高射炮成了英国新式坦克的克星，隆美尔终于有惊无险地赢得了这场胜利。

这次战斗规模不大，但是对名将隆美尔的影响却不可小觑，在日后的北非战争中，88mm高射炮将在他手中发扬光大，立下赫赫战功。

1941年2月，希特勒重赏隆美尔，并且任命他为“德国非洲军”军长，交给他一个艰巨的任务，那就是深入北非腹地，支援深陷战局的意大利军队。被戏称为战无不败的意大利军队当时已经接近崩溃，而北非对于德国的战略意义却并不重大，但是隆美尔看到了这个战场对英国人的重要性。所以这场北非之战隆美尔要做的不仅是挽救自己的盟军，更要打败随时开来的英军支援部队。

一溃千里：英军在利比亚的溃败

意大利的困局完全是由自身实力过于弱小造成的。这次战役始于1940年12月，英军仅仅出动两个师的兵力发动一次攻击，目的只是为了试探意大利军队实力。谁知意军竟如此不堪一击，英军的步兵在海军、空军掩护之下迅猛地击溃了意军主力。胜利来得如此容易，英军决定立刻趁势扩大战果。新式坦克马蒂尔达带领坦克兵往利比亚境内开去，一路收拾着意军的残兵败将，意大利第十集团军来不及逃跑就全部一命呜呼，更有三四万战俘被英军控制住。1941年1月3日，逃亡的部分意军简直就是在为敌人指路，一直把英军带到了巴尔迪亚城，顺理成章地，不是被杀就是被俘。

英军在北非战场一时可谓是畅通无阻，哪儿有意军就往哪儿打，反正窝囊的意大利军队只有乖乖被俘的命。有个小例子可以看出意大利军队是多么无能，英军仅仅凭着三十多辆巡逻坦克和三千散兵，就截住了意大利逃兵的退路。一百多辆雄壮的意军坦克简直就像是摆着看的，丝毫没有对英军造成有效伤害，于是加上这次的战俘，十三万意军都被关进了英国人的俘虏帐篷。军事重地昔兰尼加不费吹灰之力就成了英军的占领地，征服意大利在北非的领土指日可待。

只是英军没想到德国开始插手，而且派来的是隆美尔。隆美尔一到达北非前线，立刻发动飞行侦察，把双方局势看个透彻，并且制订了“以进攻代替防御”的计划。尽管希特勒反复要求他必须固守阵线，但是自信满满的隆美尔还是率领着他的心腹装甲师一头扎进了暴烈的沙漠飓风中，英军措手不及，被隆美尔的部队打得支离破碎。英军一时无法组织起有效反抗，便先撤退再说。德军之所以能

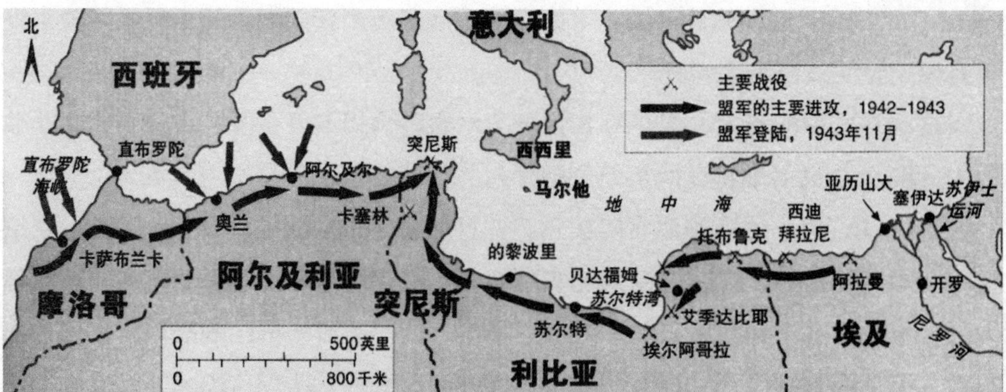

★北非战争示意图

够旗开得胜，一方面是因为突击的效果，一方面也是英军自乱阵脚。按照当时的情况，尽管德国坦克一向被认为是战场上最先进的怪兽，但是隆美尔的装备前文也提到过，只不过是淘汰下来的残次品，装甲板极薄不说，坦克炮的射程更是极为有限。跟英军新研制的高大坚固的马蒂尔达对抗只有被轰的份儿。再加上英国人又调来了十字军坦克和薛尔曼式坦克，这样的阵容对付德国精装备军都绰绰有余，何况隆美尔寒酸的部队？这就是隆美尔88mm高射炮大显身手的时候，他安排反坦克手在坦克前方挖好掩体，背着高射炮躲在坦克前面，从敌人那边根本看不出这样有威力的炮弹是不是从坦克上发射的。

★用88mm高射炮打坦克，只有隆美尔会这么干。

英军被高射炮一轰炸完全晕了头，他们不明白看起来不怎么样的坦克怎么会配备射击角度如此刁钻的炮弹。为了更好地吓唬英军，隆美尔更是用木头赶制了一批假坦克，装在汽车底盘上，旁边配上扬风机。那阵势，远远一看就是千军万马，锐不可当，英军哪里还会仔细辨别，先逃命要紧。

实打实说，英军指挥官也不是简单人物，他们的高层比如说奥金莱克等指挥官战术运用也是独有一套，并不比隆美尔差多少。这次的毛病是出在英军保守的前线将领身上，他们心眼儿没那么灵活，隆美尔一使诈他们就深信不疑，也不多想就放弃了这个战场。

德军一路穷追猛打，将其逼到亚历山大和苏伊士脚下。这个时候隆美尔手下的德军包括闻风而来紧紧跟随的意军，已经真正深入到了埃及，眼看就要碰到英军至关重要的苏伊士运河补给线。

英军一路狂奔，指挥官发现补给线已经拉得太长，接下来不被德国人打死也会自己饿死。所以当即决定在阿拉曼稍事休息，等待盟军过来增援时顺便送补给。

而此时德军也确实没有多少物资和人力了，同样远离了自己补给线的德军士气低迷，连隆美尔本人也因操劳过度生起了重病。

到目前为止，隆美尔擅长的机械化部队迂回穿插战术大获成功，他在这片战场上取得的胜利是空前的，这样耀目的辉煌恐怕就是他军事舞台的顶峰。因为，英雄要想一直继续下去，光凭自己的力量是不可能的。

顾此失彼：希特勒深陷欧洲困局

如果隆美尔手上有足够的兵力，那么完全不用这么着急跟盟军决战，但是为了跟盟军援军进行赛跑，他不得不赌上一把。希特勒一直以来的态度都是坚决支持隆美尔。

但是当时占据希特勒头脑的已经不是北非那飞扬的沙土，而是苏德战场的死伤狼藉，斯大林格勒战役中德军损失惨重，已经相当吃紧，在这种情况下法西斯不得不缩减对非洲军队的支援，到1942年的秋季，德军不仅没有援军，连军备也消耗殆尽，整日征战却看不到希望，单凭隆美尔孤军之力，再神勇也会精疲力竭。

所以当时英国首相丘吉尔看到了这是北非战场一个转守为攻的大好机会。阿拉曼距地中海舰队只有70英里，保护着埃及腹地，如果这里失守，英军恐怕就要告别北非这片土地了。但是如果趁着德军粮食、弹药、人力全部衰竭的时候进攻，说不定就可以一举把其驱逐出去。英军此刻已经差不多摸清隆美尔的真正实力，因为缺乏支援，包括意大利军在内也不足8万人。

德意军队目前取用的是缴获的盟军给养。隆美尔焦急万分，反复求援却所获甚微，他目前唯一热切盼望的就是德军能够迅速解决斯大林格勒的苏军，然后整体南移压迫中东地区，使得盟军援手不得不进行回防。隆美尔一边焚心等待，一边加紧保护自己，他们在阵地前面布设了超过50多万颗的地雷，主要用来进行反坦克作战。

奔赴前线：“沙漠之鼠”空降北非

应该是本次战役另一个主角出场的时候了。1942年8月，英国首相丘吉尔召来有着“沙漠之鼠”之称的蒙哥马利，当场任命他为第八集团军司令，带领雄壮之师前往北非。两个月的调整之后，英国第八集团军下辖第三十军、第十三军、第十军共三个军，总共8个步兵师，4个机动独立旅和3个装甲师。军备方面也堪称豪华，2 000多门火炮伴随600辆坦克以及千余辆战机，算得上是后顾无忧。

而这个时候的隆美尔低血压病更加严重，已经到了稍微活动就会头晕眼花的地步，希特勒紧急将他接回国进行治疗，派遣德国坦克专家施登姆临时接手指挥权。失去了精神力量的德军战斗力大大减弱，原本就精疲力竭的士兵现在更是摇摇晃晃，毫无士气。原本近8万人的士兵阵容因为生病或者负伤锐减1万，军中所备的500多辆坦克有一大半是残次品，而他们即将面对的是准备充足的名将蒙哥马利，有23万精壮士兵的蒙哥马利，坦克增加到1 440辆的盟军部队。他们面对着的是高新尖的武器和休息良好的士兵。唯一还在支撑着德军的就是他们的法西斯信念。

早在9月，蒙哥马利就跟自己的参谋部针对北非战局制订了名为“轻步”的进攻计划。计划的具体内容包括从德意军队两翼包抄，助攻北面士兵，将这边作为主战场。而利斯将军所率领的第三十军将会作为排头兵，第一个发起进攻，通过雷阵，将德军防线扯开一道口子，随后第十装甲军通过这个缺口深入，和德国装甲部队正面对抗。霍罗科思将军手下的第十三军则起着掩护、伪装的作用，在德军南边进行进攻，佯装南面是英军主攻方向，迷惑德意两军。

隆美尔会使用欺骗战术，蒙哥马利也毫不逊色，在这份分为三个阶段、共12天进行的计划中，他也处心积虑地试图混乱德意军的判断。

第一阶段中，四个步兵师出发，摧毁轴心国的第一层防线。由工兵出面清除地雷，开辟安全通道。尽管通道可能异常狭小，但是盟国装甲师还是会从这边进入德军阵地。在这里欺骗的手段就非常重要，为了使德意军毫无察觉，英军不仅制造了多处假的进攻地点，更加扰乱进攻时间。比如往北部倾倒垃圾然后用军篷覆盖，表现得像是弹药库之类的设施，以期德意军早日发现。轴心国军队确实是发现了，但是一时不敢轻举妄动。过了一段时间，这些醒目的弹药库和粮仓看起来丝毫没有变化，更加让轴心国相信这只是英军的诡计。而好戏才刚刚上演，第八集团军开始趁夜色实施“狸猫换太子”，将伪装物一点点替换为真正的粮仓油罐弹药库。

★北非战场上的蒙哥马利将军

计划的核心就是要让德意军相信主攻方向为南面，于是英军南北的军车坦克都纷纷戴上面具，坦克用胶合板伪装成运输车，而真正的运输车则打扮成了坦克。

1942年10月23日的晚上，一轮明月高悬夜空，伴随着震耳欲聋炮声的是英军的团团火焰，千余门大炮同时轰向德意部队的阵地。持续五小时的猛攻使得德军阵地一片狼藉，成百吨炮弹不停呼啸落在德军阵地。这次轰炸时间之长，就连炮手的耳朵因都受不了而溢出鲜血。

蒙哥马利的计划之所以称为“轻步”计划，是因为前锋都由步兵担任。隆美尔临走之前布下的几万枚地雷大多针对坦克，对人形成的伤害却不大，所以当步兵踏上土地时，因为不够重所以不会引发爆炸。工兵紧随其后，不停挖地雷，开辟了一条刚刚能让坦克通过的道路。

但是事情并没有英军想象的那么顺利，德意所布设的反坦克雷不仅威力大而且分布广，想要清理出一条安全道路实在是太难了。

这时候英军第十三军的南部佯攻也按计划开始了，德国第二十一装甲师和意军装甲师就是他们攻击的目标。

战斗没有如预期那样迅速推进，相反因为排雷困难，领头坦克停滞不前，后方坦克又源源不断，除了扬起一层层尘土外并没有多大推进。

出奇制胜：“捷足”反攻

从23日深夜到24日早晨，德军指挥部都是一片混乱。猛烈的炮火已经切断了他们所有的通信，而更让人意想不到的是刚刚接替隆美尔的施登姆因为急火攻心，心脏病发突然身亡，德国不得不狼狈地再调来冯托马将军接这个烫手的山芋。

英军依旧在不紧不慢地挖地雷，第一片雷场大致清理完毕，但是谁也不能保证百分之百安全，谁知道还有没有深藏的炸弹呢？

既然地面走不通，那就先从空中开始吧！英军派遣千余架次飞机继续攻击轴心国军队，总之就是不能让德意军队歇着，不间断的轰炸总会起到它该有的作用。

冯托马将军沉不住气，当即下令进行反击，太阳刚刚出来，德军装甲部队就冲着英军第五十一师扑去。但是战况并没有多么激烈，甚至陷入一种小打小闹的胶着状态，到了下午四点，太阳都快下山了，双方都没什么进展。

天快黑的时候，澳大利亚装甲部队从一侧山脊开来，德军立刻派出自己的装甲部队以及意大利特瑞奥装甲师上前迎战。总算是开始了一场正规的坦克战，双方都是100辆左右的规模，你打来我打去，最后打了个平手，都毁了一半坦克。

★战场上的隆美尔

英军这样的推进速度比蜗牛也好不了多少，一点点吞噬着德军，却始终取得不了大的突破。隆美尔的雷阵确实竖起了一道艰难的障碍，双方的战斗这样进行了两天，同盟军总算在雷场挖出一条羊肠小道，计划进行一场突袭。同盟军现在已经到达德军东南部的米特里亚山脊，德意军已经提前挖好了战壕，隐藏不发，愣是跟同盟军僵持着。

★战场上的蒙哥马利

蒙哥马利觉得时机已到，南部的佯攻可以暂告一段落，现在是要动真格地攻打北面了。

但是这个时候，“沙漠之狐”回来了。同样的精明老练，同样的诡诈毒辣，使得隆美尔一眼就看穿蒙哥马利的企图。北面即将告急！旧病未愈的隆美尔此时还发现比起以前，德意军队的形势更加恶化了。口粮只剩一半，士兵大半生病，油料储备也撑不了三天。

只有反击，才能绝处逢生！隆美尔在两天之内调整兵力部署，把坦克集群全部放在北边，这下子双方军队都把坦克开往了北翼，形成了硬碰硬之势。28日下午，英军扰人的飞机再度出动，蒙哥马利下令一定要在隆美尔组织反突击之前，把他手上所有的坦克干掉！

密集的火力确实压制住了隆美尔蓄势待发的攻势，但只是暂时的。而这边英军也好不到哪去，缓慢的进展使得蒙哥马利干脆下令暂停进攻，先休息补充一番再说。

对德军来说又一个噩耗传来，他们一直在等待的油船被英国皇家空军用鱼雷炸个粉碎，宝贵的燃料都流入了海中。

轴心国军队和同盟国军队在沙漠中依旧顽强地对峙着。空气因为炎热形成了透明扭曲的气流。士兵们浑身是泥沙和汗水，伤员血肉模糊的伤口围满了苍蝇。空地上残留了大量损坏的枪炮、车辆、坦克，有一些还在熊熊燃烧着。

这场战役进行到现在，一整天都是用迫击炮和榴弹炮互相攻击。大约是因为情势太过难熬，英军坦克甚至不慎冲着友军开了火。许多莫名其妙的澳大利亚士兵就这样死在了自己盟友的手里。

隆美尔知道拖下去对自己只会越来越不利，同盟国物资充足，耗多久都没问题，而德意军已经断粮缺油，连基本生活都快要支撑不下去了。油轮被毁的消息传到他耳中的时候，这位面有菜色的将领一声叹息，对自己的手下说："现在哪怕是我们想回去都不行了——我们没有足够的燃料回去。"

既然如此，那就只能继续血战到底，在阿拉曼奋斗到最后一刻！隆美尔不断发动反突击，双方不停地短线交战，火花四溅。隆美尔虽然护住了脚下的土地，但是也损耗了更多本来就要衰竭的资源，隆美尔望着士兵们，他曾经一手培训出来的装甲七师，决不能就这样白白等死！

隆美尔反复向希特勒请求下达撤退命令，哪怕不能到达德国本土，退到一个稍微安全的地方，补充给养也是当务之急，但是希特勒也反复拒绝了他："将军，为了德意志的荣耀，死战到底！"

战局扭转：德军的溃败

到了10月30日的晚上，双方还在继续交战，澳大利亚军队不停地挑战德军防线，英国开始实行增压计划。

11月2日，英军又加派援军来到前线，第一装甲师连通两支步兵旅和第九装甲旅从德军的两师结合处进行突破，捅开了一个口子。此时德军第十五师和第二十一装甲师拼死一搏，进行顽强抵抗，但是英军的空中打击太过厉害，德军在空中领域一片空白，这两个师成了地面移动的活靶子。大部分坦克爆炸，士兵基本被歼灭。隆美尔下令撤退，他令装甲部队断后，步兵师紧急后撤。第二天，隆美尔再次向希特勒提出希望他下达撤退的命令，希特勒冷冰冰的口吻丝毫没有改变。隆美尔无奈之下只能暂停撤退，此刻英军已经从撕开的口子揪出意大利军全部消灭，眼看就要杀向德军。隆美尔不顾此刻燃料短缺，也已经完全不管希特勒的命令，冒着违犯军法的危险，趁蒙哥马利还没有发觉之际，艰难地逃脱了。

战典回响

“沙漠之狐”传说成为过去

由希特勒一手捧起，德国传媒、轴心国宣传方极力打造的传奇将军隆美尔，在阿拉曼战役前后遭遇了人生的大起大落。1940年以弱旅之师深入北非，挽救意大利于危难之中，一口气将英国逼出利比亚，这是隆美尔荣誉的顶峰。天才，勇敢，出奇制胜，种种美誉落在这只“沙漠之狐”身上。但是自从阿拉曼一战之后，蒙哥马利利用强大的空军和坦克力量打败了同样以坦克战术为傲的隆美尔，可以说这不仅说明了隆美尔战术的失败，也宣告了一个神话的破灭。

北非这场战役打击了隆美尔长期以来的自信，此后状态日益下滑，仅仅在希特勒的倚重下征战英法。在阿拉曼一役中，可以看出隆美尔坚持的以坦克步兵为主力的策略并没有起到多大作用，也因为他的顽固坚持，才使得德军在空中领域吃尽大亏，最终一败涂地。当然，这次战役的失败更多的是来自支援的不到位，人力和物资的奇缺，隆美尔一贯以少胜多的神力这次失去了作用，但是他冲锋陷阵、勇往直前的精神却饱受赞扬，连他的对手都深深钦佩。

北非战场走向尾声

阿拉曼战役作为英军开拓北非以来第一次重大的胜利，使得北非战局出现了戏剧性的转折，情势向着有利于盟军的方向发展。盟军通过这一役一举掌握了主动权，德意军队伤亡惨重，连同军备等损毁物资都大大伤了轴心国的元气。北非的局面逐渐由盟军一手掌控，战场开始向苏联那边倾斜。美中不足的是英军虽然实施突击，但是突破速度缓慢，未能有效大力压制德军，德军溃逃时也未能抓住时机一举歼灭，为法西斯军队留下了喘息的空间。

★沙场点兵★

人物：蒙哥马利

蒙哥马利于1887年出生于伦敦的一个普通牧师家庭，从小顽劣的蒙哥马利除了体育优秀，其他成绩十分糟糕。进入英国皇家军官学校以后，他好勇求胜的性格使他找到了适合的职业，那就是当一名军人。

在第一次世界大战期间，蒙哥马利身负重伤，在休养期间大量接触军事理论，进行各方面的学习，1938年，因为镇压巴勒斯坦人武装暴动有功，蒙哥马利被升为少将。

第二次世界大战中，蒙哥马利率领远征军第三师在敦刻尔克一战中表现优异，受到了丘吉尔的青睐，一路升为军长与司令官。

1942年的7月，英军在素有“沙漠之狐”之称的德军将领隆美尔的攻击下，面临崩溃。蒙哥马利临危受命，空降至北非沙漠，在阿拉曼对德军进行反击，将德国军队驱逐出境，由此蒙哥马利威名大振，被称为“沙漠之狐”的克星——“沙漠之鼠”。

自阿拉曼战役之后，蒙哥马利获得了爵士头衔，升为陆军上将，继续征战沙场。

武器：高射炮

高射炮是一种用于地面防空的火炮，具有火力强、射速快的特点，主要作用是在战斗中保护己方重要目标免遭对手飞机的攻击。但是在第二次世界大战中，德军将领隆美尔创造性地使用88mm高射炮攻击英军坦克，取得不俗战绩。隆美尔首次用88mm高射炮攻击坦克是在敦刻尔克战役中，当时德军的37mm反坦克炮面对英军的重型坦克无能为力，隆美尔命令一个高射炮连的88mm高射炮压低炮口对准英军开火，一次齐射便击毁9辆坦克。此后隆美尔在北非战场，屡屡运用手中的88mm高射炮，对英军装甲部队造成了沉重的打击。德军的88mm高射炮所发射的炮弹可以在2 000米的距离外把英军的重型坦克轻松击穿，这一度成为英军在北非的噩梦。

战术：以人为本的战略

阿拉曼一役中，除却双方统帅智力的较量，军备的较量，更残酷的较量来自士兵之间。隆美尔之所以往往以少胜多，全凭手下一支精兵，战争说到底还是人与人之间的。所以北非战争早期隆美尔能够一路高歌猛进，跟他着重训练士兵、培养士兵素质是分不开的。在阿拉曼战役后期，因为人手不足，补给短缺，士兵体力和战斗力直线下滑，这也成为隆美尔失败的原因之一。

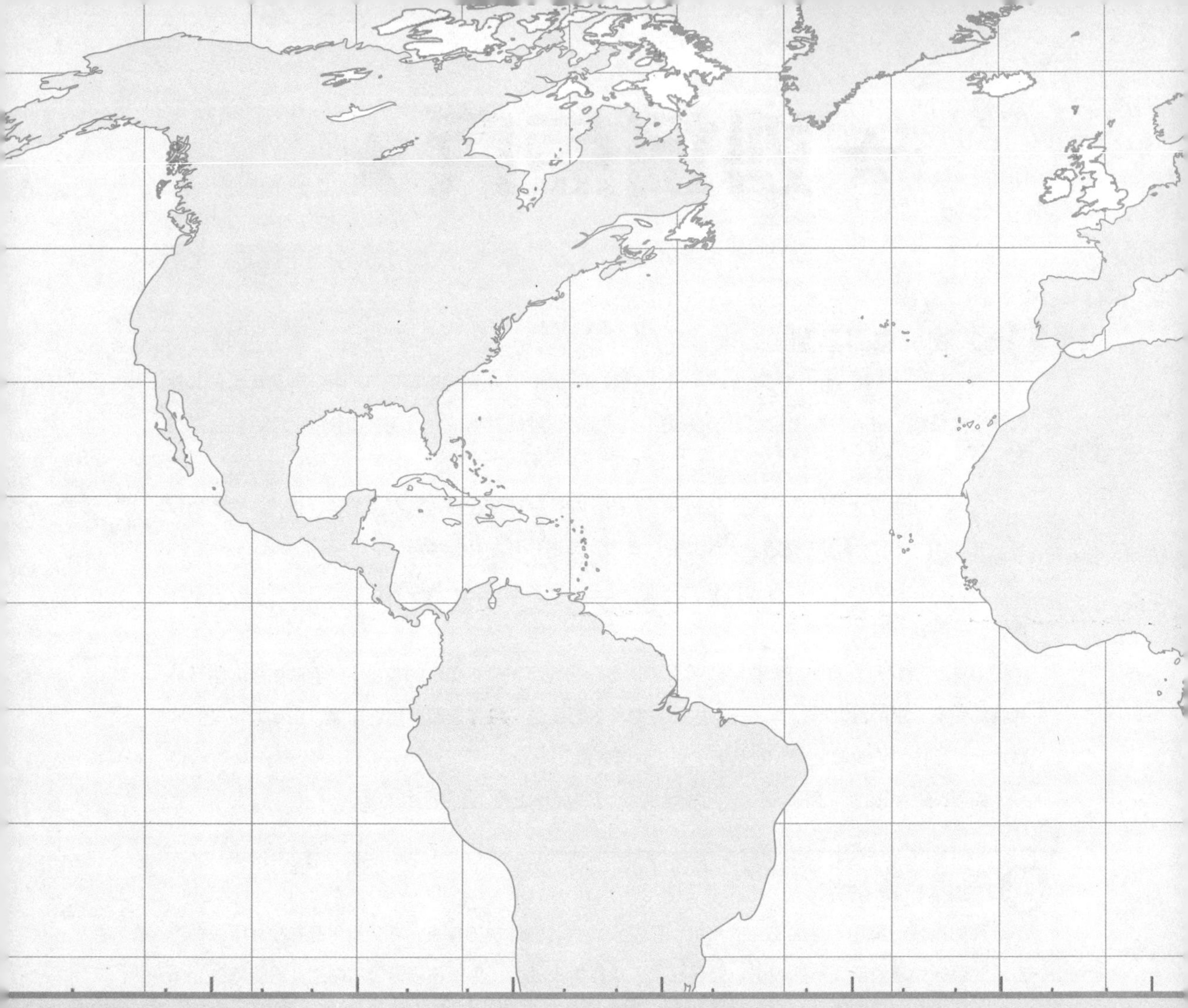

毕其功于一役

THE CLASSIC WARS

决战

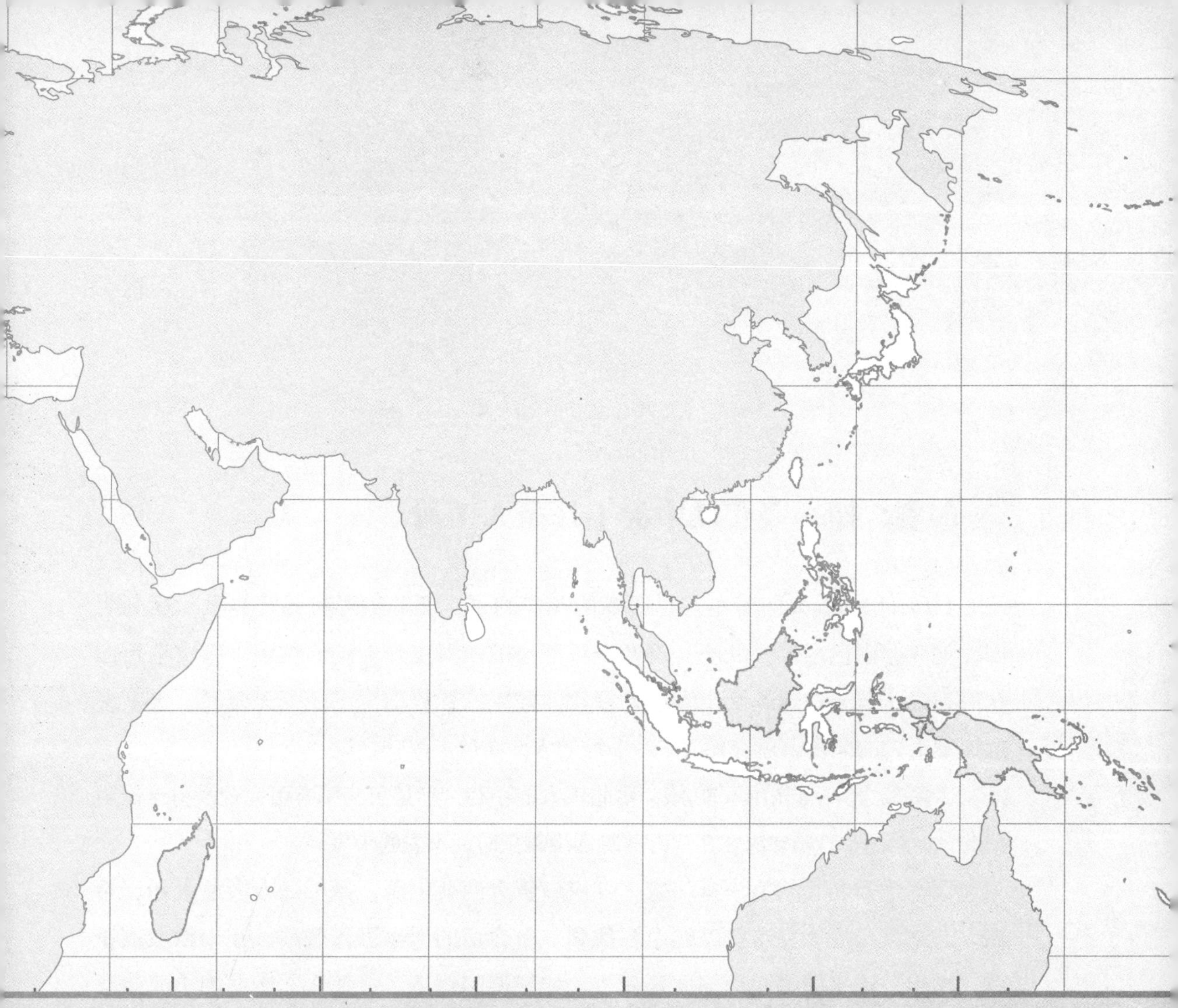

第十二章

西西里岛登陆战

——意大利退出二战之役

▲第二次世界大战进入 1943 年，盟军已经在北非战场取得了胜利，为了进一步取得战争主动权，盟军决定向纳粹德国的同盟意大利所属的西西里岛进军。占领西西里岛意味着盟军将在地中海上取得最重要的战略据点，使盟军地中海运输线得以畅通无阻，并对本来就不太稳固的意大利墨索里尼政权造成致命的威胁。在盟军两大名将巴顿和蒙哥马利的指挥下，一场经典的登陆战开始了。

前奏：盟军要在地中海上开条人工河

1943年的春天随着布谷鸟明媚的叫声到来，北非的局势云开雾散，逐渐明朗，纳粹德国已经摇摇欲坠，就像一只浑身被咬得皮开肉绽的豺狼，露出垂死挣扎的目光。蓝天白云的地中海波光璀璨，盟军的优势地位已经毫无疑问，接下来应该怎么做的问题，就交给了1月举行的卡萨布兰卡首脑会议。

卡萨布兰卡，酒馆中的姑娘，幽暗迷人的小巷，但是英美军方可完全没有这份闲情逸致，两国军方领导决定在双方首脑还没碰头时，事先通个气。

英军认为北非战争一旦结束，就应该直奔西西里岛，撒丁岛或者意大利、希腊，总之就是应该在这些岛屿中寻找到一个合适的滩涂进行登陆，在南欧披荆斩棘，踏出一块平地好跟德国展开死拼，如果德国倒下了，那么它孱弱的小兄弟意大利只能退出这场大人的战争，别忘记了，那边还有生猛刚烈的土耳其人，趁这个机会把他们也拉入法西斯的阵营岂不正好？英军没有明说的一点就是，这样还能借助美国的力量，顺理成章地恢复英国对东南欧的一贯影响。虽然美国在老谋深算的英国面前只是毛头小伙，但是它胜在血气方刚，当场就表明了自己强烈反对的态度："应该集中力量！好好打一仗！去法国北方！去开辟我们的第二战场！"

★卡萨布兰卡会议四巨头

美军反对南欧作战自然有其理由，一旦那边开打，登陆法国北部就会被拖后了，那么苏军就会面临着无比巨大的压力，一不小心，苏军也撑不住了！而且美国也有自己的顾虑，盟军主力如果就此进入英国所说的那地方，对美国来说有什么好处？

东南欧除了跟英国的利益关系错综复杂以外，跟美国没有任何关系！如果就此糊里糊涂地被英国连哄带骗地蹚了这浑水，那不就是太天真了吗？这可不成！

英国人匪夷所思地望着坚决否定的美国军官一眼，心中泛起了嘀咕。

英军总参谋长布鲁克干咳了一声：“你以为德国是什么东西？德国是猛兽！瘦死的骆驼比马大！去攻打法国北部？你信不信德国都不需要从苏德战场抽调人手，一口气就能给你摆出四十四个师来！盟军有对抗的军力吗？盟军有足够的登陆舰艇吗？你们啊，太年轻！幼稚！”

总参谋长说得很有道理，从第一次世界大战开始的加里波利到不久前的迪尔普登陆战，两次血淋淋的教训都告诉人们登陆战的艰巨性，现在盟军根本没有作好足够的准备。

但是没有准备就这样白白等待、无所事事吗？“当然不，现在最好的方案，根据盟军人数有限这一情况，实行有限的作战方式，打一枪换一个地方！分散、牵制、削弱德军！这样就相当于在帮苏联人的忙了，如果真的那么想登陆法国北部，到时说也不迟！”

美国军官听到此处连连点头，双方总算是想到了一起。接下来会议桌上就铺上了一大张地图，两国军官的目光一致地望向了地中海。

★意大利西西里岛示意图

这是同盟军现在的大本营，不仅人数众多，甚至从天上到水下，制空权、制海权都被盟军捏在手里。在地中海就像在自家的客厅一样，想在哪儿登陆直接开过去就是。

双方以玩赏的眼光打量着这块他们手里的璞玉，地中海连着希腊和法国南部，相当于轴心国最为敏感而脆弱的一根神经，而还需顾虑的意大利则因为被阻挡在阿尔卑斯山脉以外，想过来都要先爬山后涉水，通过狭窄的谷道，两周顶多运送一个师的兵力。

但是对中欧和西欧来说，交通却非常便利，完全能在相同时间内集结七倍以上的兵力！所以在地中海地区登陆显然要比在法国北部登陆合算得多。

既然如此，地中海的哪个岛屿最适合作为战场呢？美国人还在犹豫，英国人已经微笑：地中海最大的岛屿，意大利的属地，三角形的广阔之地，拥有400万人口的富饶之地。除了西西里岛，还有别的更合适的地方吗？遍布岛屿的山地丘陵铺开了长300千米、宽200千米的绵延土地，在高处时刻喷出残灰的是埃德纳火山，多么显而易见的易守难攻！

这么循循善诱下去，又回到了英国原先提出的计划，美国稍微回嘴了几句，也很快心悦诚服，于是英美联合商讨的西西里战役计划就此在达尔贝达会议中提出，两国首脑当即决定在突尼斯战役后立刻实施西西里岛战役计划。

计划出笼：盟军的代号叫“爱斯基摩人”

二月份春寒尚未散尽，盟军达成一致后迅速在阿尔及尔组成了秘密的特别参谋部，根据西西里岛登陆计划开始进行更详细的预谋。但是他们面临着一个客观上的问题，盟军战斗机因为战斗半径较小，只能铺盖锡拉库扎以及特拉帕尼南部的地区，如果想顺利推进，只能把军队登陆的地点安排在这个范围以内。那么现在登陆军的落脚地就只剩下巴萨罗角与卡斯特尔韦特拉这片地区。

按说即使条件比较苛刻，使得作战相对困难，但是如果登上这块地方，然后夺取附近机场，那么一旦战斗机飞到，立刻向墨西拿开火，岛上的德军和意大利军队就是瓮中之鳖，只有乖乖挨枪子儿的份儿。但是问题又出现了，西西里岛和意大利靠得太近，盟军登陆之后意大利肯定会火速增援，盟军刚站稳脚跟，德意军队的力量就会大大增强，这简直就是自取灭亡。

问题接踵而至，连地中海的最高总司令艾森豪威尔都大为头疼，甚至准备放弃该登陆计划。但是这时候希特勒干了件让盟军将领高兴的事，他将地中海轴心国的主力军队都调到突尼斯，结果被杀个片甲不留，这下子西西里岛就孤立无援，法西斯再也没有力量去支撑它了。

这样一来，总司令艾森豪威尔就完全没有了顾忌，3月13日，他连同海陆空三军司令一起批准了西西里岛登陆战的初步计划。正要全盘实施的时候，阿拉曼的第八集团军司令蒙哥马利却提出了强烈的反对意见。虽然盟军在他的带领下扑灭了轴心国在突尼斯的顽强抵抗，但是轴心国表现出来的凶狠坚韧却让他心有余悸，谨慎的蒙哥马利认为就凭他手下的力量，想要一下子夺取计划中的港口与机场是不可能的，要他配合也可以，但是美国必须起码抽调一个师的军力来辅助，这样自己的集团军在侧翼就有了掩护。

蒙哥马利的顾虑也并非完全没有道理，可是当时美军第七军团还需要攻占巴勒莫，根本就是分身乏术。英美参谋长权衡利弊，不同意蒙哥马利的请求，于是就僵持不下。一直拖到5月13日，参谋部禁不住蒙哥马利的坚持，拨了一个师的美军前来助阵。

这样一争执，时间就飞速流逝，预定战役发起的时间是7月，仅仅剩下两个月的时间来集结训练，而且初步的作战方案还没有完善，参谋人员必须夜以继日地进行补充和修改。

7月10日，预计是个月满光华的日子，在这样的夜晚潮汐大涨，而空降兵在明亮的月光下也方便登陆，所以盟军参谋部就此定下方案，就在这天晚上进行抢滩。

这个在满月之日进行的作战计划，代号为“爱斯基摩人”。

这场战役的总指挥就是地中海最高司令艾森豪威尔，海陆空三军司令依次是英国陆军上将亚历山大，英国海军上将坎宁安，英国空军元帅特德，整个计划谋略的心脏设在了马耳他。

盟国雄心勃勃、蓄势待发的计划德意两军当然也有所感觉，一场大战即将逼近，德意两军迅速在滩涂布防，作好一切抗登陆准备。

但是虽然知道盟国有这个进攻计划，具体是在哪片陆地，究竟什么时候开战，他们完全不知，只能东布一片兵，西布一片艇，在这种情况下，意大利海军稀里糊涂地因为空中掩护短缺，所以严禁舰队靠近盟军战机半径范围，以期避开空中交战，谁知这样一来就把西西里岛的防御完全留给了为数不多的陆军和空军。

肉馅计划：一具尸体引发的情报战

在实施登陆以前，盟军还耍了一个小花招，为了更进一步地麻痹敌人，他们进行了一项代号叫做“肉馅”的计划。

1943年6月，阴沉的西班牙海岸浮起了一具男性尸体，打捞上来后发现他像是一名盟军的参谋官，身上还携带着大量文件。德国特务情报组织展开一看，顿时大吃一惊，居然有蒙巴顿写给艾森豪威尔的信，信中侃侃而谈英国和美国如何合作作战。而下一封则更加有分量，是由英国陆军副参谋长亲笔写给亚历山大的，详细说明了盟军进攻撒丁岛和希腊的意向。作为经验丰富的德国情报组织人员，他们对这些文件的真实性自然产生了怀疑。但是包内余下的物品还有情书、女友照片、催款信、存折和发票等，信件中的细节和私人物品使得情报机关人员倾向于相信这具尸体信息的真实性。

他们咬钩了。这一切的一切都是盟军精心设下的局。在4月17日，盟军利用一具因肺水肿死亡的男性尸体，伪造了“马丁少校”这个人，根据详细的剧本安排了他的生平，连父母和女友等相关人物都一一设定好。虚拟人物的面貌无懈可击。德军情报组织自以为截获了一个特大消息，还聪明地将其还原，留待旁人发现，表现得完全不知情的样子。

躲在暗处的盟军指挥部不禁偷笑，他们在隐蔽处监视到这一切后，迅速报告给了英国情报机关。因为整个行动极其秘密，只有少部分人知道，所以连英国驻西班牙大使都蒙在鼓里，当他听说在西班牙海滩发现英军尸体以后，就按程序进行交涉，要求归还所有物件和尸体。

★纳粹德国元帅凯塞林，他是唯一一位看出盟军西西里岛登陆战略意图的人。

德国情报机关丝毫不敢声张，继续盯着尸体运回国内后事态的发展。“马丁少校”归国以后，隆重的葬礼开始了，信件中的女友也出现了，父母悲恸欲绝的样子也被德国情报机关人员尽收眼底，盟军“肉馅”计划部的精心表演终于成功欺骗了这帮老奸巨猾的特务，他们彻底信服了盟军攻打希腊和撒丁岛的真实性。

希特勒一接到这个情报，立刻判断盟军即将在这两个地方有所行动，于是就让德军主力迅速往撒丁岛与希腊方向赶去，德军中只有一个人认为希特勒错了，这个人就是德军南线的总司令凯塞林，他坚持认为西西里岛才是盟军真正觊觎的地方，只要稍具军事常识就会明白目前的形势，目前盟军已经肃清了北非的所有轴心国，下一个目标毫无疑问就是地中海战区的西西里岛。而目前西西里岛布防不足，一旦盟军登陆作战，显然不堪一击。盟军所谓攻打希腊和撒丁岛的说法虽然煞有其事，但是在战略欺骗中使出各种花招都是正常的。所以他率领着格林装甲师和另一支第十五装甲步兵与德军主力背向而行，奔向西西里岛，这样一来西西里岛的防御力量算是大大增强了。到了6月底的时候，屯聚在西西里岛的德意军已经有了近30万，意大利将军古佐尼统率着9个意大利师和赶赴来的2个德国装甲师。

航母出动：隐藏登陆地点的暗战

正当希特勒大军抽离，凯塞林大力补充的时候，盟军对西西里岛的登陆计划正式开始了。一轮轰炸充当了猛烈的前奏。群鹰似的4000架飞机飞到西西里岛上空，岛上分布的机场和军备设施被炸得千疮百孔。刚到7月，西西里岛甚至意大利的南部都被盟军空军占据，德意空军微弱的力量被驱赶到了意大利中部。

7月5号，北非奥兰等六个港口同时开出舰队，盟军攻击的路线从这里出发，大批兵力被不断运送到马耳他岛。两艘巨大的“无敌”和“无畏”号航空母舰保驾护航。同时盟军还让航母时不时地往希腊方向移动一下，德意军拿捏不定，根本敲不准盟军这股大军是要去哪。

7月9日，马耳他岛集结了大量盟军舰队。当时天气突然由艳阳高照一下变得乌云压顶，温度骤变，狂风掀起怒浪，拍打到甲板上，所有船只锁在岸边摇摇晃晃。精神已经十分紧张的德意军看到这样的情况，料想盟军不会选在这么恶劣的条件下登陆，就稍微放松了防御。

凌晨2时，黑色恶浪丝毫没有停歇的意思，在闪电和暴雨之中，盟军的空降部队犹如只只奋勇的海燕，箭一般地从突尼斯射向西西里岛，366架银白运输机和轻捷滑翔机顶住狂风，搭乘着近6 000名官兵空投到西西里岛空旷的平地上。仅仅一个小时过后，英美联军开始上军舰准备登陆作战。因为海面状况太过险恶，美国第七集团军的众多士兵不谙水性，异常惊恐。在登陆舰到达滩涂要上岸的时候，格兰特少校大声呼喊，结果无人响应。也难怪这些士兵，外面漆黑一片，只听到船体激烈碰撞和木杆折断的巨大响声，冒着寒气的水浪扑向舱内，这一步踏出去就不知是生是死，对未知的恐惧使他们全都不敢迈出脚。格兰特少校大为生气，率先跳上了岸，士兵们看到没有意外才纷纷出舱。而就在巴顿和蒙哥马利分头带领着16万的英美联军登上沉重巨大的军舰和运输船也迎风破浪驶来的时候，西西里岛守军发现不对，但是空中战机的炮弹已经打得他们晕头转向，大批军舰在掩护下顺利开到了西西里岛的西南部和东南部。在海滩两岸本来就为数不多的意大利军队毫不恋战，草草放了两枪就缩了回去。

天光放亮，风雨暂歇。到中午的时候，金色阳光重新穿透了厚厚的云层，巴顿和蒙哥马利已经各自登陆，蓄势待发。

联合登陆：盟军秋风扫落叶

意大利将军古佐尼心知英美大军压下，自己毫无胜算，但是依旧指挥军队努力顽抗。这时前面紧急赶到的德军装甲师也调头前来助阵，第十五装甲师把蒙哥马利手下的英国第八集团军挡在了北方奥古斯塔的前面。久负盛名的德军装甲师果然非同一般，格林装甲步兵师连同意大利两支摩托化的步兵师直扑巴顿带领的美国第七集团军。

481架黑色德军战机也出现在西西里岛本来就熙攘的上空，刀光剑影般的炮火如雨直落盟军正陆续登陆的滩头部队。

正在进行掩护的盟军战机自然直冲敌阵进行干扰，空中一场恶战展开。使得情况更加混乱的是盟军地面的对空武器，在飞机快速的运动战中，炮火完全对不准目标，只好不分你我连续炮击。

从地面到空中，两支德军装甲师和两大英美集团军，三个方向的力量在对碰厮杀，犹如三条巨龙，把西西里岛炸得体无完肤。

一天过去了，德军坦克直逼美国第七集团军的滩头阵地，美军阵线被一再挤压后退，都集中到了当初上岛的地方。巴顿力挥双手让士兵跟他奋勇向前，海上的炮火也炸响了，盟军船上的炮弹齐发，试图把钢铁怪物坦克崩个底朝天。天色逐渐昏暗，夜色即将到来，坦克被炮弹炸坏不少，没有了这些铜墙铁壁般的武器，德军也只好狼狈后退。美军趁势追击，一举拿下了杰拉城。

捷报频传，英国第八集团军也攻占了锡拉库扎。退到后方的德国与意大利军队第一次反攻失利。凯塞林痛恨大军不在，以自己手下这点兵力和意大利的境况，完全是以卵击石，目前唯一能做的就是力拼到底，能拖就拖，尽量消耗时间。

他向希特勒提出先上前锋拖延战况，剩下部队退回到意大利卡拉布里亚。这个计划得到了希特勒的同意，同时希特勒也意识到了自己的错误，紧急抽调装甲师和空降师前往西西里岛补充军力，同时作好跟撤离的德意军会合的准备。

如果再退一步，就是墨西拿了，为了避免这种情况的发生，格林装甲师前往东部卡塔尼亚，配合赶来支援的第一空降师，牢牢守住这个关卡，阻止第八集团军的前进。而恩纳附近，原来就在西西里岛的德军第十五装甲师也和新调回的第二十九装甲师会合，想齐心协力阻挡美国第七集团军的步伐。就这样，西西里岛所有的防御任务就全部压在了这四个德国师的肩上。

岛上大战：巴顿和蒙哥马利争当主角

德军的拼死抵抗并没有给英美联军造成太大压力，相反对盟军来说最大的阻碍却来自内部。英军和美军节节胜利成了各自功勋的旗杆，开始暗暗较劲。13日，蒙哥马利的第十三军大逞威风，对防守严密的卡塔尼亚进行突击。百余架飞机带着近两千名空降兵直落地面，和步兵师联合进攻。德国装甲师也带来他们的空降兵，堵住卡塔尼亚的各处公路。蒙哥马利的计划没有成功，正面进攻突破不了，于是只能绕过埃德纳火山，从西侧往墨西拿开去，他通知了巴顿的美军赶来进行支援。

★巴顿在西西里岛登陆

★西西里岛登陆战中的蒙哥马利

但是巴顿心中颇为不满，这次张扬的行动成功的话，蒙哥马利就是毫无疑问的英雄，而巴顿顶多算个辅佐有力的配角。他决心这次一定要超过蒙哥马利的风头，自己另辟蹊径，打个漂亮仗。于是美军在他的指挥下分成了两路，第二军按照约定前往西西里岛中部的埃德纳火山对英军进行支援，而另外一路暂编军则迅速插向了西西里的首府巴勒莫。

巴勒莫根本没有设防，美军未发一弹一炮就成功占领，把5万多意大利军队完全俘获。巴顿这下扬眉吐气，沾沾自喜，觉得面上总算有光了。连艾森豪威尔也为美军能够取得这样迅速而轻易的胜利感到欢欣鼓舞。但是这下蒙哥马利的英军可惨了，因为支援不足，绕山前进的两个方向都被德军强大的阻力堵住。

巴顿一看英军动弹不得，也不想着助攻，而是打算趁现在德军在跟英军胶着，自己先奔向墨西拿，赶在蒙哥马利之前结束战争，也好让一直对美军讥讽嘲笑的英国人面上无光，一雪前耻。所以美国第二军就灵活地掉头，从东面前进，沿着北海岸公路往墨西拿方向而去。

但是过程并没有巴顿想的这么顺利，他以为德国全身心和英国作战，就会放松其他地方的警戒，这个错误给美军带来了惨痛的教训。8月1日，美军在特洛伊败阵，德军的坚强和兵力让他们大吃一惊。又经过了7天的生死搏斗，美军硬是付出了比预想多太多的代价才逼走德军。而8月5日时英军已经撬开了卡塔尼亚的塞子，闯进了东海岸公路。德军被迫开始两头后退，他们紧急采取了撤离方案，沿途布下无数地雷，英军和美军就像在进行一场刀尖上的竞走，目标都是墨西拿。8月16日美国第三师率先来到墨西拿城下，17日美军先遣部队进入城内，紧接着欢呼声传来，英国人也开进了城，两军终于紧紧咬着不放追到了目的地。英国军官向巴顿致意说：“将军，这次比赛真的太有意思了！我祝贺你！”

西西里岛所有的抵抗到此为止，盟军彻底把地中海都弄了个明明白白，从此通往欧洲的大门向他们正式敞开。

在这次相对轻松的战役中，盟军因为错误的估计，损失了近三万人，和德意两军不相上下。

但是德意两军的军备损毁还是相当严重的，这次战役使得意大利不得不退出了列强的争夺战。意大利已经没有任何资本再进行残酷的角逐，开始试探投降的道路。

战典回响

墨索里尼被轰下政坛

巴勒莫的攻陷是现代战争中机动作战的一个典型。在炎炎酷暑之下美军用四天时间就推进了200英里，以仅仅300人的伤亡代价俘虏了德意军共50 000多人，轴心国190架飞机被打落，近70门大炮成为同盟国的囊中物。同盟国来得如此迅速，使得巴勒莫的守军措手不及，成了瓮中之鳖，就连港口停泊的成批精良船只都成了美军的战利品。

这一具有战略意义的胜利在国际上一石激起千层浪，同盟国越发地扬眉吐气，墨索里尼也承受了空前大的压力。7月25日，一向强权的墨索里尼只能被迫辞职。

意大利被迫退出战争

西西里岛登陆战中，盟军不仅在兵力上占尽优势，同时在隐蔽伪装和欺骗上也全数成功，使得战役来得突然，结束得迅速。但因为在战役后期，英美双方配合不甚默契，行动也不够有力，使得德军趁势逃脱，没有一网打尽。不过至少这次战役重创意大利军队，使得地中海战区的制空权和制海权都被盟国占有，元气大伤的意大利无法继续跟着德国征战，为求保住生存的机会，意大利不得不寻求投降之路。

★沙场点兵★

人物：艾森豪威尔

艾森豪威尔出生于1890年，是美国历史上颇为传奇的人物之一，作为一名职业军人出身的总统，他拥有最贫穷的出身，最迅速的晋升，统率了美国规模最大的战争，同时他也是唯一一位做了总统的五星上将。西西里岛战役中，他一手准备了进攻意大利的计划，并且力排众议，选择了率先攻击西西里岛和北非中间的班泰雷利亚岛，投放了数百吨炸药轰炸了这个小小岛屿，开启了西西里岛之战。

一生之中，艾森豪威尔经历了西西里岛战役、诺曼底登陆等炮火洗礼，他的战功并不是体现在天才的指挥和战术的把握上，而是表现为强大的协调能力与组织能力。他坚韧温和的态度使得他身后聚集着一群愿意为他效力的人才，蒙哥马利与巴顿等众多闪耀的明星，都曾为他所用。

武器：两栖舰艇

两栖舰艇，是为输送登陆兵及其武器装备、补给品登陆而专门制造的舰艇。它包括多种不同类型的舰艇。 其中主要有中：一、登陆舰，又称坦克登陆舰，它的排水量为600吨~10 000吨，可载坦克几辆至几十辆和士兵数百名。它的续航能力一般为200千米~6 000千米，航速20千米/小时~40千米/小时，这就使登陆部队可从出发地直抵登陆点滩头，无须中途换乘，大大简化和加快了登陆过程，其登陆作战能力比登陆艇大为增强。世界上第一艘登陆舰是英国在第二次世界大战初期用油船改装而成的。1940年，英国建造了首批LST1级大型登陆舰。此后一些国家也相继建造了大量登陆舰。战后，登陆舰提高航速，增设直升机平台，装备防空导弹，采用侧台推进器和新型登陆装置，使战术技术性能有较大提高。 二、坞式登陆舰，又称船坞式登陆运输舰，它是美国在第二次世界大战中为在欧洲开辟第二战场和在太平洋岛屿实施登岛作战而研制成功的。坞式登陆舰内有一个或两个巨大的坞室，在艉或艏部有一个活动水闸，水闸打开，艉（艏）部分沉入海水中，装载的登陆艇或两栖车辆可从坞室驶出。现代坞式登陆舰的满载排水量一般在万吨左右，航速30公里/小时~40千米/小时，可载10~22艘各类登陆艇或20~80辆两栖车辆。有的还设有直升机平台，载运直升机数架，可实施机降登陆作战。

第二次世界大战中西线的西西里登陆战中，盟军大量的登陆舰起到了至关重要的作用，通过登陆舰，盟军迅速把大量兵力投送到登陆地点实施强攻，很快突破意大利军的防线。此次登陆战也成为日后诺曼底登陆的预演。

战术：海空军联合作战

在跟苏联的长期作战中，英美提出了海空联合作战的方式。他们考虑到陆军要集结部署速度较慢，在日新月异高新尖的现代化战争中，需要迅速灵活的反应速度。而空军迅疾的效果刚好符合这个需要，唯一不足的是空军作战能力并不持久。这个时候航母应运而生，为飞机提供燃油和军备补充。因此两相结合，使得英美认为海空军联合作战是海战的最有力方式。

首先可以看到的是，航空母舰具有公然在海上横行并且受国土保护的地位，只要发出就可以在全球海域内分布下自己的领地，这种超强的远征能力能够不受陆地限制，快速到达目的地。同时航母战斗群除了机动性好，突击和防御的性能也相当突出，完全可以担当起在一定范围内独立防守和进攻的任务，所以在航母的配合下，海上战争很快就可以演化为空中战争。由航母作掩护和补给，战机占领制空权，速战速决，随打随撤，能够迅速摆脱战斗胶着局面。

海空联合作战能够弥补海军和空军的不足，作为快速性、强火力的组合，一时称霸海上战场。

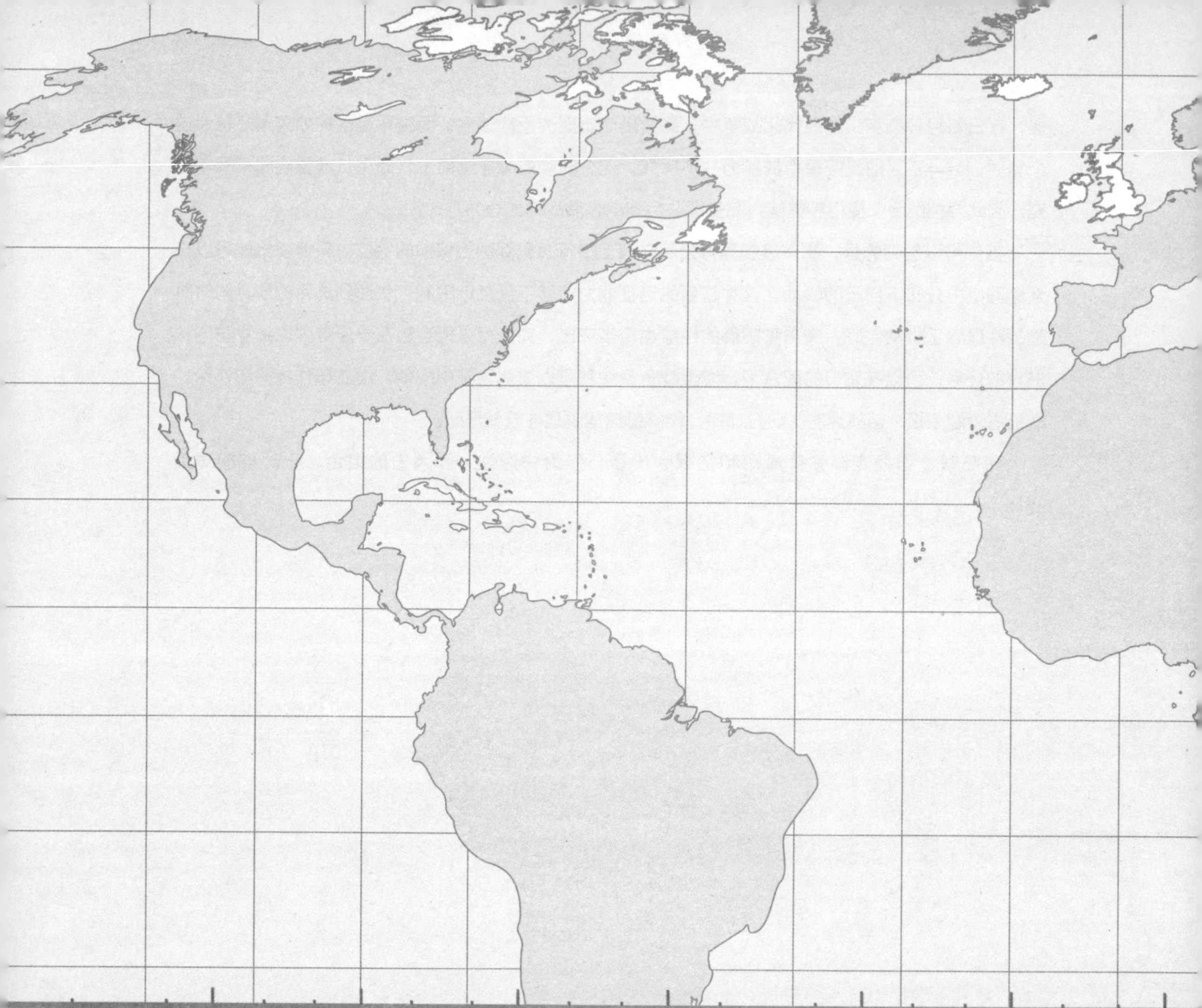

战典

毕其功于一役

THE CLASSIC WARS

决战

第十三章

库尔斯克大决战

——纳粹壁垒的坍塌

▲斯大林格勒战役之后，苏军乘胜追击，取得了一系列胜利。面对败局，德军名将曼施坦因采取诱敌深入再反击的战术也给予苏联红军一定打击。几番较量之后，双方在以库尔斯克为中心的一个突出部形成了暂时的僵持局面。曼施坦因妄图一举在此消灭苏军主力，扭转战略上的劣势。双方于是展开了人类历史上最大规模的坦克决战。战役的结果则是德国从此丧失了在东线发动攻势的能力，苏军开始转入全面反攻阶段。

前奏：希特勒走到了“三岔口”

第二次世界大战中，紧随斯大林格勒战役之后，爆发了世界上最大的坦克战，5 000辆坦克冲锋陷阵，注定了德军东线战争的结局，这就是苏德战场决定性的库尔斯克大决战。

在这场战役之前，德军面临的形势严峻。1943年初斯大林格勒战役的惨败使得德军元气大伤，而作为胜利方的苏联军队乘胜追击，一路将德军以前占领的地区纷纷收复。德军南方集团军总司令曼施坦因在这种情况下并没有失去信心，相反他时刻计划着对苏军的反扑。在撤退的过程中，他有意放弃几个重要的据点，苏军便随着这些诱饵逐步深入，使得战线拉长，一时无法回头也得不到有效供给，只能稍事休息。趁这个机会，德军迅速完成兵力集结。在2月中旬的时候，曼施坦因又重新掌握了南方集团军的中坚力量。2月19日，曼施坦因率领重整部队往北顿涅茨河开去，直扑苏联西南方面军。苏军措手不及，持续十几天的战斗使得西南方面军伤亡重大，苏军第五集团军几乎全军覆没。

3月6日，德军一鼓作气，攻向哈尔科夫，苏军抵挡不住，只能放弃这座刚到手的城市，退居库尔斯克南部的奥博扬区。

苏联最高统帅部此刻也看出了德军此次来势凶猛，于是从列宁格勒抽调第一坦克集团军，并把刚刚在斯大林格勒保卫战中立下赫赫功勋的第二十一和第六十四集团军也紧急调往库尔斯克进行支援。有了援兵的苏军士气大涨，和南方集团军对峙着。

依照曼施坦因的打算，这次反击应该造成一个德国的“斯大林格勒战役”，但是事实是当前的状况形成了以库尔斯克为中心的一个突出部，在北方屯聚着德国中央集团军群。而南方是曼施坦因的南方集团军，处于两者之间的就是苏联中

★德国坦克战专家曼施坦因

央方面军，因为哈尔科夫战役的成功，曼施坦因此刻自信满满，认为只要把库尔斯克这颗眼中钉拔掉，就能扭转整个东线的不利局面。

库尔斯克正面防线约250英里长，后方防线最窄处不足70英里，犹如苏军一只拳头的延伸。曼施坦因却把它看做是一个栗子，他觉得只要德军北部和南部相互协调，就可以像一把钢铁巨钳，把这个坚果夹得粉碎。这样一来，德军战线将大大缩短，机动性大大提高。他这个打算赢得了德军中央集团军总司令和陆军总部参谋长的赞同。但是不同的声音也冒了出来，第九集团军司令莫德尔反对道：“从1943年初以来，我军在东线的坦克损失已经非常严重，苏军T-34坦克的威力你们也看到了，我们的3号4号坦克根本不是它的对手。虽然我们也很快就制造了5号、6号坦克，但是刚研发出来产量非常少，跟苏军的坦克数量比起来完全没有优势。如果现在对库尔斯克开始进攻，本来就不多的坦克就要损失更多了！”

“闪击战”理论的发明人古德里安反对的态度更加坚决，如果因为库尔斯克战役使得德军坦克蒙受重大损失，那么他早就精心部署的装甲改编师计划只能泡汤了。

双方激辩不止，互相拍桌子，而最后唯一能定夺的就是希特勒本人了。

二战进行到这一步，希特勒出现了以前从未有过的彷徨不安，哪怕面对一个进攻方案都再三犹豫，他对古德里安说：“不知道怎么回事，一想到要进攻库尔斯克，我就有一种不祥的预感。”但是希特勒太需要一场重大的胜利了，况且形势也确实对德军更有利，所以曼施坦因的主张还是占了上风。希特勒反复权衡，最终同意了他的计划。

4月15日，希特勒下了第6号作战命令，德军将以南方集团军联合中央集团军一起发动钳形攻势，目标就是摧毁库尔斯克苏军。这个作战计划称做“堡垒”。

一场空前规模的铁甲怪兽激战即将展开。

屏住呼吸：库尔斯克大战前的可怕寂静

正当希特勒在自己的三岔路口徘徊的时候，苏军也察觉到了德军的进攻计划，关于下一步的行动，苏军内部也起了争执。沃罗涅日方面军认为要想不被打，只有先发制人，趁德军还未发动攻击，先主动进攻，把哈尔科夫再夺回来。这个主张得到了斯大林的支持。

但是苏军名将朱可夫等人却不赞同，他们认为在己方刚刚遭受了重大损失，而德军实力还较雄厚的情况下进攻太冒失，万一被德军反击成功就可能失去苏军来之不易的战略优势。目前应该做的是以稳健防守为主，建筑坚固的防御工事，靠持久战来消耗德军实力，再逐步摧毁德军引以为傲的装甲力量。等到时机成熟再进行反攻。这时苏军情报机关人员也纷纷带回消息，德军即将进攻库尔斯克的意图清晰可见。在4月12日的紧急应敌会议上，朱可夫竭力说服了斯大林，最终决定采用积极的防御计划。

★苏联元帅朱可夫，他觉察到了潜在危险，反对不顾一切地对德军进行追击。

因为德军随时可能攻打过来，苏军紧张有序地精心设计着立体防御工事，构筑了纵深超过100英里的数道防线。由战壕、铁丝网、反坦克装置、反坦克壕沟紧密配合，前方还安排了宽阔密集的雷区。库尔斯克此刻的防御可谓是固若金汤，德军如果不付出大量伤亡是不可能接近苏军本部的。

朱可夫同时还在这块区域安排了大量的兵力和技术装备，针对德军中央集团军，朱可夫部署了罗科索夫斯基率领的中央方面军，内含6个集团军的力量，包括一个坦克集团军，总兵力达到了70余万人。朱可夫分析此次德军南方集团军和中央集团军一起出动，必定有个主次，负责主攻的一定是德军实力较为强劲的中央集团军，所以他在安排这部分的防御时，投入的军备和兵力也是最强的。除了罗科索夫斯基，他自己也待在了这个阵营。

当然朱可夫不会忘记的是德军南方集团军，沃罗涅日方面军早就严阵以待，60多万人的集团军同样包括了一支坦克集团军，拥有近万门大炮，千余辆坦克和无数迫击炮与自行火炮。

除此以外，朱可夫还安排了机动支援部队，科涅夫率领一支草原方面军殿后，无论前线哪个方向失利，都可以及时补充。而如果前面两支大军都被德军攻克，那么还有这支60万人的军队作最后一搏。

可以说朱可夫如此安排几乎是万无一失。苏军兵力的增强和军备的充足也可见一斑，要知道在莫斯科会战的时候，苏军还是一支由17个兵种集团军组成，没有坦克的草台班子，到了斯大林格勒战役的时候，已经有了坦克集团军，拥有了强大的合成兵种集团军。此次库尔斯克战役准备，更是有了22个合成兵种集团军，5个坦克集团军，甚至有了6支空军集团军。面对德军拼凑出来的南方集团军和已经大伤元气的中央集团军，苏军无疑是占尽优势。接

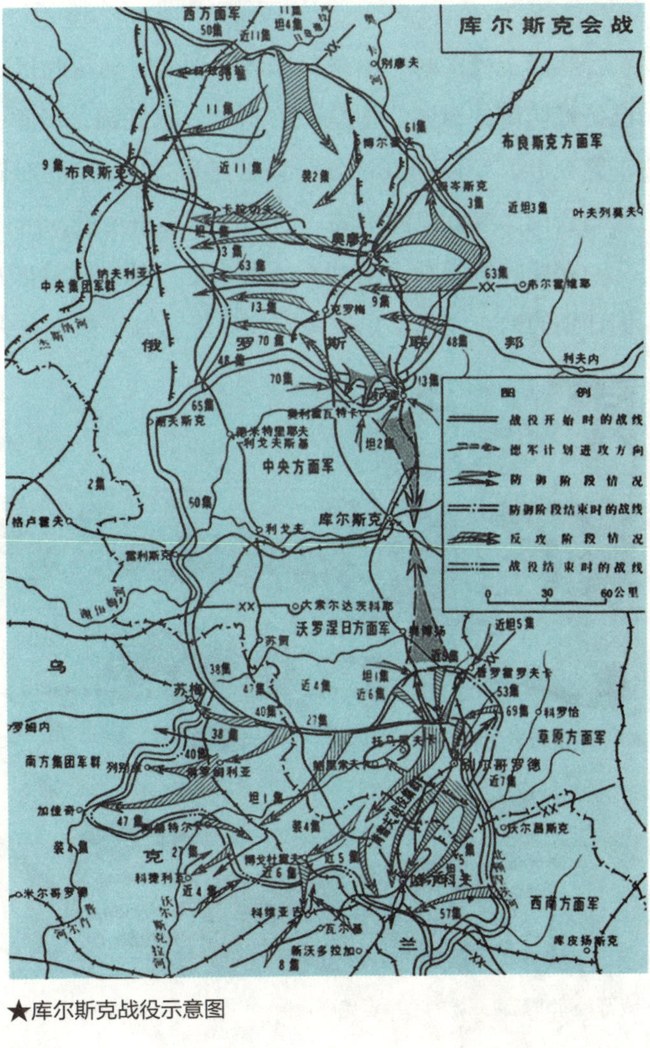

★库尔斯克战役示意图

下来就是等待战斗的打响了。但是时间一天一天过去，苏军每日都高度紧张，小心提防，但是每日却平静得好像根本不可能发生战争一样。两个月过去了，德军还是一点动静也没有。就在苏联疑惑不解甚至开始怀疑自己的时候，在7月4日的晚上，苏联近卫第六集团军在南部抓获了一个德国士兵，在反复逼问之下，得到了德军即将在第二天展开进攻的消息。

更能证明这一点的是次日凌晨北部同样抓获了一名德军中士，这个俘虏供认几小时后德军的进攻即将到来，朱可夫当机立断，几分钟后就下达了炮火准备命令。

库尔斯克战役终于到来了。

堡垒计划：试图吃掉苏军重装甲集团

实际上德军的“堡垒”作战计划的时间定的是5月4日，也就是苏军还未完全准备好防御的时期。但是因为当年雨水连绵，雨季一直没有过去，而德军准备也不算充分，所以作战计划一直被延误着。5月的时候德军又召开了一次“堡垒”计划会议，第九集团军的司令莫德尔心事重重，甩出一叠航空照片。

在座将领纷纷上前观看，俱大吃一惊，这些照片清楚地显示着苏军已经在他们计划的地方设下了重重障碍，大量防御工事正在进行。

★开赴库尔斯克战场的德军坦克群

“现在根本就来不及了！我们最好的时机已经错过了！”莫德尔气急败坏。一切证据都表明刚经历失败的苏军已经重整旗鼓，“堡垒”计划由奇袭、突袭变成了攻坚战，德军的物资、人力根本消耗不起。这个计划现在一无是处。

希特勒又犹豫了。关于库尔斯克，他已经犹豫了太多次，这一次尤其漫长。他心里面始终认为“堡垒”计划一事风险巨大，这次战役关系着苏德之间谁成谁败，是决定性的一战。

但是曼施坦因和克鲁格等将领又异常坚持，他们的自信和一直以来良好的表现让希特勒又觉得这样一试也未尝不可，德国“闪电战”的威名可不是空穴来风，无往不利的类似作战计划也让希特勒最后决定还是实行“堡垒”计划。

时间被拖到了7月5日，希特勒这次考虑得太久了。

按照堡垒计划部署，莫德尔率领的第九集团军将在库尔斯克北部负责作战，这支属于中央集团军群的劲旅拥有21个德国师以及3个匈牙利师，近34万人，内含6个坦克师，拥有600辆凶猛的德式坦克，拥有强大的战斗力。

在纵深最长的库尔斯克中部，是德军中央集团军群的第二集团军，这支兵力不足10万人的部队并不起主攻作用，仅仅是用来辅助和保持南北双方德军的联系。

曼施坦因刚刚获得胜利的南方集团军群加上支援军约35万人，千余辆坦克。除此以外，还有大约20个师的力量辅佐在一边，航空兵也加油起航。德军可以投入进攻的总兵力达到了90余万人。近3 000辆坦克和2 000多架飞机，新研发出来的5号“豹”式坦克与6号“虎”式坦克也加入了战斗。德国人对新式武器的痴

★德国虎式坦克

迷不是一般程度的，除了坦克，他们还研发了“突击虎”和“斐迪南”火炮及其他大量新式战斗机、攻击机、自行火炮等。

靠着德军一向迅速锐利的闪电式作战，曼施坦因认为完全可以在短时间内将苏军主力击溃歼灭，重新获得东线的主导权。

南线战场：普罗霍罗夫卡坦克大战

曼施坦因没有料到首先发动攻势的竟然是苏军。确定了德军计划的朱可夫果断下令，先发制人，随即把成千上万的炮弹倾泻在德军头上，炸得正在打着如意算盘的曼施坦因晕头转向。遭到苏军猛烈炮轰的德军一下子损失重大，慌忙中赶紧重新调整攻击计划。又是三个小时过去了。德国中央集团军才开始执行计划。

可是没有受到苏联炮火影响的南方集团军早就先行一步了，第四装甲集团军已经在艰难地穿越苏军雷区的途中，一路排雷也不能避免坦克的损失，爆炸声时不时响起，最后第四装甲集团军终于以36辆坦克为代价，到达了苏军第六十七近卫步兵师的身边，第四装甲集团军3个师的兵力无疑盖过这支步兵师许多，苏军第六十七近卫步兵师边打边退，红军战士的血肉之躯毕竟无法阻挡德军浩荡的钢铁巨兽，德军一路向预定方向稳步推进。瓦图京紧急调来方面军预备队，试图重新筑起一道防线，但是无奈这股德军力量过于强大，苏军匆忙组建的第二道防线还是在次日被攻破一个缺口，德军如潮水般涌到了佩纳河边并成功实施强渡计划。

★库尔斯克战役中的坦克

瓦图京原本的打算是德军进攻势头减弱后，于次日集中方面军主力进行反攻，谁知南方集团军一开始就如此舍得老本，进攻如此猛烈，所以反攻不得不取消，瓦图京紧急命令把原本准备作为反攻主力的第一坦克集团军开到防线，转而担当起防守的使命。

★正在指挥战斗的瓦图京

苏军将坦克群的一部分布置在步兵集群后面用炮火为步兵提供掩护，另一部分绕到侧翼准备从边上削弱德军力量。地面情势紧张万分，空中战事也是异常激烈。苏联空军勇猛突破，但是德国空军毫不示弱，如同输红了眼急等翻本的赌徒，德军在一天内就出动超过了1 000架次的战机，完全压制了苏联空军火力，苏联空军一方面全力阻击德国战机，一方面尽可能地为地面部队提供空中掩护，但由于战机数量实在有限，还是让德军掌握了局部制空权。

一天过去了，双方打得难解难分，各自也是伤痕累累。瓦图京的兵力毕竟相差许多，于是他无奈之下只能寻求增援，苏军最高统帅部当即同意，原先作为预备队的草原方面军提前进入战场，派出了第五近卫军团和两支坦克军。斯大林甚至亲自打电话给瓦图京让他不要有任何顾虑，苏军绝对全力支持南方的守卫，必须不惜任何代价阻止德军南部集团军的突破。

得到总部支持的沃罗涅日方面军为之一振，实力大增，在七日的战斗中，德军明显感到了压力，敌人在一夜间变得非常强大，这一天的战斗是异常艰苦的，德军坦克与空军不留余地地喷吐火舌也只能往前开进数公里。本来以为可以一口气突破苏军防线，现在却显得越发困难了。

德军并没有放弃，在8日当天还试图完成自己的任务，但是瓦图京已经忍受不了总处于防御状态的局面，他向最高统帅部提出增援，要求将草原方面军的第五坦克军团等都让他指挥，对德军来一次彻底的反击。总部批准了他的计划，但是因为草原方面军的部队赶来还需要时间，所以让瓦图京再忍耐几天。

★库尔斯克战役是史上最激烈的坦克战

苏联的局势正在渐渐扭转，且不说地面战争已经推迟了德军计划，在空中的状况也云开雾散，战区内的苏联空军很快也获得了足够的支持，开始对德国空军进行反击，并逐步掌握制空权。

7月9日，这是不同寻常的一天，因为人类史上最大规模的坦克会战就在这一天发生了。当天瓦图京正一边继续指挥着部队抵抗德军进攻，一边不失时机地在队伍两翼进行小规模反攻。虽然这种小反击并不对德军造成致命打击，但瓦图京的这一措施却很好地牵制了德军步伐，使得德军没办法全身心地攻击他们的主要方向。这时候德军第四装甲集团军的司令见正面情况胶着，不得不决定换个方向，从右边先行突破。第二装甲集团军听从命令转头而去，经过一连串的激战，总算攻到了普罗霍罗夫卡边上，这位司令的决定引来了库尔斯克战的高潮——双方坦克的正面冲击开始了。

究竟在普罗霍罗夫卡的坦克大战规模有多大，众说纷纭，但是毫无疑问的是作为人类战争史上规模最大的装甲坦克对战，这一役不仅震惊世界，而且给后世留下了一段不朽的传奇。

★被击中的坦克

7月12日凌晨，残月未落，炮声响起。几乎两边同时开始惊天动地般的震动，是的，炮火同时打响，履带卷着尘土冲向对方阵营。

德国新制“虎”式坦克果然非同凡响，88mm高射炮屡屡击中苏军坦克，苏军T-34坦克虽然威力巨大，但是射程较近，要想击中德军，必须先进入德军的火力圈。所以苏军当下开动T-34坦克全速冲往德军，期望在笨拙沉重的“虎”式坦克来不及反应的时候发挥作用。

冒着枪林弹雨前进的后果就是必须付出惨痛的代价，苏军坦克越是接近，德军火力越是密集，一辆辆苏军坦克冒着浓烟被摧毁，坦克兵掀开燃烧的顶盖继续借着装甲掩护进行射击，随着两军距离的缩短，甚至和德军展开了肉搏战。

让人们永世难忘的情景在战场上随处可见，成群结队的苏军坦克在猛烈的炮火中只管向前推进，他们不停地闯进德军火力圈，和德军进行殊死的近距离战斗，这样近似“自杀式”的攻击持续了一整天，德军强大的火力逐渐在苏军的顽强冲击下慢慢熄灭，而苏军也是精疲力竭，战场上到处是钢铁的残骸和残缺的尸体，数不清的坦克兵和他心爱的坦克都死在了这片焦土上。

这场战斗是不是德军胜利了并不好说，因为从被击毁坦克和人员伤亡的数量上来说虽然他们损失较轻，并且给苏军坦克造成了重大的损失，但是德军没有实现拿下普罗霍罗夫卡的战役目标，而且由于时间的拖延，苏军又不停地进行增援，德军要对付的苏军越来越多，德军面对的整体战场态势越发不妙了。

北线战场：罗科索夫斯基坦克反击战

回到德军中央集团军的北线战场，前面说到，因为朱可夫提前对德军实施大规模炮火攻击，导致北线进攻计划推迟。足足延迟了3个小时才开始实行。莫德尔一方面因为延误时间而懊恼，另一方面还在殚精竭虑地试图引开苏军的注意力。他首先安插了3个步兵师在大军左翼假装攻击，计划如果成功就进行突破，不成功就迷惑苏军，可惜这次进攻不但被苏军阻止，而且看起来苏军也没有改变自己的判断。

莫德尔只好老老实实地跟苏军硬碰硬，经过全力冲刺，苏军第十三集团军的防线被攻破，德军勉强前进5公里。可是因为左右两边的苏军力量异常顽强，两翼德军死活突围不出，中央集团军此刻就像是一个人身子在前，手脚却被抛到了后面。

按照德军的经验，通常地面尴尬的时候，还可以寄期望于空中。德国空军一向凶猛异常，苏联飞机再次不敌，1 000余架次德军飞机攻势凌厉，苏联空军600架次边打边退，德军地面部队在空中掩护下又继续前进了一小段路。第一天结束了，德军虽然突破几公里，也损失了接近100辆坦克。

苏联方面的军官向来秉持着一旦被打就要反击的风格，果不其然，罗科索夫斯基也开始进行反击，莫德尔料到他会使出这一招，将早已准备好的预备队也抛向前线。

★库尔斯克战役中的苏联指挥官罗科索夫斯基将军

于是跟南边一样，一场规模宏大的坦克战不可避免。虽然出动的坦克数和惨烈程度不及普罗霍罗夫卡，但是战况也是相当火爆，德军的新式坦克再次大显威风，苏军的顽强意志也无法挡住德军攻势，70辆苏军坦克陈尸战场，德军趁这个机会赶紧奔赴苏军第二道防线。

和南部一样，他们遭

遇了苏军的增援，苏联第十七近卫步兵军和第十七坦克军挡住了他们的去路。

尽管知道苏军支援源源不绝，德军还是不断地发动进攻，冲着苏联交通枢纽波内里攻去，这次战斗可以说是几死几生，德军好不容易开辟出一条血路杀入市区，驻守苏军就立刻还以颜色将其驱赶出去，这样的情形在一天内反复了好几次。这时苏联空军开始陡发神威，经过激烈的空战夺得了库尔斯克北边制空权，德国地面部队这下郁闷了，此刻不仅要面对地面强劲的对手，还要提防随时从天而降的弹雨。

时间到了7月8日，德军还是狠狠地反咬了一口苏军，但是苏军到底是人多力量大，随时都能投入足够的兵力，德军也只能干瞪眼没办法。波内里的几进几出后，德军勉强占领了大半个市区，此刻他们的人员已经伤亡惨重，躲在市区重要据点的苏军时不时打冷枪或者来一阵空袭，德军好似进了一个罐子，无法进行突破。

9日，焦急万分的莫德尔一咬牙，出动了300辆坦克决定进行最后的攻击，苏军早已严阵以待，根本不怕德军的凶狠反扑，德军撕开的缺口不停被填补上，就像被困在网中的大鱼一样，徒有鱼死网破的决心，但这张网对鱼来说，实在太坚固了。事实上，鱼还真死了，第九集团军最后一滴血被莫德尔用光了，剩下一具伤痕累累无用的躯壳。莫德尔再也没有力量进行任何进攻，只能转入防御。

国际形势也是瞬息万变，此时，西西里岛登陆战在英美唱主角的情况下打响了，意大利显然抵挡不住盟军的攻势，如果这边库尔斯克也输了的话，连返回德国都困难，因为后路已经被切断，只有被盟军瓮中捉鳖的份儿。

难道又是一场斯大林格勒战役？希特勒这个时候再也按捺不住自己的恐慌，一连串的覆灭和打击给他的压力太大了，他当即决定趁还有机会返程，马上终止“堡垒”计划，全力对付西西里岛的英美联军。

7月13日，满脸阴霾的希特勒招来克鲁格和曼施坦因开会。面对这一决定，赞同的人占大多数，在库尔斯克德军的艰难形势已经是明明白白，再纠缠下去也是无济于事。

但是曼施坦因却反对，他用难以置信的口吻叫嚷道：“居然在这个时候停手？苏军眼看就要崩溃了！目前只是一个假象，他们比我们更疲惫！只要再过两天胜利就会到手，可是你们居然要停止进攻！”

曼施坦因是谁？希特勒一直都对他极为信任，所以尽管希特勒自己认为已经没有继续攻打的必要，但还是允许曼施坦因带领他的南方集团军继续作战。而德国中央集团军则回程支援意大利。

事实上哪怕是“战神”，他的判断也不总是正确，这次曼施坦因的断言可是大大错误了，南方集团军随后多次攻击都只是徒劳，苏联哪有一击即溃的迹象？相反倒是德军，简直就是在苟延残喘。希特勒看着这种情况也只能一声叹息，意大利那边情况更加紧急，在这种情况下，德军只能撤退。

苏军反攻：壮怀激烈的坦克决战

如果德军想攻就攻，想退就退，那也太不把苏军放在眼里了。因为中央集团军群在7月10日就收到希特勒的命令，停止攻击，组织撤退，苏军哪会就这么放德军走了。12日，苏军的反击从库尔斯克北部展开了，德军阵地在当天凌晨遭受了两个多小时的炮轰，苏军西方方面军和布良斯克方面军联合起来扑杀撤退中的德军。向来彪悍骁勇的德军自然也不会给苏军什么好果子吃，顽强的抵抗给苏军带来无数伤亡，而随后苏联中央方面军三支集团军也开始加入战斗，对德军中央集团军进行绞杀。

因为此刻后来居上的苏联空军已经掌握了全部制空权，所以德军坦克遭受着从天而降的炮火攻击，从坦克和兵力来看，德军此刻毫无优势。莫德尔已经没有力量守住奥缪尔，他随即向希特勒提出放弃奥缪尔、撤到“哈根”防线的请求。

★战场上的德军坦克集群

希特勒一开始否决了，认为这关乎着德国军人的荣誉，如果被苏军一打就退，希特勒觉得这是一种耻辱，但是形势就是在羞辱着他，意大利墨索里尼已经下台，在西西里岛的德军告急，急需东线提供兵力支援，希特勒最终还是同意了莫德尔的请求。

就这样莫德尔带领中央集团军群逃向“哈根”防线，苏军攻克奥缪尔后还是紧追不放，一直赶到卡拉切夫才停止追击的脚步。

而曼施坦因所在的坚持进攻的南线情况也大为不妙。7月23日，南方集团军已经有意撤退，斯大林立刻下令反击。朱可夫谨慎地认为这个主意不是很稳妥，长期和德军作战的苏军说实话也十分疲累，不如短暂休息，进行补充调整，再开始进攻也不迟。于是就这样拖延了十天，8月3日苏军整装待发，面对这支德国军队也不用全力以赴，用沃罗涅日方面军再加上大放异彩的草原方面军就足够了。

这次进攻的苏军总兵力达到了90万人，近3 000辆坦克，几乎是战前德军的全部力量。可惜曼施坦因英明一世，糊涂一时，到了这个关头还天真地认为苏联真的是濒临崩溃了，希特勒下令撤退的时候还是满腹不情愿，哪知道还没动身，就遭到了苏联的疯狂反扑。

8月3日的凌晨，苏军万门大炮齐齐轰炸，整个天空被染得通红，炮弹组成了黑色滚烫的罩子盖向德军阵地。两个多小时都不停歇，等到最后一阵喀秋莎火箭炮意犹未尽地齐射完毕，德军惊魂未定的时候，苏军坦克步兵呼喊着冲上前来。炮击已经造成了德军前线的大量伤亡，剩下的只不过是零散残部，于是苏军这次进攻非常顺利，一下就撕开了第一道防线。

接下来的几天，苏联依旧努力往德军纵深突击，但是吃过一回亏的德军已经恢复了状态，苏军又回到了以前艰难的状况，虽然坦克一马当先，但是步兵却还是被挡在外面。苏军坦克集团军当机立断，大范围机动包抄到后面，断掉了德军第二五五、三三二步兵师和第十九装甲师的退路，形成了围攻之势。

此刻这部分德军前后夹击，左右都是敌人，已经没有了活路，但是他们依旧顽强抵抗着，因为他们不仅是为自己战斗，更加是为曼施坦因手下的德军主力后撤争取时间，他们用自己作为代价，拖住苏军，使得曼施坦因得以有时间撤到哈尔科夫。

苏军此刻是前所未有的扬眉吐气，一向不可一世的德军已经成为囊中之物。苏军忙着收复失地，忙着清理包围圈中的战俘，忙着缴获德军物资。

★准备逃离战场的德军

而那边的曼施坦因蛰伏在防线内，心中怎么可能就此罢休，哪怕是到了这个时候，他依旧在等待苏军实力消耗完毕，反正自己手中还握有南方集团军主力，只要耐心等待，总会有反攻的一天！

瓦图京在欢欣鼓舞的气氛下十分乐观自信，德军看起来也没什么了不起，他甚至觉得只要吹一口气德军就可以全军覆没了，所以一方面他让前线坦克继续碾压，另一方面从哈尔科夫后方切断德军退路，准备在哈尔科夫一雪前耻，把德军彻底摧垮。

就在苏军优哉游哉的时候，善于复活的曼施坦因又一次补足弹药燃料，集结起新一批德军。反攻的时候到了！此时苏军的坦克正在追击的途中，突然遭到迎头一击，而且因为处于追击状态，各部队之间相当游离，也没有合理的兵力配置规划，步兵和炮兵正远远地在后面走着。

何况苏军打了这么久，虽说余勇可贾，但是燃料弹药几乎消耗得差不多了，各部队在连续高强度作战后也疲惫不堪。他们没能想到德军居然在大势已去的情况下还能有疯狂反扑的举动，一时损失惨重。瓦图京在这次可以说是重蹈覆辙了，这是他战争生涯的一大败笔。

幸亏苏联的后继支援及时有力，第五近卫坦克集团军及时赶到，激战之后解救了被围困的苏军，并迫使德军终止攻击。随后苏联又派了两支集团军上阵，展开新一轮搏杀。

到8月17日，曼施坦因不管再怎么顽强坚毅，也抵不过战场上愈战愈勇的苏军了，德军无法扩大战果，苏军却越来越多，哈尔科夫最后一战终于到来。19日苏军到达乌德河北岸，随即强渡成功，开着成群的坦克杀向德军。

德军虽然已经是强弩之末，但是曾经不可一世的德国装甲兵驴倒架子在，在最后一击中使苏军庞大的坦克集团军几乎完全被摧毁，只剩下50辆勉强可以使用。最后的疯狂也耗尽了德军的力量，曼施坦因迫不得已，下令撤出哈尔科夫，一路沿途破坏，所有公路、铁路、桥梁无一幸存，水源被污染，良田被烧毁。不管德军如何疯狂发泄心中的狂躁，结局已经注定了，那就是曾经不可一世的德国装甲兵，永远不可能恢复往昔的威风了。

战典回响

希特勒的坦克集群熄火了

库尔斯克一战，虽然苏军的损失绝对比德国更大，80多万的兵力损失和6 000多辆坦克的粉碎，数倍于德军，但德军出动了30个精锐部队，连同7个装甲坦克师在内的雄壮之师最后不得不败逃，损失50多万兵力，占出兵人数大半，坦克也几乎全毁，火炮飞机损坏不计其数。希特勒日后的反攻计划因为如此损失变得机会渺茫，国内坦克数量更是直线下降，想要恢复以前无往不利的坦克集群已经不太可能。

东线战场的硝烟慢慢散去

作为二战东部战线决定性的战役，库尔斯克一役让德军永远失去了战争的主动权，从此进攻方变成了胜利的苏军，在库尔斯克战役之后，苏军趁着德军元气大伤，接连攻击，收复大片失地，11月份就将基辅解放。苏军的指挥员和士兵都在战火中成长起来，军备物资也日益充足，一支强壮成熟的苏军正在崛起，德军开始日益式微。

★沙场点兵★

人物：罗科索夫斯基

罗科索夫斯基1899年出生于波兰，在苏德战争中表现出色，曾经历过斯摩棱斯克战役、莫斯科战役、斯大林格勒战役和库尔斯克战役等。

罗科索夫斯基善于以纵深反坦克防御对敌人的坦克突击造成高度打击效果，手段灵活积极。

罗科索夫斯基战术活跃大胆，善于规避陈规，常常推出独创战术，在库尔斯克战役中由他实施的许多战术，都出乎敌人预料，取得了很好的效果。

武器：坦克

坦克是一种依靠履带运转前进、全身披有装甲的强大战车，也是现代军事上作战的有力武器之一，它通常装有旋转炮台，上有一门或多门火炮或者机枪，拥有极高的杀伤力和越野性能，同时因为有厚厚的装甲防护，因此在陆地上几乎所向无敌，拥有“陆战之王”的美誉。在陆战中，坦克用来压制、摧毁工事，歼灭士兵或者摧毁敌方武器。集中使用的坦克在战争中有强大的冲击力，可以迅速撕开敌军防线，进入敌方纵深领域，导致敌方全线动摇。

二战中，德国就是使用大规模的坦克和装甲车辆组成的突击兵团实施“闪击战”，成功地在战争初期横扫西欧。纳粹德国坦克战术的成功促使其他国家不得不高度重视坦克的研制和使用。二战中，苏联、美国都研发和生产了多种型号的大量坦克。东线苏德战场爆发的库尔斯克会战是人类历史上规模最大的坦克决战。

战术：德军装甲楔子战术

德军装甲楔子战术，指的是由装甲军队集结成突击部队，一排在前，两排预备，形成楔子状阵型。使得兵力火力相对集中，能够快速有效地突破敌军防线，扩大缺口，由机动性极强的装甲兵组成的楔子阵型则具有更强大的冲击力。

通常来说，此类阵型一般用于交战初期，攻击已知敌人防线，扯开缺口后进行穿插攻击，或者转换成“倒楔”阵型进行来回拉扯。在二战初期，德军就运用此战术进行多项闪击战，成果斐然。

但是这个战术的致命弱点在于如果失去制空权，那么楔状装甲部队就会成为敌机庞大的靶子，无从隐蔽从而遭到攻击，不得不冲散。

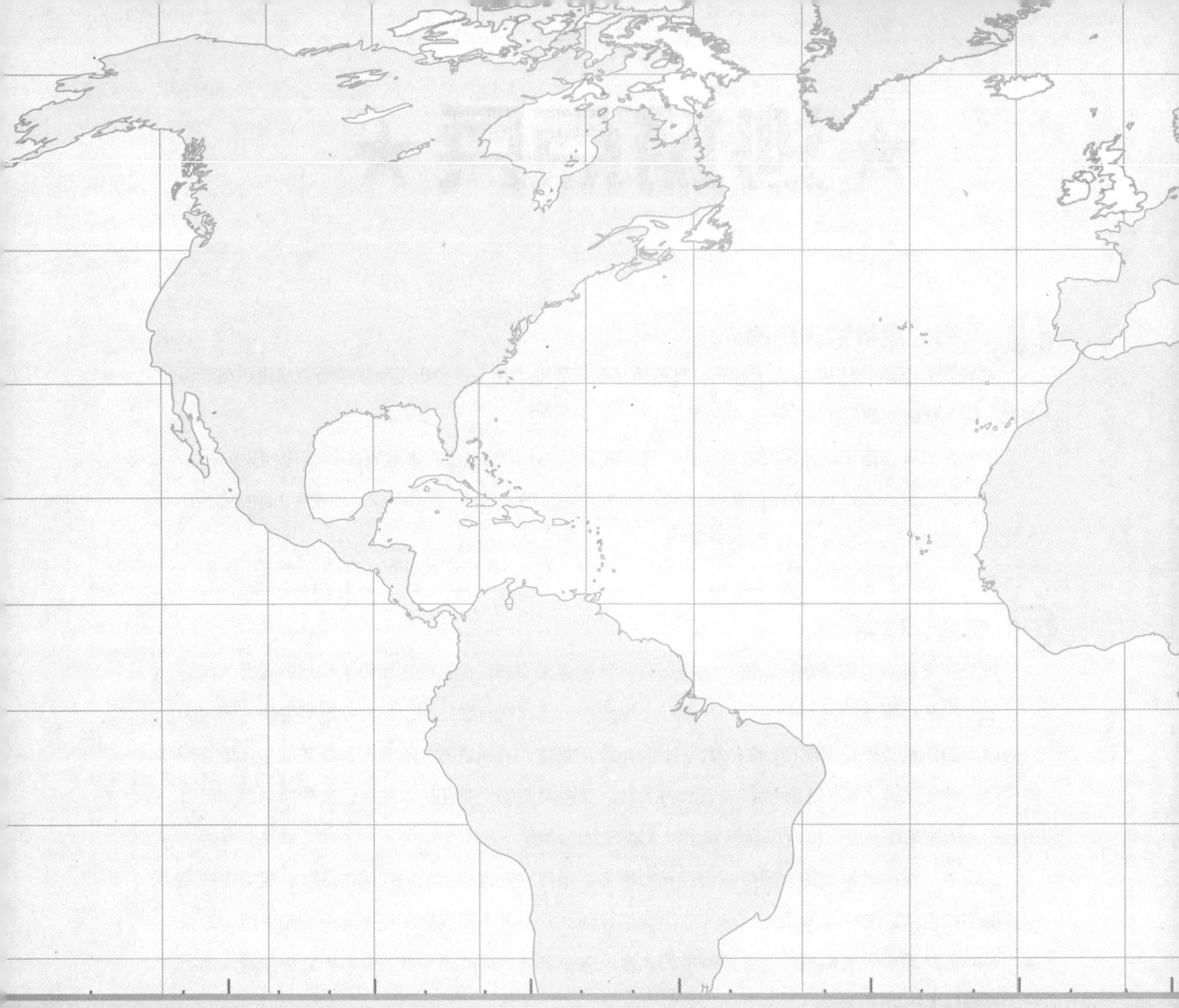

毕其功于一役

THE CLASSIC WARS

决战

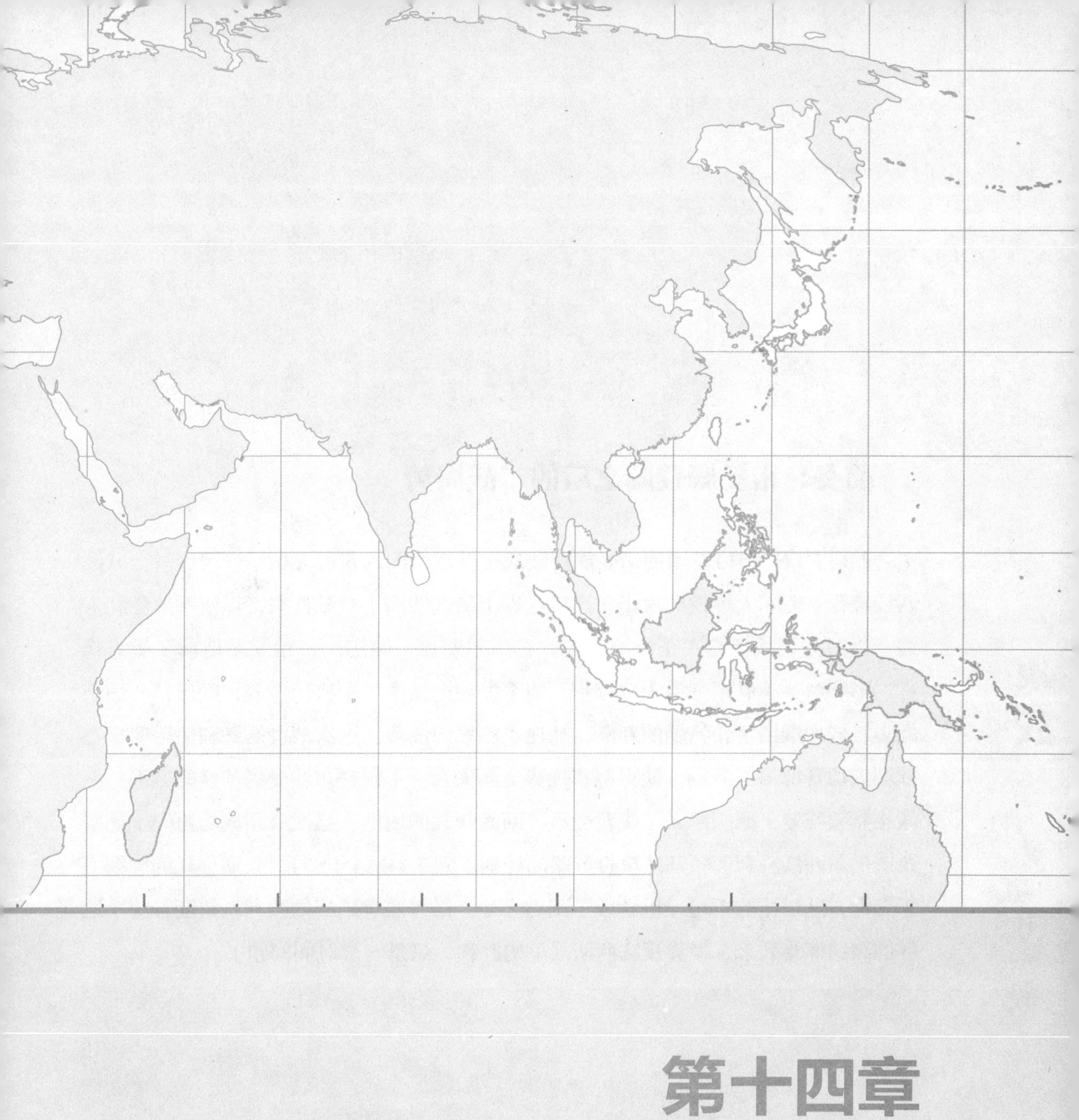

第十四章

阿登战役

——希特勒疯狂的最后一搏

▲ 1944 年，纳粹德国已经是日落西山了。盟军诺曼底登陆后，一路解放西欧各被占领国家，德国本土开始面对岌岌可危的局面。西线的危机使希特勒惶惶不可终日，为了挽回灭亡的命运，希特勒发动了一场疯狂反扑，妄图稳住西线的态势。二战中西线最大规模的决定性战役阿登战役由此打响，由于盟军在战役初期的轻敌，一度遭受严重挫折。然而德国也在此战中耗尽实力，不得不转入了被动防御状态。

前奏：诺曼底登陆之后的二战局势

1944年6月6日发动的诺曼底登陆战役，对德国人来说无疑是一场噩梦，欧洲西线遭受了盟军大规模的攻击。这次世界上最大的海上登陆作战，以盟军的胜利告终。当时苏德战场苏军正势不可当，在库尔斯克一路追击，给德军造成了极大伤亡，形势对英美联军来说十分有利。盟军发动海陆空三军协同作战，经过精心伪装欺骗，成功混淆了希特勒的判断，加速了德军的溃败。这次战役的胜利使得盟军在欧洲成功开辟第二战场，使得德军优势全面失去，不仅在东线受到苏联的威逼，西线也频频吃紧，德国陷入了腹背受敌、两面作战的境地。这次胜利成功粉碎了德军企图借着西线胜利调转部队攻打苏联的计划。到了1944年8月，长期损耗的德军疲于奔命，从以往的不可一世转成了困兽之斗，诺曼底登陆战的胜利就象征着德军纳粹的终结即将到来，世界反法西斯战争的胜利，只是一个时间问题了。

★诺曼底登陆的成功加速了纳粹德国的失败

诺曼底登陆战之后，以英美为主力的盟军乘胜追击，猛攻西线德军，到了1944年的深秋，德军已被压制回本土，盟军势力已经触及德国本部，德军势力缩小到前所未有的地步，濒临绝境。背水一战的希特勒在这种情况下，决定继续用德国擅长的闪电战来扭转局面，把所有兵力调回西线，给盟军来一次措手不及的突袭，一举把英美赶出意大利，重新掌握战场的主动权。

希特勒的将领们在反对，他手下的谋士也在反对，在这种危急的情况下，自身都难保更何况进攻？但是希特勒在9月底召集了最高统帅部，命令他们立刻执行反击战计划，这场西线的最大反击战，就是阿登战役。

逼近德国：无线电通信的隐形电台

英美联军日夜兼程，剑指柏林。而这厢希特勒的统帅部也在精心组织着一场由众多次作战组成的庞大战役计划。包括地板作战和麒麟作战等方案在内的所有目标，都是突破英美联军战线，将安特卫普占领，从而延长了战线，将部队从多方延伸出去，对盟军四个军团进行逐步的包围和歼灭。如果顺利，情势将有利于轴心国，借此可以胁迫盟军进行和谈，这样就达到了希特勒的一半目的。

这个计划极为机密，因为德国闪电战要的就是神不知鬼不觉，趁敌方浑浑噩噩之际突发而至，以最小的损失换来最大的战果。为了保密，整项计划的谈论过程连无线电都被屏蔽。盟军虽然也十分机敏，一直在监听德国秘密无线电通信，但是阿登战役的计划连个口风都没有露出来。接连许久，英美联军都没有观测出德军反扑的苗头。而此时因为盟军力量壮大，胜利看起来唾手可得，所以主要精力全部放在了进攻计划上面，忙着进行空中侦察和盘算进攻路线，盟军缺乏战斗经验的缺点再次暴露出来。情报部门依旧觉得天下太平，根本没有察觉到阴云的来临。一连好几个阴天，盟军引以为傲的强大空军迫于风雪只能停歇，英美军队并不明白其实希特勒最为忌惮的就是占尽制空权的盟军空军，如今飞机停飞，那么进攻的时刻也就到来了。

守卫莱茵：希特勒的大胆构想

整个阿登作战计划被希特勒称为“莱茵河卫士”。主题内容相当明确，首先要集中德军精锐兵力，用最好的部队快速扯破盟军防线，进逼列日和那慕尔，之后强渡马斯河，斩下安特卫普。安特卫普是盟军的主要补给港口，一旦这个港口被占，盟军就被划成了两块，这时候只要把美国第一集团军以及英国的第二十一集团军身后的交通线扯断，那么精彩的“敦刻尔克大撤退”又可以再度上演了。如此一来，西线形势就无须担忧，只要集中精力对付顽固的苏联军队就可以了。

在库尔斯克刚吃过败仗的莫德尔和西线总司令龙德思泰特听到这个计划以后简直不敢相信自己的耳朵：“元首是疯了吗？如此野心勃勃！这简直就是疯狂的计划！这完全就是拿战争当做儿戏！”两人拼命劝说希特勒尽快放弃这个打算，但是病入膏肓的纳粹头子怎么会听得进他们的意见？面对纷至沓来的反对希特勒充耳不闻，仿佛没事人一样继续讨论着战斗的每一个细节，包括炮轰的时间，进攻的路线，他都一一详细规定。

11月3日，希特勒的特使赶到了西线司令部，下达了一份希特勒亲自拟定的详细作战计划，在“莱茵河卫士”计划书的封面上，希特勒不无威胁地提出警告：“全盘照做，不准更改！”

翻开这份计划书，可以看到希特勒选择了德国和比利时卢森堡的交界之处，也就是著名的阿登山区。在那里驻扎着美国第一集团军和第三集团军的结合部，北面是霍奇斯的第一集团军，而南边则由巴顿率第三集团军把守。希特勒在这里加上批注说：“这个地方就是他们的漏洞，我们的部队一定能够捅穿！以他们单薄的防线是抵挡不了我们的铁骑的！要充分利用他们意想不到、没有准备的有利条件，现在天气正适合我们作战！突袭吧！然后突破！”

★广袤的阿登森林

★正在筹划阿登战役的希特勒

希特勒的态度固执得让人费解，他似乎要不惜一切代价地实施这项看起来风险极大的计划，而他也不知从何处来的自信，放言道："如果在他们防线前面攻进去或许不可能，但是绕到里面再进攻，我会让他们见识到什么是可能。"

他的眼光一向是极为毒辣的，如此大胆的作战计划也并不是没有道理，甚至可以这样说，如果德国还是往日的德国，那么这么做不仅无人反对，手下将领还会欢呼雀跃。

希特勒也尴尬地意识到德国此刻人力物力的不足，为了让这个计划显得更加有分量一些，他通过政府发布了征兵令，这个名为"人民近卫军"的部队招收从16~60岁的男性公民，很快就得到了热情的德国民众的响应。这支平民队伍仅仅接受了两个月不到的训练就被派往前线，充当特工部队。

就这样到了12月份的时候，德军居然拼凑起了20个师，尽管心有不满，但还是由听从军令的莫德尔继续充当元帅。德军右翼主要是第六装甲集团军，共有600余辆坦克。中间是第五装甲集团军，握有300余辆坦克，左翼是第七集团军，主要由步兵师构成，负责掩护中路，辅助进攻。

德国果然已经今非昔比，穷尽全国之力，也只能凑出这点兵力。对于在西线共有87个师的盟军来说，德军这点军备数量简直不值一提，但是尽管盟军强大，在阿登这边的部队却只有6个师，当时盟军高级指挥官都以为这点数量对付德军的任何小攻击都绰绰有余，他们哪里想到这一次竟然会是德军大规模的反击。

徒呼奈何：胜利和海德特的投降

在德军正式进攻前，在令他们眼花缭乱的众多作战方案中，有一个叫做“格赖夫”的计划，这个词的意思是希腊神话里鹰头狮身、一双巨翅的可怕怪兽。德国人取的这个名字算是恰如其分，因为它确实给盟军造成了巨大的混乱。

当时一支由2 000名懂英语的德国士兵装扮成美军，在热爱冒险、勇猛无双的斯尔策尼的指挥下，乘着美军的吉普车混进了盟军的内部。斯尔策尼这个人非常有意思，早在不久前，他就曾经利用滑翔机降落到一个高高的山顶监狱，救出了意大利的前总统墨索里尼，直叫盟军感觉不可思议。

这一次也是利用惊险万分的诡计，将这2 000人打散，假装巡逻游走，趁机切断了各处的电话线，还将路标转得乱七八糟，到处安插红布条，伪装出埋有地雷的样子。美军预备队连走多次弯路，被各种莫名其妙的状况弄得人心惶惶，他们察觉出有敌军奸细潜入。

但是这么大规模的混乱行为究竟是由多大规模的间谍制造的呢？于是疑神疑鬼之下，内讧纷起，为了揪出内鬼，美军四处拦截车辆，50万大军里看谁都像是敌人，互相设下暗号口令，见面不打招呼改成对口令，几百名美国士兵因为被人

★阿登战役中行进中的德军坦克

★阿登战役中损毁在路边的德国坦克

判定形迹可疑而被关押，就连第十二集团军司令都未能幸免。德国小分队在一边看得暗笑不止，但是因为美军的警觉，他们本来想要进行下一步——用第一五〇装甲旅驾驶美军坦克伪装进入，直奔马斯河桥的打算只能落空了。

再狡猾的狐狸也有露出尾巴的一天，12月16日，德国一名军官半路被俘，碰巧他身边带有几份“莱茵河卫士”作战计划书，美军截获这份情报以后，总算是有了一点防备。

但是情报来得太迟了，就在当天拂晓，德军就突然出击，兵分三路，大炮直轰，美军阵地立时陷入火海。美国大兵此时还在睡袋中睡得正香，这些震耳欲聋的爆炸声直接炸醒了他们，睡意一下子没了，士兵们魂不附体地滚入掩体，完全搞不清是什么状况。

德军下决心要让刺激来得更强烈一些，炮火四溅的同时，数百支高强度探照灯射向美军阵地，使得德军目标清晰可见，而美国大兵的眼睛都被刺眼的灯光照得睁都睁不开。就这样，暗夜中的德军的攻击就开始了，一边由坦克掩护，一边用机枪扫射，美军甚至连装备都没有穿戴整齐，就纷纷躲避逃命。

这次的大功臣是第六党卫军装甲集团军，正是由于他们的快速突破，才取得了良好的效果。因为他们离马斯河最近，所以最适合使用空降部队。美中不足的是，自从1941年的克里特岛空降战役以来，德国伞兵都没有形成规模，通常不是被当做地面部队使用，就是闲置一边。这次因为作战计划中需要用到伞兵，才临时进行训练。

然而率领他们的海德特中校也无奈地发现，这些缺乏经验和技术的伞兵根本不能够配合他们的运输机，更别提编队飞行了。尽管伞兵们十分英勇，但是大部分都失误地降落到了己方阵营，只有少数伞兵真正到达了美军目标区。到达的200多人过于分散，实行不了作战计划，海德特只能选择投降。

浴血奋战：巴斯托尼的抵抗

再看地面部队，右翼的第六党卫军装甲集团军已经按计划实现了突破，一口气撕开美军一道防线奔向了斯塔弗洛，赶到了昂不莱夫河边的一个渡口，已经在转瞬之间推进了30英里。意气风发的第六装甲集团军随即派出先头部队抢先把渡口攻占，但是可惜的是他们忽略了斯塔弗洛附近的美军燃料库和另一座重要桥

★巴斯托尼防御战

梁，250万加仑汽油和美军重要的战略地位就这样不小心被他们错过了。这直接导致了美国增援部队赶来并利用这一点设下众多障碍，汽油成了他们重要的燃料和火力攻击方式，桥梁也被美军炸毁。本来可以一路领先的第五装甲集团军顿时停住了脚步。

当时小路崎岖泥泞，天气恶劣，大部队只能缓慢地分成小股前进，碰到路障便会形成严重的堵塞，燃料也逐渐消耗完毕。他们的先头部队“派佩尔战斗队”只顾往前冲，边走边屠杀，手段之残忍让人又惊又怒。当时前面几批美军已经解除武装成为战俘，比利时平民也毫无抵抗态度，但是都被这支臭名昭著的小前锋杀了个精光。这时缓慢前进的第六党卫军装甲集团军已经到了艾森伯恩山岭，美军第二和第九十九步兵师正好赶来，双方正面相逢，互不相让，美军的顽强抵抗总算挡住了他们前进的步伐。

这时候战斗已经过去了两天，虽然诧异于德国此次进攻的激烈，但是还没有意识到这将是希特勒的最后一搏。美军截获的情报只是部分战斗计划，大局依旧在揣测当中。第一集团军甚至推断德军只不过是因为前不久美军攻击了鲁尔水坝，所以德国此次是报复性反击。但是到了17日早上，各处告急使得盟军高层司令官们终于看清楚这确实是德国的全面进攻。当即盟军被吓了一跳，赶紧调拨了美军第七装甲师赶赴增援，盟国的远征军司令艾森豪威尔也亲率第八十二与一〇一空降师赶往巴斯托尼，增援自己的同胞。援军还不止如此，各路装甲军、空降师、步兵师都在赶往战区的路上。

德军知道要想顺利突破，必须速战速决，趁美军的帮手还没有赶来，不惜一切寻求最快的进度。曼特菲尔率领的第五装甲集团军成绩斐然，在中路的进攻堪称迅速。在17日已经漂亮地钳制住了美军两个团，7 000多人被俘虏，美军从进入欧洲战场以来第一次遇到这样的失败。原守地的美军可谓全歼，而增援的美国第七装甲师幸亏及时赶到，堵住了这支德国装甲师的去路。因为美军援队意外的出现，打破了德军占领圣维特的计划。圣维特是一处战略位置相当重要的小镇，汇集了几条关键道路，曼特菲尔大为恼火，一路猛攻，美军终究不敌，逐渐退向了巴斯托尼。

这时候德军左翼辅助军队也是小有进展，第七集团军四个师全部渡过了奥尔河，而第五伞兵师也发挥出色，空降到12英里开外的威尔茨，建立了壁垒接应着中路部队。但第七集团军毕竟实力稍逊，剩下的几支步兵师还在美军的顽抗下艰难挺进。

★阿登战役中被击毁的坦克

到了12月20日，德军的右翼和左翼依旧在僵持阶段，而中部则坚强挺进，形成以一块纵深约20千米、宽达100千米的突出部分，不断向前。这也是阿登战役被称为突出部战役的由来。

美军虽然顽抗，但是如果照此情势下去，恐怕早晚也会遂了希特勒的心愿。艾森豪威尔紧急召开了将领会议，在凡尔登的会议室里，高级将领们各抒己见。最后拍板定下的是守住北部、南部反击的方案。具体内容包括：由巴顿率领美军第三集团军从北部反击，打压德军突出部。德弗斯率领美军第六集团军掩护巴顿右侧，而霍奇斯则指挥美军第一集团军牢牢守住德军西区的要道，时刻为北部向南的反攻候命，最后与巴顿形成合围之势。

此时曼特菲尔的第五装甲集团军已经与南边战线的第七集团军一起推进，形成了对巴斯托尼的合围，希特勒见原本寄予厚望的第六集团军还在山里跟美军拼得你死我活，估计一时半会儿不能结束，而曼特菲尔的第五装甲集团军倒是出人意料，进行得无比顺利，于是就把主攻任务交给了曼特菲尔，希望他再接再厉，创造新的战绩。

12月22日，德军还在苦口婆心地劝说巴斯托尼的美国守军投降，但是第一〇一空降师麦考利夫的回答简洁犀利：“滚！”这种态度让德军大为光火，要想硬攻势必又会拖延计划，所以万般无奈之下德军只能抽调一部分人留在这边拔去这个塞子，另外一方面重新寻找路线，看是不是能绕过巴斯托尼。但是三天又过去了，圣诞节的雪花飘落，不足两万人的美军一边高唱圣诞歌曲一边死守孤城，德军的进攻居然没有起到明显的效果。因为巴斯托尼被堵，德军的后勤供给就送不过来，德军装甲师突出部走得太远，此刻出现了食物短缺的情况，所以看起来巴斯托尼是非除掉不可了。第一〇一空降师因为这段时间坚韧不拔，获得了“优异集体嘉奖”，当然这是后话暂且不提，不过由此可见，这是一支顽强英勇的队伍。

★坚守巴斯托尼的麦考利夫准将

早在22日，巴顿已经从战线南部袭来。到了平安夜的时候，德国第七集团军空降兵建立的壁垒被摧毁，一路势如破竹，但是巴斯托尼眼看就要崩溃，一〇一空降师恐怕就要支撑不住，巴顿心急如焚，下令第四装甲师“拼上你们的命奔跑”，“必须用飞一样的速度”赶往巴斯托尼，努力解救在城内被困的士兵们。

12月26日凌晨，累得口吐白沫的加菲第四装甲师果然惊雷闪电一般劈向巴

★美国第三集团军指挥官巴顿将军

斯托尼，始料未及的德军也遭遇了一次美国的闪电战。这支部队扯开一个口子以后，立刻钻进城内，跟他们的同胞一起对抗重围的德军。这对一〇一空降师来说无疑是一个迟到的圣诞礼物，给他们带来了生的希望。

德军一看不对，也抽调更多个师来攻打巴斯托尼，就这样围绕着一座小城，双方投入的兵力越来越多。

这时候，一件重大的事发生了。形势开始一边倒地向着有利于盟军的方向发展。并不是德军有什么失误，或者美军突然大显神威，而是因为阴天已经过去，阳光重新洒向地面——天放晴了。

这就意味着久久未动的盟军空军终于到了大显身手的时候，憋了太久的盟军轰炸机大肆开火，德军的运输道路遭到了地毯式轰炸，后勤供给被全面粉碎。遥遥领先的德军第五装甲师推进得再快也快不过飞机，空军飞临这支部队上方，毫不客气地开始了狂轰滥炸。

紧随德军第五装甲师的另一支精兵强将第二装甲师，就在这段时间撞上了美军第一集团军的第七军第二装甲师，两支坦克部队互相穿插，场面激烈，士兵的哀号和残肢充斥战场。美军第二装甲师抱着复仇的信念展示了不输德国人的凶狠，残忍的一天结束之后，德军当场死亡两千五百人，另有一千人被俘，近百辆坦克损坏。德军强渡马斯河的希望落空了，他们开始逐步后退。

到了1945年的第一天，德军将仇恨的眼神投向了巴斯托尼，同时也憎恶地望向了空中的盟军战机，他们新一轮的报复要来了。

一千多架德军飞机隆隆起飞，对着盟军机场展开了开战以来前所未有的猛烈轰炸，盟军近三百架飞机毁于火海，紧接着德军地面部队紧逼巴斯托尼，炮弹开始接连落下。

世界重生：盟军的反攻

此时的盟军各路援手大致到位，遭受德军轰炸两天之后，1945年1月3日，盟军开始全面反攻。按照之前的计划，巴顿率领第三集团军以巴斯托尼为中心，向东北方向开始攻击，而霍奇斯则往东南方向发动攻势。德军的炮火不停，步兵和装甲兵豁出一切往城内猛攻，这是阿登战役进行到最后的绝唱，也是最为凄厉和悲壮的血战。德军的视死如归与美军的坚韧迫不拔互相碰撞，双方的机枪火炮没有停止过，战场的黄土吸饱战士的鲜血，火烧火燎的味道直蹿到巴斯托尼的上空。

★阿登战役中被俘的德国士兵

五天过去了，德军终因体力不支，暂时停止了进攻，虽然说此刻德军没有进展，但是也没有被美军打回去，依旧插入美军腹地，形成尖牙之势。天气分外严寒，鲜血还未来得及流下就形成了红艳艳的冰渣，落脚之处都是士兵断掉的手脚。德军开始边打边撤，在缺乏燃料补给的情况下，他们很清楚再也支撑不了多久，巴斯托尼久攻不下也没有办法，目前还是保留一部分实力先回国再说。因为物资大量短缺，最后德军甚至不得不放弃大多数装甲车，丢在道路一旁。

希特勒见到大势已去，只能下令撤退。而屋漏偏逢连夜雨，在1月12日，苏军又在东线展开了进攻。德军西线必须抽调一部分去抵御告急的东线，所以西线德军的撤离更加迅速，之前是边打边撤，现在变成了全速撤退。

盟军一见时机大好，趁势猛追，一路就像是用鞭子抽打一样，把德军赶出了盟军原先的阵地，打回了老家。

战典回响

希特勒最后的喘息

阿登一役，如果希特勒拥有足够的人力物力充当自己的后盾，那么他所坚持的作战计划可以说是万无一失的。但是希特勒并没有这些条件，不仅如此，他还陷于两线作战的困境。在阿登地区的失败反击，对以希特勒为首的德国纳粹领导集团来说，无异于丧钟的敲响。

他们企图一举取得决定性胜利的计划被粉碎了，冒险的结果到后来变成了危险。他们不仅不能够凭此来要挟英美政府脱离苏联，要挟同盟军与其合作，而且给自己造成了大量损失。

西线作战全面溃败，剩下的只是苏德战场的一面抵抗。而因为在这场战役中的人力物力损失，使得即使兵力调往东线支撑苏德战场，作用也是微乎其微。希特勒这次输得一败涂地。

二战结束只是时间问题

自阿登战役之后，不仅希特勒惶惶不可终日，德军士气更是一片低沉，失去了反攻的欲望。在西线战场占尽优势的盟军从此主导了西欧战局，而东线战场的苏联也是扬眉吐气，靠着人海战术和强大军备对德军步步紧逼，德军最后剩下的只有他们的本土，不久之后苏联和英美联军将在易北河会师，到了那个时候，纳粹德国的末日将不可避免地到来。

★沙场点兵★

人物：巴顿

巴顿全名小乔治·史密斯·巴顿，出生于1885年的美国加利福尼亚州，父亲是一位颇具名望的律师，而母亲则是名门望族的大家闺秀。巴顿从小性格顽劣好强，学习虽差但是活泼机灵。从军以后，他发挥自身特长，作战异常勇猛果断，顽强坚毅，性格豪放不羁，深受士兵和部下喜爱，是美国著名的铁血将军。在二战期间历任美军装甲第一军军长、第二军军长、集团军司令等职位，在阿登战役中，巴顿受命紧急增援被困美军，他善于根据装甲兵优势制定快速机动方案和擅长远距离奔袭的优点得以发挥，一举击退了德军进攻。

武器：空降兵

空降兵又称伞兵，是在二战中崭露头角的全新兵种。其作战方式是由飞机、滑翔机将其运输到目标区域上空，然后跳伞进入战斗状态。空降兵具有无与伦比的机动性优势，可以对敌人后方的战略目标实施极具突然性的打击，在战争中承担着先锋的作用。二战中的德国、美国都十分重视空降兵的建设和使用。在阿登战役中，德国企图通过运用空降作战来发起对美军的突然袭击，结果却遭到失败。

战术：综合国力的比拼

在阿登一战中，与其说是拼将领，拼战术，拼计划，其实已经完全没有了意义。论计谋、论经验，德国始终有压倒性优势，为什么还是会惨败？因为这个时候的盟国，综合国力已经占了上风。无论德国人多么精明强悍，也抵挡不过发展壮大的盟国军队。第二次世界大战前夕，德国还拥有着世界上最为先进的武器，最雄厚的军备，最精锐的士兵。长期征战中，盟国和苏联的成熟无疑是飞速的，德国在被消耗，而对手却在不断发展新技术，不断研究新方案，不断提升自己的综合实力，所以这一场战役，德国输在了整体实力的不济。

决战

毕其功于一役

THE CLASSIC WARS

第十五章

柏林战役

——决定二战命运与前途的搏斗

▲柏林战役是第二次世界大战中欧洲战场的最后一战，从某种意义上说，这是一场政治意义远大于军事意义的战役。经过幕后的激烈讨价还价，苏军取得攻占柏林的优先权。在苏军的迅猛攻势面前，狂人希特勒终于破灭了最后的幻想，结束了自己罪恶的生命。欧洲战场的战事就此宣告结束，历史的一页在柏林翻了过去。

前奏：希特勒的最后一个梦

经过阿登反击战的惨烈搏杀之后，盟军在西线顶住了德军的疯狂反扑，并继续稳步向前推进，再加上东线的苏联红军全面反攻的节节胜利，两面夹击之下的希特勒不得不一再命令德军收缩战线。最终，德军的作战区域退回到了德国本土，纳粹德国的首都柏林，开始被燃烧的战火包围了。

柏林，两次世界大战的重要策源地，战争狂魔希特勒曾经的福地，如今在复仇的怒火中渐渐沦为一座孤岛，盟军的战略轰炸使这座有着悠久历史文化积淀的中欧名城几乎成为一片瓦砾场。希特勒和他的党羽们不得不躲进幽暗的地下指挥部筹划着。

战争末期的希特勒已经彻底丧失了理智，面对无可挽回的覆灭命运，他竟然比他那些饱经战争的将军们表现得乐观得多。也许是为了逃避现实，一向迷信的希特勒居然还拿出了普鲁士的弗里德里希二世绝处逢生的历史掌故来麻醉自己。他告诉手下人说，星象图显示上帝最终将站在德国一边，反法西斯同盟即将分裂，德国终将赢得胜利。他狂热地部署着柏林防御战，要在这里完成帝国的复兴。而对于此时的盟军来说，攻占柏林则是一枚巨大的勋章，不管哪个国家完成了这个使命，都会从中获取巨大的政治利益。

是由西线盟军还是东线的苏军攻占柏林？同盟国内部也是暗流汹涌，苏联方面自然是志在必得。苏联在对德作战中付出的代价是最惨重的，无数士兵的鲜血使苏联很自然地把进攻柏林的战役看做是一场复仇之战，他们不能容许其他的国家来染指这一荣誉。而在英美方面，一向敌视共产主义的丘吉尔坚持由英美联军攻占柏林，不愿把最后的英雄勋章让给苏联。而盟军最高统帅艾森豪威尔则另有打算，这个有着高度政治眼光的美国职业军人更关心的是远征欧洲大陆的美国士兵的生命和美国在战争中的投入所获得的回报。他不愿意在大局已定的情况下再去付出巨大的伤亡代价跟作困兽之斗的德国较劲，而且跟苏联争夺攻占柏林的荣誉很可能导致与苏联关系的破裂，这是美国所不希望看到的。所以尽管有丘吉尔一再劝说，手下巴顿这样的“好战分子”也摩拳擦掌，艾森豪威尔还是决定不去跟苏联人抢夺柏林。如克劳塞维茨所言：“战争是政治的延续。”在更高的政治利益面前，计算的方法是不一样的。

★绝望中的希特勒

希特勒应该不清楚苏联与英美在进攻柏林的优先权上的争论，对他来说，柏林是承载他迷梦的最后堡垒，他的一生都活在这个狂妄的梦中，失去了柏林也就意味着他本人不再有任何活着的意义了。希特勒加紧动员柏林的防御战，他坚信德国军队在绝境中的爆发力可以扭转乾坤。柏林一切可以动员的人力物力都被发动起来了。从花甲老人到十来岁的少年都被整编进兵营接受严格的训练，到处修建起地堡、街垒。把柏林变成血肉磨坊，是狂人希特勒对世界的最后挑衅。

草木皆兵：密不透风的柏林

1945年是重大意义的一年，春天却没有显示出什么与众不同。阳光明媚，布谷鸟欢快鸣叫，树下掩埋着不久前阵亡的战士。

这时候苏联和英法美联军已经在德国本土开战，苏军更是一马当先，横冲直撞地冲到了离柏林只有60千米的地方。在斯大林看来，这必须是对德军的最后一战，还有什么地方会比柏林更有象征意义呢？希特勒在这里，德军残余主力在这里，就此决一胜负吧！

按照英美与苏联达成的默契，英美联军也开到易北河附近，隔着100多千米的距离遥望陌生的柏林。到4月中旬的时候，列宁格勒方面军已经趁着备战先跟德军库尔蓝集团打了一仗，白俄罗斯方面军也出动把东普鲁士集团剿灭，同时它的第二方面军还清理了格丁尼亚地区的德军残部。苏联派出自己的支部不停地清除周边的德军小股力量，一切的一切都是为了最后集中精神对付柏林。

在柏林外作战的德军主力其实也并不弱，察觉到苏军意图后，更是将火力集中向苏联，通过他们的战略部署就可以看出来，214个精锐师部署在抵御苏军攻击的方向上。而对英美联盟，德军只用60个战斗力较弱的师前去抵挡。为了防守住柏林这个最后的巢穴，希特勒用超过100万的兵力和十几个坦克师分成几股力量去挡住苏军的前进，形成了密集的纵深防御体系。一线有奥德河、尼斯河三道纵深30千米的防御带，再深入一点的科特布斯方向更是牢固异常，不仅建筑了强大的防御工事，更是集中了德军最为精锐的王牌部队。用一句话来说，德军是倾其所有，力求把苏军挡在门外。照理说这个时候受到阻拦较少的盟国可以趁机先攻进柏林，不少前线将领都在打这个主意，不过他们作为职业军人，不得不服从政治家们的决策，让苏军去啃这块最后的硬骨头。

尽管德军看起来有模有样，一道厚厚防线看起来没有穿越的可能，但是不要忘记苏联可是玩人海战术的高手。这一次参加柏林战役的包括了白俄罗斯第一、第二方面军和乌克兰第一方面军，以及波兰第一、第二集团军，水面力量有波罗的海舰队一部，空中力量有800架战机装备的远程航空第十八集团军，总体来说162个步兵骑兵师和21个装甲机械化军队，海陆空算起来250万人，火炮不计其数，坦克等近万辆，能使用的作战飞机7 500架，从人员看，从军备看，苏联都数倍于德军。更何况斯大林早就勘察好地形，制定了方案，苏联各部的突击方向都占尽优势。所以英美不出兵也有他们的道理，怎么看苏联都会赢，何必急呢？

★苏军坦克向柏林挺进

这次柏林战役之前苏军各部明确了一下目的，首先自然是要粉碎这批德国守军，然后柏林也是要拿下的，那结束战斗之后呢，苏军就出来到易北河跟盟军喝庆功酒！至于怎么打，苏联人大多来自冰天雪地的环境，就喜欢一个猛烈劲儿，直接冲着宽大的正面狂轰滥炸，合围柏林，到时候分割围歼这种事就不用说了！苏联人发话了，这回我们要的就是快！12到15天，最长不能超过这个期限！

苏军从上到下是响应如云，朱可夫率领着白俄罗斯第一方面军，带着4个集团军的兵力瞄准了德国特别粗壮的屈斯特林登陆场一带。战役一打响，白俄罗斯第一方面军将第一个冲出去进行突击，要保证在一天之内扯开德军两道防线，让近卫坦克的第一、第二集团军能够开进来。再这样穷追猛打到第六天，方面军的主力应该也快要拿下柏林了。

这时候突击第三集团军就不分日夜地潜到柏林的西边地带，第四十六集团军过几天再往易北河前沿赶去，这样屈斯特林北边有着第六十一集团军和波兰第一集团军，南边又有着第六十九和第三十三集团军，一起辅助突击，到时候柏林就是瓮中之鳖，怎么也闹不出动静了。

苏军此时已经是胜券在握，但其作战部署还是十分细心的，因为步兵和坦克通常都利用天亮前两个钟头的时间进行预先的炮火准备，所以为了照清敌方，苏联还特地准备了140多部大功率的探照灯。

就这样苏军兵分三路，朱可夫元帅领着白俄罗斯第一方面军作为主力和先锋，把奥德河东西两岸的防线和周边给摧毁了，然后向东逼近柏林城下。科涅夫元帅则带着乌克兰第一方面军从尼斯河东岸一路往上，从南面袭击，罗科索夫斯基元帅率领白俄罗斯第二方面军挺入奥德河下游，在北方锁定柏林。

突破防御：苏军强渡奥德河—尼斯河

4月16日凌晨五时，天还没有亮，但是苏军已经作好了全部战斗准备，柏林战役在这时打响了。随着朱可夫下达攻击命令，苏军的火炮跟放烟花似的炸得满天空都是红色光点，轰炸机也高高飞起，压着火炮射程投放炸弹，顿时天崩地裂、摧枯拉朽，无数吨的钢铁冰雹一般狠狠地砸在德军阵地上，地面被轰击出无数大坑，整个城市都在巨大的轰鸣声中颤抖。没多久，又是一道道雪亮的强光，没错，那探照灯派上用场了，德军阵地霎时间被无数道闪电照得雪亮，德军士兵被晃得眼睛都睁不开，被强烈的灯光刺得眼泪哗哗流。苏军趁这机会冲了上去，朱可夫率领的白俄罗斯第一方面军冲了上来，德军第一道防线就这样轻易被撕开了。而南面的科涅夫在尼斯河的进攻估计用的也是差不多的手段，突破德军防线，迅速地渡过了尼斯河。

朱可夫带着军队往前赶去，还没到中午就已经抵达了第二道防御线。但是这个时候的德军已经回过神来了，第二道防御地点的泽洛夫高地成了苏军面对的第一个坚固要塞，这个高地可眼观六路耳听八方，占据着几条道路的交会之处，无论苏军怎么迂回想要通过，都遭受到德军火力的猛烈打击。知道自己形势不利的德军一点都不会心慈手软，每一条战壕每一个散兵坑都成了他们搏命的地方。苏军进攻几次，大量的士兵倒在了冲锋的过程中，还是没办法拿下高地，朱可夫甚至派来了坦克集团军，但是德军的反坦克炮弹同样也很厉害，使苏军攻势屡屡受挫，一时间苏军的攻击难以取得实质性进展。

到了4月17日的早上，朱可夫把方面军所有炮火都集中起来，一字排开，成千辆坦克就跟移动钢壁似的，缓缓前移，前面的坦克冒烟了，后面的立刻拨开它顶上。苏军士兵的英勇无畏让德军也不得不钦佩，他们满腔热血高呼口号拼命向前冲，再满腔热血地倒下后被后面的战友顶替。面对居高临下、以逸待劳的德军，苏军士兵唯有用一次次的冲锋来换取胜利，年轻士兵的尸体铺满了战场。

★正在抢渡奥德河的苏军坦克部队

在苏军一轮又一轮的密集冲锋下，德军的阵地终于松动了，疲倦不堪且同样伤亡巨大的德军最终不得不放弃了泽洛夫高地，向柏林逃去。苏军在付出了沉重代价后总算攻占了泽洛夫高地。对柏林的防御形势来说，这一要地的丢失可以说是雪上加霜。南面的科涅夫也早已经把尼斯河那边的德军防守地带给突破了，并且向前推进了30千米，就在朱可夫还在泽洛夫高地指挥部队冲锋的时候，科涅夫已经抢先对柏林进行突击。

20日早上，朱可夫带着刚刚经历了恶战的白俄罗斯第一方面军先锋部队抵达了柏林的近郊，此刻只要摆出加农炮和榴弹炮，就可以把整个柏林城射个对穿，当天下午苏军炮兵就迫不及待地开始试验。

★苏军在柏林外围的炮兵阵地

当天晚上，科涅夫的坦克集团军也占据了柏林郊区的南部和西南部。

另外一个攻击方向上的罗科索夫斯基，他所统率的白俄罗斯第二方面军的进展十分顺利，奥德河被苏军强渡成功，柏林北部守军“维斯瓦集团军群”此刻却因为摸不清苏军的战略企图而几乎没有什么有力的反击举措。

到了这一步，几乎是完全按照斯大林的打算，奥德河与尼斯河的防御体系完全溃败，苏军即将收紧战线，完成对柏林的铁壁合围。

完成合围：德国重兵集团成瓮中之鳖

苏军在柏林外围的战斗表现值得世人称赞，他们不管白天黑夜地进行战斗，休息对他们来说似乎是完全不需要的东西，为了实现统帅部在时间上的严格要求，他们以惊人的意志力连续作战，终于完成对柏林的合围。

到了4月24日，朱可夫的白俄罗斯第一方面军的左翼部队与科涅夫的乌克兰第一方面军在柏林东南面的一处小树林子里会师了，这也意味着苏军彻底切断了德军第九集团军试图联系柏林的可能，并将德军第九集团军包围了起来。

第二天，白俄罗斯第一方面军的右翼部队又和乌克兰的第四坦克军在柏林西部合兵一处，到此，苏军在柏林外围画出一个巨大的圆圈，把柏林包在了里头。

在柏林，希特勒当时还有一个指望，就是北部地区的德军，如果它能够趁苏军这两支队伍刚刚会面还没来得及组合的时候突破，那么柏林也不会成为孤城了。可是这支德军在哪儿呢？它正陷在和白俄罗斯第二方面军与白俄罗斯第一方面军右翼部队的激战中。

垂死挣扎时，德军也开始采取了疯狂的自杀式战术，比如派遣自杀式坦克、自杀式火炮伏击等等，这些陷入绝望中的德国士兵用血肉之躯为纳粹德国的覆灭殉葬，但他们的死对于大局没有任何意义，苏军的包围越来越严密，攻势越来越强。

德军的士气迅速下滑。原德军第五十六装甲军军长魏德林老泪纵横地回忆道：“这几天对德军来说太痛苦了，每个部队都损兵折将，体无完肤，我们都没力气了，苏联人怎么就那么顽强，我们实在是挡不住他们的攻势。”

如果说这位军长的描述不够生动，或许德军国防军统帅部的作战日志更加动人：“作为最高指挥机构而言，德国军队哀号死亡的丧曲已经响起，什么都没有打算，什么都很匆忙，在柏林，我们听到远处苏军坦克的炮声，这让人沮丧。”

到这里不妨再说说这位军长，因为他的遭遇很能够代表现在的战局。从4月20日下午开始，因为苏军收紧包围圈，这位倒霉的军长已经与柏林完全失去了联系。此时城中指挥部久久得不到魏德林的任何确切消息，便开始大肆揣测，要知道在那个风雨飘摇的时候，任何情况都是可能出现的。柏林的市民中开始流传谣言说魏德林早就带着下属逃到了柏林西边，根本没有进行抵抗。

对一向要求士兵对自己绝对忠诚的希特勒来说，这完全就是无法原谅的事，他无法容忍手下将领对自己的背叛，于是在一怒之下下达了对魏德林的逮捕令。

就在这天中午，苏军的炮弹开始袭向柏林，已经焦躁不堪的希特勒几乎处于情绪失控的状态了。从历史来看，作为德国的首都，虽然空袭中轰炸机投下的炸弹不可避免，但是如此直接的地面炮轰实在是让希特勒难以置信，他把这视为自己的奇耻大辱。当苏军的第一发炮弹在柏林城中炸响的时候，德国人终于看清楚了现在的局势，苏军真的来了，而且就在门外不远之处。

柏林广播台的播音开始放送，苏军现在正在哪里，由半天一次，逐渐变为半小时一次。从遭受第一次炮击开始，此起彼伏的炮弹呼啸声和剧烈的爆炸声成为了柏林人每时每刻都必须经历的噩梦。

希特勒和他的纳粹党羽是不会轻易甘心失败的，他们把整个柏林变成了一个大兵营和大堡垒。在党卫军的监督下，年老体弱者和妇女儿童也被组织起来参加工事修筑或者后勤运输。纳粹要用所有的德国人来为自己的灭亡陪葬，这一点是毫无疑问的。根据希特勒和他的高级幕僚们的计划，既然外部防线已经击溃，那么整座城市都可以成为第二阵地！德军迅速地把城市划分成外狙击区、外城和内城。重点防御区有九个，最特别的是政府的办公大楼以及希特勒的秘密总部。市区不仅挖出了交通壕，甚至紧急构筑了临时街垒，临街的建筑不再是咖啡屋、酒吧和鲜花店、面包房，通通改成防御工事。高楼的窗户被加固堵死，留下小孔预备随时狙击突入城中的苏军士兵。在街垒后面除了安排交叉火力，还增加了反坦克障碍，浇筑众多混凝土工事。火车站、桥梁、岔路口这些关键的地方成了防守要点。因为此刻空战没有开始，许多原本用来对付战机的高射炮被调来用于地面进攻，在城内，只要能动的武器，不管是掉了枪托的枪还是履带还没有修复的坦克，只要能喷出火，都作为火力使用，埋设在各个隐蔽的要点。

★参加柏林会战的苏联重炮

在斯大林格勒战役中吃够了城市巷战苦头的德军，也从这场战役中获得了城市巷战的启示。此刻他们也妄想着如蛛网一样的城市和杂乱建筑障碍能够使得苏军放缓前进脚步，并使苏军在城中遭到惨重伤亡。纳粹广播的最后一次播音警告居民作好一切准备，每间屋子，每条巷子都可能发生激战。为了准备巷战，德军不光是在地面设置防御和火力，在地下的下水道也构建了重重防御工事，安置大量通信器材，军队转移和隐蔽选择了地下铁道和下水道网。在这次播音结束不久，一场激烈的城市攻坚战拉开了序幕。

进逼柏林：希特勒美梦正香

时间到了4月21日，苏军已经离柏林市区仅有5千米，根据作战计划，白俄罗斯第一方面军应该率领突击部队转入柏林城郊的环城公路，当他们赶到以后，在城市最边缘的薄弱德军展开了最后的反击。

而波兰第一集团军此刻已经从城北穿过奔向易北河，准备按计划跟美军会合。经历了泽洛夫高地的朱可夫此刻对德军在困兽之斗中可能的疯狂有所顾忌，为了确保万无一失，他要求两支近卫坦克集团军和近卫第八集团军也加入对柏林的攻城战。

希特勒生日是4月20日，那一天俄军的炮火正在柏林城外四处开花，他跟众多高级将领、亲朋好友一起享用了丰盛的晚宴，在美酒和烛光鲜花之中，他依旧坚定地说："俄国人会在柏林尝到彻底绝望的滋味！"在座所有人都习惯性地微笑点头，鼓掌欢呼。但是希特勒可能到死也不会知道，晚宴一结束，刚刚还向他信誓旦旦表示要战斗到流尽最后一滴血的一些德军将领就已经如丧家之犬，带领妻儿慌忙逃亡了。希特勒已经被自己编织的美梦完全包围了，谁也不敢去打扰他的美梦。他总是听到许许多多的好话，比如就在前一天，还有献媚的德国守军告诉他：苏军可真不要脸，用的还是我们德国的大炮！

所以直到现在，希特勒还是怀着一丝希望，他总觉得命不该绝，总觉得那个时候还没有到来，但是不管怎样，现在必须要亲自指挥战斗了——希特勒一直觉得今天的不利局面要完全怪他手下那些蠢材将军们。他亲自掌握了柏林的所有防务，下达全部死守、直到牺牲的命令。

柏林南郊受到乌克兰第一方面军的攻击之后，希特勒还是大手一挥，要求连空军都用上，所有士兵发动反击！但是一天过去了，两天过去了，曼施坦因怎

★正在向柏林市区挺进的苏军坦克

么还没有动静？希特勒十分焦急，他反复催促，平时十分机灵的曼施坦因此刻却装聋作哑，干脆不听命令。这位将领没有发疯，他相当理智，他明白纳粹的元首现在已经陷入了狂乱的境地，现在如果拿着仅有的4个残师去攻打苏联大股坦克军，那不是白白送死吗？

其实如果现在柏林城内高级将领趁着朱可夫受命转向柏林南部的机会发动攻击，说不定柏林还能多拖几天，但是此刻德军已经完全没有战斗勇气了，他们已经不想进攻了，他们已经意识到他们最后的战斗只是在为躲藏在地下室里的元首和将军们陪葬而已。

攻克柏林：希特勒地下室自杀

无论怎样，在肃清了柏林城郊的残敌之后，苏军的小股部队渗透进柏林市区，发动试探性的攻击。而此时希特勒在疯狂中似乎也残存着最后的清醒。他命令德军统帅部迅速撤离，至于他自己，“柏林在，我在，柏林亡，我亡”。

除了统帅部的灵魂力量能够逃生之外，希特勒命令军事机关的其他人都必须用生命来捍卫柏林。他下达最严厉的作战命令，说任何一个人在下达命令之后若不参加战斗，就立即处决。对在战斗前线退缩的官兵不仅要被处以死刑，而且尸体还要倒吊着挂上“孬种”、“逃兵”、“德意志的耻辱”等字牌当街示众。

到了4月26日的清晨，地面已经经历过钢铁炮弹洗礼的柏林又遭受了一场空中的袭击。数千架苏军飞机遮天蔽日，上万吨炮弹遍地爆炸，汽油弹如同暴雨裹着熊熊火球。柏林每公里地面都有上千门火炮对准，进行肆无忌惮地攻击。柏林已经没有了房子，没有了街道，没有了任何成形的人为特征，只剩下冲天火光、飞沙走石和市民悲惨的呼号。

惨烈的斯大林格勒战役使得苏军积累了宝贵的城市巷战经验。如今，对于如何在城市里面进行有效率的战斗，对他们来说已经驾轻就熟，苏军驾驶着坦克，持着喷火器和爆破器材，在工兵清理路面的掩护下，小心翼翼、步步为营。无论是民居的后院还是地下室，甚至是柏林地下错综复杂的下水道，只要是可以进人的地方苏军都会钻进去，他们填塞着每一个孔洞，逐屋占领着每一座楼房。这样的细致精密让人叹为观止。

不过这座城市的防御体系错综复杂，完整坚固，工事精心打造层层推进，苏军越是接近核心区域，遭受的抵抗就越强烈。往往苏军刚刚推进到一条成为废墟

★希特勒自杀现场

的街道，瓦砾堆下隐藏着的德军的火力点，就突然从四面八方向苏军开火。苏军刚刚进入一座垮掉半边的楼房，在窗后就喷射出机枪的火焰。所以伴随着每一步的前进，苏军都不得不承受巨大的牺牲。

不管纳粹的顽抗如何激烈，柏林的形势已经进行到这一步，任何长了眼睛的人都可以看出德军回天乏术，唯一一个不信邪的恐怕就是希特勒了，他见到好不容易逃回市区的魏德林之后还自负地对他说道："你没有背叛我是正确的，因为我们的局势一定会好转。还记得我们强大的第九集团军吗？只要他们跟第十二集团军联合起来，苏联人再多也不是我们强大战争机器的对手。"

因为害怕元首而不敢阐述实情的德军将领纷纷沉默了，他们无法告诉希特勒在柏林东南的第九集团军已经被苏军团团围住，正在被苏军一口口吃掉。他们也无法告诉希特勒，在柏林西南的第十二集团军确实也在拼命地赶往柏林，但是美军却伸出脚绊倒了它，导致被苏军一把揪住，它再也动不了了。

希特勒啊希特勒，他成天待在不见天日的地下暗堡，怎么会明白外面的真实情况呢？希特勒依旧每天不断发出电报，分配各部队的任务，显得忙忙碌碌，只是越来越焦灼。

而此刻的德军将领，已经完全不去看这些电报了，他们只是不断在口头表示对希特勒的绝对服从。

4月27日，苏军进入了柏林心腹的第九区。这时候德军将领们实在是瞒不下去了，凯特尔向柏林发出电报，希特勒看着收到的消息：第十二集团军无法前进！第九集团军无法突围！柏林城内八区沦陷！他连看了几遍，始终不敢相信这是真的。他这回倒开始希望自己是在做梦，做一个噩梦，只不过这噩梦太过真实，真实得足以破灭希特勒所有的希望。

魏德林焦急地提出一个计划："元首，我们集中守军，从柏林突围，一定保证您的安全！"希特勒纹丝不动："我安全了，柏林呢？"魏德林还不明白，继续劝道："元首，我们的弹药只能支撑两天了，粮食和药品已经没有了，再不走就来不及了！"德军其他将领纷纷附和他的说法。按照当时的情况，如果守军奋力一搏，希特勒全身而退还是有可能的。但是此刻希特勒的心已经彻底死了，他的纳粹之梦，血统净化的理想，德意志第三帝国飘扬的旗帜，都化成了灰，变成了现在耳边呼啸的炮弹声。这场由他的野心而发动的战争终究还是输了，希特勒为他征服世界的狂妄梦想使整个世界陷入了战火之中，他现在或许明白了，他必须为自己的罪恶付出代价。

希特勒拒绝了离开柏林的提议，4月28日，苏军已经开到了蒂尔花园区，这是德军所占据的最后一块战略要点了，在这个花园区有着政府首脑机关所在的国会大厦和德军最高统帅部，总之德意志的象征全部集中在这个弹丸之地。党卫军最忠诚、最精锐的部队也都全部聚在这里，为了让他们迷狂的元首希特勒，为了他们的德意志大帝国迷梦，残余的德军在万分绝望中，就像一台台失去了感觉和情感的机器一样进行着最后的战斗。这场战斗一直持续到29日深夜，如同铁流一般涌来的苏军最终夺取了希特勒所在的内务部大楼。横在他们面前的是一具具瞪

★苏军坦克开进柏林市区

着绝望眼睛的尸体，大楼中的德军都已经死亡，没有一个逃脱。

在希特勒藏身的地下暗堡里，凌晨1时，希特勒还要做人生最后一件事，他宣布将与他的情妇爱娃举行婚礼，这个希特勒身边唯一的女人已经等待了这个战争狂魔12年。在此之后，希特勒又指定海军元帅邓尼茨作为自己的接班人。

4月30日下午，希特勒夫妇躺在地下暗堡的天鹅绒床上，一起服下了毒药。就在爱娃抽搐的时候，希特勒掏出手枪，闭上眼睛对自己扣动了扳机。

希特勒的死亡当时并不为外人所知，到30日下午时国会大厦的守军还在进行顽强的反抗，残余的德军利用有利地形向苏军开火，使强攻的苏军在血战中又付出了大量伤亡，沿着国会大厦每一层上去都要踩着自己同伴的尸体。苏军一个房间一个房间地与德军进行着殊死搏斗，直到晚上9时，才肃清残敌登上国会大厦屋顶，将胜利的红旗插在了国会大厦的顶端。随着带有纳粹标记的旗帜从国会大厦坠落地面，欧洲和整个世界终于从一场噩梦中醒了过来。

当天深夜，沉默已久的德军广播再次发出了声响，要求苏军临时停火，进行谈判。次日凌晨，德国陆军总参谋长晃动着白旗从帝国办公厅的地下掩体中走出，和苏军的崔可夫上将进行谈判。

★苏军把红旗插上德国议会大厦，柏林解放。

这位参谋长说的第一句话就让崔可夫大吃一惊："我现在告诉你的这件事，还没有任何外国人知道，昨天晚上希特勒已经自杀身亡了。"

参谋长的要求也很简单，先停战，德国现在没有政府，等到组成新的政府体系了，自然会和苏联进行谈判。崔可夫将情况通报给斯大林后，很快收到了斯大林的回电："告诉德国人，只有无条件投降，不接受任何谈判，别说他不行，任何法西斯都没有这个资格！”

崔可夫按照斯大林的最高指示，在5月1日晚上对德军发出了最后通牒：速速无条件投降，不然苏军还会继续进攻，直到将他们全部消灭。

残留下来的德军将领知道已经没有任何退路了，他们中有一些纳粹的死忠分子甚至带领一家老小自杀。当然，更多的人选择了投降。

魏德林将军也选择了放弃无谓的抵抗，也正是他前往朱可夫的指挥所，在5月2日签署了投降书，带领全城残余的15万守军成为苏军的战俘。随着一队队德军打着白旗走向苏军，柏林战役作为苏德战争的最后决战，也作为法西斯的丧钟，结束了。在这一场城市攻坚战中，德军伤亡100万人，被俘约50万人。为了这场期待已久的胜利，苏军也付出了将近30万人伤亡的代价。

战典回响

欧洲再无战事

柏林战役后的几天，德军已经没有人力和补给，外围德军突围不进，在1945年5月9日，希特勒继承人邓尼茨委托德军最高统帅部的代表凯特尔等人在柏林的军事工程学院餐厅内，向苏联和盟军签署了无条件投降书。法西斯在欧洲的势力从此垮台，德意志第三帝国宣告灭亡，纳粹的阴影从此消散，欧洲得以恢复平静。

德国的美丽与哀愁

一场战事结束，最为痛苦的是城中百姓。誓死与柏林共存亡的德国人自尽以明志，而幸存的德国市民则挂出白布以求平安。

而在平民区里，苏军一开始保持着友好态度，开始分发食物。但是许多德国居民并没有欣然接受，对于苏军分发的面包，一些德国人上前哄抢，遭到了苏军的枪击。

唯一值得庆幸的是苏军没有进行屠城，大批德军战俘也受到了优待，一些被俘德军将领在被款待一番以后，送上飞机与斯大林会面。

这场战役给德国柏林带来的最大的影响还是东西柏林的形成，战争的创伤不仅影响了当时的成年人，更是带给了下一代。1961年，亲苏的东德亲手筑起柏林墙，将自己的同胞挡在外面整整28年，曾经亲密无间一个城市的人民变得如同水火，彼此憎恶。这种扭曲的心理直到1989年才得以恢复。

★沙场点兵★

人物：希特勒

简单来说，希特勒是纳粹党头目和法西斯德国的元首，也是他发动了第二次世界大战，是臭名昭著的反犹太主义、反社会主义、反民主、反自由的战争狂魔。作为头号战犯，希特勒在世界近代史的影响巨大。他可以被称为成功的演说家，野心勃勃的政治家，冒险主义的军事家和冷静疯狂的心理学家。具体来说，独特的出身和从小境遇使他的身份多元化。年龄相差极大的父母，时不时施加暴力的父亲和过度溺爱的母亲造就了他糟糕而又放荡懒散的童年，追求艺术的梦想破灭之后，由于机缘巧合他加入了当时的德意志工人党，并且一手将这个当时只有55人的小党发展成了举世闻名的纳粹党。他的一生为后世留下的不仅是巨大的历史伤痛，也让全世界不得不深刻反思。

武器：轰炸机

轰炸机突击能力强，航程远，载弹量巨大，按载弹量可分为重型、中型与轻型，按航程远近则可分为远程、中程和近程三种，轰炸机上的武器包括各种炸弹、航弹、空地导弹、巡航导弹、鱼雷、航空机关炮等，机上全方位火控系统可以保证轰炸机极高的命中精度。在对城市的上空轰炸时，通常先行用来破坏目标设施、敌方军备和交通枢纽，破坏敌方对内、对外的联系，给敌方造成强大压力。在第二次世界大战期间，它不仅被视为一般战略性进攻武器，而且为了给轰炸机修建机场和基地，导致了众多战役。二战是“战略轰炸”登上历史舞台的开始，盟军对德国实施的战略轰炸极大地摧毁了德国的战争潜力，为最终战胜德国起到了重要作用。

战术：割裂防御

割裂防御通常是针对敌方一条或者多条战线，派出最为强大的突击部队集中为一路或者分为几路，对敌军防线展开攻击，趁敌方不备撕开防线，从而保障己方坦克等装甲部队的进入。多路突击队针对一条战线的割裂可以形成防线自顾不暇之势，从而扩大战果，进入敌军防线之后，配合多次穿插能达到拓增开口的目的。在柏林战役中苏军利用此战术一举击破德国布下的铁桶阵，攻入柏林。

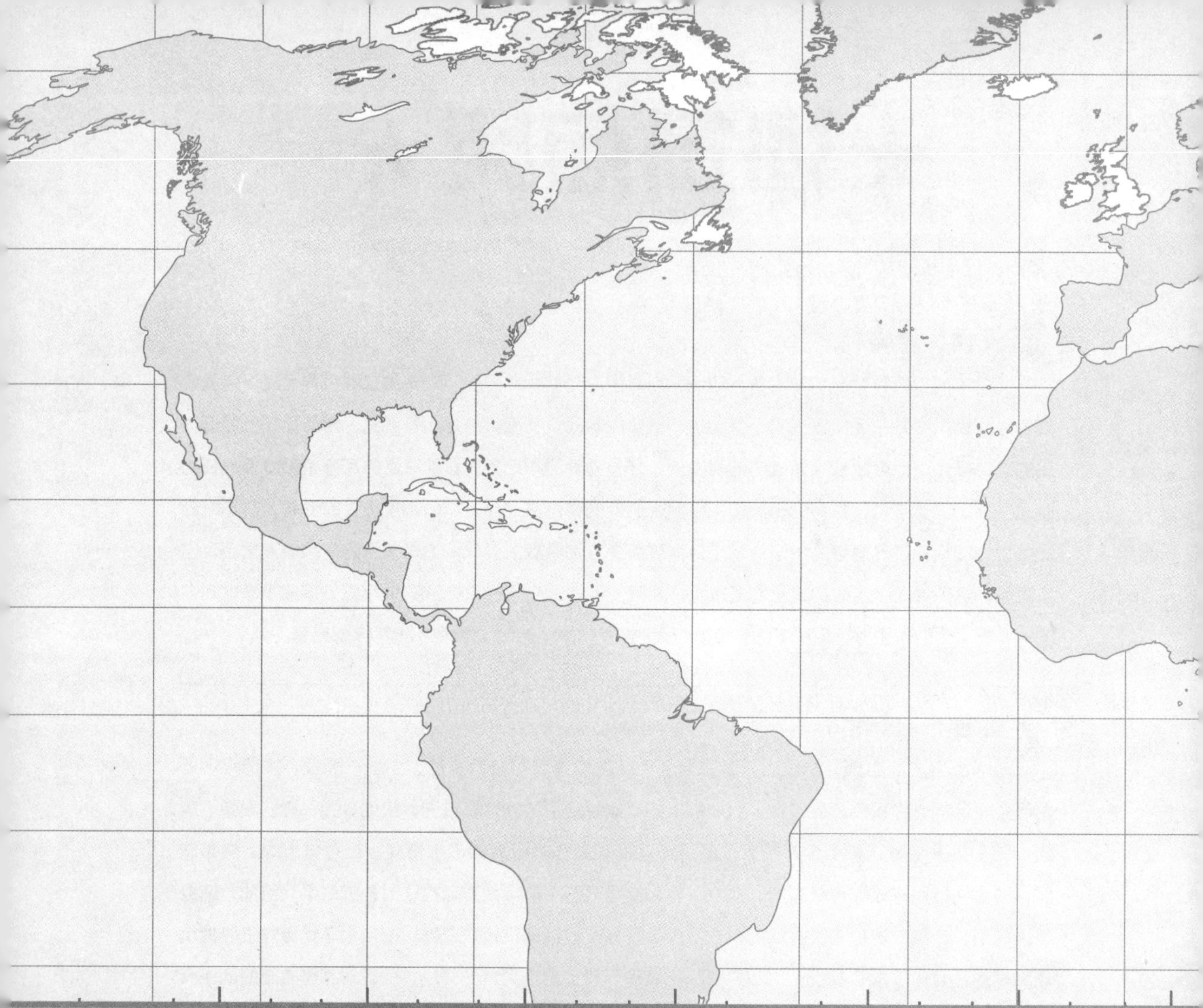

毕其功于一役 决战

THE CLASSIC WARS

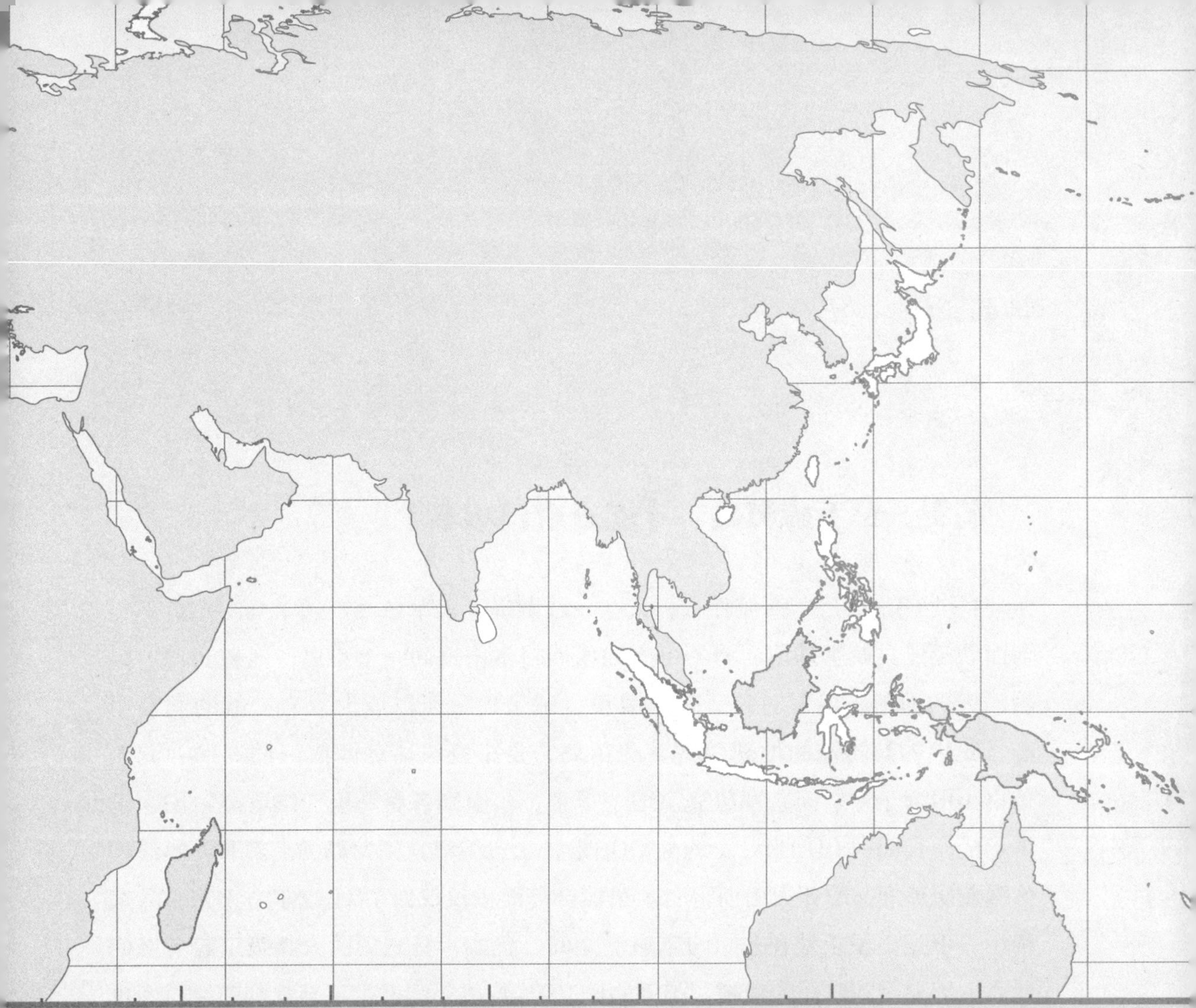

第十六章

硫黄岛之战
——最惨烈的海岛争夺战

▲ 1944 年的太平洋战场，美军已经牢牢掌握了主动，往日不可一世的日本军队在美军步步紧逼下逐步丢失太平洋上的各个战略要地。为了进一步巩固太平洋上的制海权和制空权，并更有效地把日本本土纳入打击范围，美军把硫黄岛作为一个必须争夺的战略支撑点。而对日本来说，丢失硫黄岛则意味着失去本土最后的一道防线。一场事关整个太平洋战局的空前惨烈的岛屿争夺战就此展开。疯狂的日军在这里苦苦维系着最后的幻梦。

前奏：拿下硫黄岛，才能进攻日本本土

1944年的2月，海风呼啸，天空一片阴霾。美军已经占领了马绍尔群岛，全面着手建立航空基地，势不可当地压向日本占据的一个小岛——硫黄岛。隔着滔天的海浪，两军对峙，气氛凝重。硫黄岛之所以成为双方交战的利益中心，是因为其特殊的地理位置。硫黄岛，是小笠原诸岛西南部的岛群，北距东京600余千米，南距塞班岛500余千米，东南则各离马里亚纳群岛200余千米。全岛长约8 000米，宽约4 000米，上宽下窄，因为岛的南部有一座终年弥漫着硫黄烟雾的死火山而得名。虽然全岛面积仅仅为了31.2平方千米，人烟稀少，但是由于正处在东京与塞班岛之间，犹如一只肥硕的火腿吸引着美军的注意。因为受到航程的限制，美军的B-29轰炸机无法携带足够炸弹前往日本本土，急需硫黄岛这个中转站。更何况岛上日军对美军阻碍也非常大，一旦美军有所动作，在岛日军就可以提前向东京报告，并且派出飞机拦截，甚至可能对美军机场进行轰炸。只有突破这道防守，美军才能一举冲入日本本土，获得最终的胜利。

硫黄岛是卡在美军喉咙的一块骨头，必须除之而后快。只要硫黄岛攻克成功，不仅轰炸机的携弹量可以增加一倍，而且还可以添加战斗机全程护航，甚至其他威力稍弱的轰炸机因为航程的缩短，也可以一起加入战斗。

1944年4月17日，美军参谋部一致通过攻占硫黄岛的计划，太平洋战区开始为这个行动进行准备，指挥部由珍珠港转移到了关岛。

10月初全盘计划落定，详细的硫黄岛攻占方案出台，第五两栖军为地面作战部队主力，包括了海军陆战队第三、第四、第五师共6万人。这支力量的主帅是史密斯中将。而特纳中将则率领着登陆与支援编队。同时还增派了掩护部队，

★太平洋上的小岛硫黄岛

米切尔中将手下的第五十八特混编队将提供密集完善的保卫，500艘登陆战舰、400艘军舰、2 000架飞机的强大阵容，对付这个小岛绰绰有余。

负责统筹这一切的是第五舰队司令斯普鲁恩斯上将。

万事俱备，只欠时机。因为当时安排的参战部队一时还没能召集回来，大部分还在支援吕宋岛登陆战，所以对硫黄岛的计划还需要耐心等待。偏偏吕宋岛战役开展得十分艰难，对硫黄岛的进攻也一拖再拖。

战争阴云：硫黄岛上磨刀霍霍的敢死队

硫黄岛烟气弥漫，在雾蒙蒙中美军大军压境，风雨欲来，驻守硫黄岛的日军面临着前所未有的压力，已经到了生死存亡的关头。在1944年以前，硫黄岛还只是一个无足轻重的小岛，仅仅是日军在太平洋中部和南部的航空中继基地。但是在此刻，硫黄岛的存在变得举足轻重，维系着日本本土的安全，日军不得不增派大量人员前来支援。之前小岛的守卫仅仅由千余人与20架飞机维持着，自从马里亚纳群岛失守以后，士兵人数激增到23 000人，整编为第一〇九师，由经验

★硫黄岛日军总指挥官栗林中道

丰富，冷静善战的栗林中道担任师团长。在硬件方面，增援也是相当强硬，13门火炮，200挺轻重机枪，4 552支步枪，12架高射炮，30挺25mm口径二联高射机枪，还有120mm口径火炮的配置，将这个小小的岛屿围了个密不透风，织成一张密密的火力网，重重把守，严阵以待。

尽管如此，日军的防守还是有着致命的漏洞。由于在菲律宾战役中，日军的海空军主力已经受到了毁灭性打击，现在硫黄岛的抗登陆作战几乎只能在陆地进行。

栗林是名出色的职业军人，曾经担任过天皇警卫部队的指挥官，他上任以后，紧急分析战况，发现要在缺乏海空军的情况下抵挡美军的攻势，简直是个不可能的任务，但是这个坚毅顽固的日本人偏偏要把不可能变为可能。

他仔细剖析了硫黄岛上折钵山和元山山地的有利地形，将岛上两个机场作为主要防御地带，狡猾地避开地面战争，选择了以地下坑道阵地为主，混凝土工事与天然岩洞有机结合的纵深防御工事。

栗林考虑到，尽管岛上的士兵增加了，但是比起庞大的美国军队，还是无异于以卵击石，硬碰硬绝对会一败涂地。要想把硫黄岛防守下来，就必须放弃日军在战争初期惯用的死拼战术，必须更加灵活，以最少的牺牲换得最大的破坏力。

他强硬地作了一系列规定，所有攻击必须改为近距离射击，士兵必须分散开进行机动的防御，以诱伏为主，等美军上钩了再进行打击！

这些规定的推出，虽然牺牲了射界，但都是为了尽量减少日军的损失，提高在猛烈攻击之下的生存能力，而且日军的火炮与通信网络都被防护得妥妥当当，整座折钵山几乎被掏空，成了一个空壳。外部看起来并无异常的山体，里面却曲折地布满九层筑道！而海滩纵深也是陷阱重重，不仅有大量地雷，还埋藏了大量机枪、迫击炮、反坦克炮，所有武器都经过精确的设置，一炸一个准，绝对不浪费一颗子弹，美军一旦登陆，立刻全面开花。日军这种根据地势进行的机动防御，让美军仿佛面对一个没有缝的蛋，完全摸不到头，攻也无处下手。

等到一切部署妥当，栗林环顾下荷枪实弹的士兵们，脸色分外凝重，他下令："你们切不可自杀冲锋，每个人的牺牲必须换来至少十条美军的性命！"一命换十命！惨烈的宣言让在岛的所有士兵鸦雀无声，他们知道这次防御战不光是用枪炮，还必须用他们的血肉来铸成最后一道防线！一片死寂！山中的每一条战壕似乎都已经凝结，但是栗林却看到每个士兵的眼睛中，都狠狠地透露出舍命的决心！

两军隔着滔天海浪死死对峙，死亡就像天空中密布的阴云，重重压在两军每一个士兵心头。顽固不化的驻岛日军，在栗林的带领下拼命死守，给美军造成了极大困难，也使硫黄岛战役成为太平洋战场最为严酷和残忍、艰巨的登陆战役。

轰炸威慑：恐惧正在发生

先掀起的是一场空中轰炸。1944年8月10日，塞班岛美军航空兵拉低战机，蜂鸣着轰炸了小笠原群岛，空中轰炸通常优先选择战略措施，这次美军也没有例外，目标锁定了硫黄岛的机场以及中转港口，意图切断硫黄岛的物资供给。两个月间美军隔三差五就这样轰炸一回，但是消耗了约4 000吨子弹以后，也没看到多大效果。

★准备起飞的美军轰炸机

11月24日，美军首次出动了塞班岛的B-29超级空中堡垒轰炸机，对日本本土进行大范围轰炸，炮弹轰然落地，火焰冲天而起，在日军阵营制造了极大的恐慌。三天后

★美国B-29轰炸机

日军即作出反应，在硫黄岛驻守的日军于27日发动两架飞机直飞塞班岛B-29航空基地进行空袭，当场击毁B-29超级轰炸机一架，连带击伤其余11架飞机。随后的几天，硫黄岛日军的空袭战略并未停止，航空基地一日不得安宁，安全受到极大的威胁。为了反击硫黄岛日军的空袭，美军在1944年12月8日组织起规模庞大的海空协同突击，192架飞机高低盘旋，62架B-29轰炸机夹杂其中。但是猛烈的炮火与轰炸却未能取得预想的效果，日军的防御措施固若金汤，美军数次集中火力进攻，仅仅伤了硫黄岛的皮毛而已。

此后美军连续组织类似规模的海空联合突击四次，但也只是略微压制了日军的火力，战斗僵局根本无法突破。

美国人这次拿出了空前的耐心，从12月9日开始，只要天气允许飞行，黑尔少将必定会指挥B-24轰炸机对硫黄岛进行一番炮弹的“致意”。B-29作为轰炸机中的老大哥，也不在塞班岛闲着，时不时就一起投掷炸弹。频繁的美军轰炸机到2月初的时候已经出动了近3 000架次，近万吨的炮弹和不计其数的榴弹倾泻到硫黄岛的地面上。空中残余着袅袅青烟，但是日军阵地依旧一片死寂，没有反抗的动静，更没有受挫后的反应。美军这样的行动甚至都没能彻底毁掉日军机场，因为日军总是会在空袭一过，立刻冲出去修补。

1945年1月26日，美军终于等来了吕宋岛战役的结束，第三舰队大批返回，重组成为斯普鲁恩斯帅旗下的第五舰队。斯普鲁恩斯最近一直在查阅硫黄岛空中侦察的照片，对这个小岛的心情由一开始不屑一顾到慢慢变成了凝重，图像显示出小岛看似平常，但是暗藏玄机，底下很可能埋藏着极为可怕的防御系统。斯普鲁恩斯放弃了原先轻松攻下的打算，郑重向手下将领宣布这会是他们遇到的最难攻克的岛屿，并且作好了至少牺牲2万士兵的准备。

1月28日，面对顽固死守的日军，美军一筹莫展，硫黄岛能打下吗？打下它有必要吗？正好这个时候对日作战陆军航空兵第二十一航空队的司令李梅少将来访，共同商讨硫黄岛战役的方案。在紧急会议上，对于攻占硫黄岛是否有这么大的重要性这个问题，李梅少将非常肯定，如果拿不下硫黄岛，就拿不下日本！斯普鲁恩斯一拍桌子，得出定论："鉴于硫黄岛这样紧要的地理位置，只有不惜军力攻下这弹丸之地，才能将大军开进日本本土！"

过了两天，尼米兹也来到了根据地，对美军硫黄岛作战准备情况进行视察。斯普鲁恩斯将自己的担忧告诉了尼米兹："如果不用舰载航空兵对关东本土机场进行压制的话，恐怕从那边赶来的日军随时能够支援硫黄岛！"

尼米兹拍了拍他的肩膀："这个你完全可以放心，拼命进攻吧！"

战略迷惑：佯攻日本本土

既然强大的集中轰炸火力对硫黄岛的日军毫无作用，美军绞尽脑汁，终于研究出一个迂回策略，2月10日，第五舰队司令员斯普鲁恩斯制订出两线进攻、迷惑日军的战略方案。暗夜中，美军"印第安纳波利斯"号重巡洋舰载乘大量兵力，由第五十八特混编队的"邦克山"号航母护航，身后跟随大小16艘航母和8艘战列舰，远远还紧连着15艘较小型巡洋舰和77艘驱逐舰，浩浩荡荡的航母编队在恶劣天气的掩护下，悄无声息地直奔日本本土。海面上恶浪滔天，他们将驶离乌利西，绕过马里亚纳群岛和小笠原群岛，对东京发动压制性空袭。这是美军从1942年4月空袭东京以来第一次由航母编队袭击日本本土。让斯普鲁恩斯特别担心的是威名显赫的日本神风特工队，为了有效防范，每艘航母除了架上必备的轰炸机和鱼雷机，其他空位都摆满战斗机以防空战。他们的担心多余了，日军对此疏于防备，美军一举成功。16日，天

★硫黄岛海域巡逻的美国舰队

★硫黄岛海域的美国舰队

色还没有破晓，航母编队已经逼近东京东南部124海里海域，再驶60海里舰艇就会靠上日本本土海岸。

日军依旧无动于衷，2月16日，按照原计划美军航母编队搭载的轰炸机纷纷起飞，分成几个批次前去破坏东京湾各处机场。但是乌云低沉，可视范围不佳，加上大风呼啸，许多攻击并没有击中目标。

2月17日，航母编队如鹰般的轰炸机又一次轰鸣起飞，关东机场和飞机制造厂等工事单位成为这一轮的目标。日军措手不及，尽管在前一天已经匆忙迎战，但是完全不是准备充分的美军的对手。在这两天里，332架日机冒着黑烟坠落，连地面停留的飞机也不可幸免。大范围的攻击虽然没有取得明显效果，但是本土炮弹四处开花的混乱景象，成功地吸引了硫黄岛兵力的注意。与此同时，美军又紧急将舰队撤回，连同剩余力量对硫黄岛发动致命的攻击。

抢滩登陆：遭受顽强抵抗

当美军支援火力编队到达硫黄岛海域后，所有战列舰、巡洋舰均分配好位置全面准备火炮攻击。2月15日，美国海军部长来到塞班岛听取战斗准备汇报，登陆编队有着“短吻鳄”之称的司令特纳表示，尽管之前计划将用十天的炮火来攻克硫黄岛，但是因为军舰载重量有限，实际弹药仅够三天使用。

“但是请您放心！这个弹丸之地，三天已经足够炸得它体无完肤！”特纳又补充保证道。

第二天天刚蒙蒙亮，美国又一支劲旅——布兰迪火力支援编队也前来助阵，并且立刻开始火力准备。按地段划分，安排好战列舰与巡洋舰后，为了保证射击精确度，他们甚至安插了几艘战列舰逼往岸边3 000米处直接瞄准目标。

一边美军在严密地布阵，一边栗林却下令用中短炮进行回防，大炮隐藏不发。所以一开始美军攻势猛烈，显得日军毫无防守之力。尽管情势一面倒，但这天气实在是太糟糕了，充满了火山烟灰和温泉迷雾的岛屿本来就朦朦胧胧，加上炮弹的硝烟，无异于下了一场大雾，离得再近也没办法准确击中目标。所以原先美军计划可以摧毁的750个目标实际上仅仅完成了17个。

徒劳轰炸一天以后，美军水下爆破队开始潜入深海探寻日军在海下的通行航道，在登陆炮艇的掩护下摘取了水下部分水雷和障碍物。这下可触到了日本人的神经，本来就高度紧张的栗林以为美军将即刻登陆，于是立刻命令大口径火炮全力回击。

美军的12艘掩护炮艇当场沉没9艘，另外3艘也是残破不堪侥幸逃回。派往探测的美军要么失踪，要么死亡。而当时美军正以为胜券在握，炮弹齐飞准备一鼓作气，此刻日军突然声势大起，火力瞬间增大，回攻之猛烈令美军大吃一惊，这要归功于日军将火力点隐藏得十分巧妙，顽强的日本士兵

★在硫黄岛登陆的美军

占据有利地势，使得美军攻势无法近前。岛上炮声隆隆，伤兵无数，惨烈的状况显示出战役已经进入白热化阶段。美军立刻瞄准这些暴露出的目标开始轰击。

接下来的三天，美军猛烈的火力继续充分地展现他们的优势，空中掩护的战机遮天蔽日，负责警戒的航母也是纵横海面，燃烧弹如雨点般密集，日军阵地伪装很快燃起熊熊大火，变得无遮无拦。岛上此刻还充满了浓烈呛人的硫黄味道，只是这已经不再是火山的缘故，全部来自美军的炮弹。日军知道刚刚的暴露引来了这通猛击，所以在这段时间里全部潜伏不动，近3万吨的美军炮弹几乎覆盖了硫黄岛地面，可是日军的防御工事何其坚固，承受重压愣是纹丝不动。

19日早晨，久久不散的乌云终于随风而去，太阳开始露面，坑坑洼洼烧焦、又进水潮湿的地面开始慢慢收干，对美军来说，这样的好天气也许预示了战争的最终胜利。因为美军炮弹攻击的最大阻力——天气因素已经消失。到了真正展现火炮实力的时候了，战列舰、重巡洋舰、驱逐舰纷纷就位。尽管这时候弹药的数量已经大为减少，并不能像前三天那么肆无忌惮，但是因为视野良好，日军据点清晰可辨，几乎是一打一个准，效果反而比之前要好很多。

在基本扫清地面障碍之后，美军部队开始登陆。刚开始的时候迎接他们的仅仅是零零星星的轻武器的扫射，日军似乎成了战争中可有可无的角色。仿佛美军真正的敌人只有天气和地形——确实，硫黄岛的火山灰非常麻烦，松软淤积的泥土使得登陆车全部沉陷，无法动弹。即使登陆舰在后面急着上岸，却因为前方阻滞只能眼睁睁等着。登陆舰上的士兵见此情况纷纷跳入水中，徒步往岸上走去。

特纳侧耳倾听，除了偶尔一阵机关枪的声音外，听不到日本人有任何大动静，他满意地笑了："日本人的实力在前一轮已经耗尽，前进吧！我的士兵！不出五天，我们就可以欢乐地告别这座该死的岛屿！"话音未落，日军炮火铺天盖地向着美军前锋袭来，之前并不是没有实力反击，而是栗林希望诱敌深入，只要美军炮火一延伸，就可以全面压制。果不其然，登陆的美军伤亡惨重，真的是"前浪死在沙滩上"，一时所有后续队伍都被堵住，无法前进。

硫黄岛激战：美国大兵大战日本特工队

在最前一批的美军陆战四师身后，跟着一群少挨了些子弹的陆战五师，因为晚了二十分钟，所以这支队伍侥幸伤亡不大，存活的部分一咬牙迅速扑上，趁前方部队挡着炮火的时候，迅速登岛，一举切断了折钵山周围的联系点。

这样折钵山就成了一个孤立的根据地，成为美军首个要拿下的目标。可惜这个时候的陆战四师已经是强弩之末，陆战五师也是岌岌可危，舰炮火力赶忙进行大力掩护，增援火力之强不敢说绝后，至少是空前的。

在舰炮火力的帮助下，美军登陆部队一排死在日军枪口下，另一排就赶紧替上，就这样一步一挪开始艰难推进。

之前的登陆车被陷事实还不足以让美国人吸取教训，美军居然派坦克上岸，希望能帮登陆部队一个忙，可惜跟前面的情形一致，坦克也深陷泥沼无法脱困，活生生成了日军攻击的靶子。

目前美军唯一能依赖的是最简单的炸药包与火焰喷射器，就在他们艰难前进的时候，天公又不作美了。大风突起，直往美军面前猛吹，人还能勉强顶住风力，登陆艇却支持不住，庞大的身躯被吹得左右摇晃，甚至干脆翻倒了。

此刻看看登陆海滩的情景，已经不能用“混乱”来形容，损坏的登陆艇横七竖八，千疮百孔陷在淤泥里的战车和坦克，拥挤上岸的补充人员及物资，熙熙攘攘，好不热闹。这番折腾又引发了尘土四处飞扬，硫黄岛好不容易变清澈的空气瞬间又变成往日的样子，美军这次吃亏可是吃大了。

但是特纳对着尼米兹还是信誓旦旦：“您放心！登陆部队勇往直前，毫无阻力，几乎没有伤亡！”

事实上，直到中午美军也没有推进一里路，到下午才摸到一号机场的边儿。四师的两个团一个已经是人员所剩无几，另一个早就全军覆没。五师的情况稍微好一点，毕竟有四师当人肉墙在前面挡着，硬是摧毁了日军不少火力点，到天黑之前，总算有三万美军登陆，找到了落脚处。第一天清算，伤亡两千余人，还不算特别惨烈，特纳心想万事开头难，以后说不定就好过了。

他又一次想错了，刚刚结束的一天仅仅是噩梦的开始，往后的日子才叫做真正的地狱。

20日，唯恐日军夜袭的美军担惊受怕之后，开始准备第二天的战斗。一号机场被攻占，岛南日军联系也被切断，好不容易砍掉了日军的一些枝枝蔓蔓。但是日军的主要实力都在密密麻麻的岩洞中，火炮只能在洞口溅起点石块，对士兵一点威胁都没有。少许坦克经过了火山灰滩涂的考验，总算能为掩护起到一点作用，美军第二十八团就在坦克的护翼下一个个地开始消灭洞中日军，手榴弹、炸药包、火焰喷射器，都是收效较慢的老一套，就这样又是一天过去了，他们前进了200米都不到。

★战火燃烧中的硫黄岛

剩下的两天，无一不是重复昨天的事情，让美军更为气馁的还有大雨滂沱，导致岸上飞沙走石，海面惊涛骇浪，22日美军唯一能做的就是休息。

2月23日，状况依旧，右翼前进300米。

2月24日，蜗牛般的速度并没有变快。虽然已经艰难突破了日军二号机场南侧，但是随即而来的日军逆袭又给了美军一场血的洗礼。6 000名年轻士兵已经血洒战场，情况没有突破性的改善。2月25日，这不是一场拉锯战，因为日军始终没有出来，反而像是美军在徒劳地刨着一面钢壁，接下来的几天不外乎如此，占尽人力物资优势的美军的攻击活脱脱被日本幽深复杂的通道变成了一场消耗战。每前进一步都要踏在新战死的尸体上，几个团非死即伤，更有的全连覆没。

刚开始还算侥幸的第五师此刻冲到左翼一线，也开始遭受第四师的命运，362高地的争夺和第四师382流血战如出一辙，日军的密集火力将美军退路全面封锁，前进是子弹，后退也是子弹，一张死亡织成的网罩住了每一个踏入日军防范范围的美军士兵。

巨大的牺牲并不是徒劳的，即使坚如磐石，也有水滴石穿的一天，日军的防御在美军锲而不舍的攻击之下实质上已经在逐步松动。

3月7日，美军以陆战三师为主力，发动强硬总攻。这次攻击突破了以往硬攻、强攻的作风，巧妙攻下了防守最严密的日军据点，虽然这样做的后果是留下了最困难的给四师和五师，但目前美军已经下定决心牺牲部分军队。三师势如破竹，一路往前，两天后就将日军一剖为二，占据了三号机场。

栗林感受到了真正的压力，但是在目前的情况下进行正面反击也是不现实的，他下令日军尽可能渗透进美军防线，采用夜间战术重新聚集起日军被分散的力量。可是美军及时察觉了这些在暗夜中匍匐深入的敌人，照明弹将他们的身影暴露无疑。日军的反击不仅失败了，而且造成了大量伤亡，原本底气就不足，现在更加是雪上加霜。

屋漏偏逢连夜雨，就在日军受到惨重打击、进行最后的顽抗时，他们心急如焚盼望的援军——日本海军联合舰队却在菲律宾莱特湾遭到拦截，一番海战之后，满载军备补给的军舰被打得无力前进。而另一部分援军，即岸基航空兵和潜艇部队也在空战和海战中损失殆尽。日军总司令部眼看自己伸出的一只只臂膀被砍得七零八落，决心采用日本特有的自杀性作战方式，以最惨烈的进攻获取最大的效果。

这支肩负使命、以死亡为代价的队伍就是国际上让人闻风丧胆的神风特工队。他们故意用自己的飞机撞上航母，以求同归于尽。用一架战机和数人牺牲来换取美国军队的大批伤亡。

从西岸到东岸，美国的军舰航母都遭遇了这种黑色袭击。“俾斯麦海”号护航航母也不能幸免，一架日机撞入舰体，在机库内当场爆炸，直接把机库飞机全部引燃，火势甚至蔓延到弹药舱，一声巨响，连环爆炸在海面掀起了滔天巨浪。“隆加”号、“基厄卡克”号，众多美军大家伙都被这种毒蚊子摧毁，损失远远大于日军。

除了空中自杀飞机，还有海底自杀潜艇。无论是“千草”还是“神武”等潜艇特工部队，都抱着有去无回之心大肆破坏美军的海军力量。

从4月16日至18日，美军不甘停滞，除了舰炮火力，干脆全部动员，连同护航母舰的舰载机进行海陆空三方面进攻，在火势熊熊的燃烧弹的辉映下，日军的炮弹也用尽了，士兵也逐渐疲惫不堪，火力像是风中残烛，迅速被美军凶猛地扑灭，硫黄岛战役终于在日军走投无路的情况下宣告结束。

战典回响

下一个目标：日本本土

仅仅30余平方千米的小小硫黄岛，造成了一步一牺牲，一步一流血的局面。作为防御方的日军伤亡惨重，当场阵亡20 000余人，几乎全军覆没，仅仅留下1 000多个战俘。失去90余架飞机和三艘潜艇。在最后关头不得不冲出战壕战斗时，他们就奔向了死亡。

而反观美军，在进攻阶段因为日军凌厉的防守反击，21 865人受伤，死亡6821人，其中大多为登陆部队三师、四师、五师的士兵。数量略大于日军，但是惨烈程度不可同日而语。

美军军备损失反而来得严重，不仅被击沉了一艘护航航母，而且各种扫雷舰、中型登陆舰、快速运输舰、登陆兵运输舰等都有损坏，登陆坦克更是被打得面目全非。

整个太平洋战争中，美军这一次的付出可谓是空前绝后，以远大于日军的代价取得了战役的胜利。

这样的牺牲也是意义重大，打开硫黄岛这道关口以后，美军立刻全面登陆抢修机场，将硫黄岛作为自己战机军备的中转站，从而有效解决了作战半径问题，借着轰炸机的战略轰炸，使得日本本土全面陷入崩溃。

此次美军的重大伤亡令美军高层心中为之一惊，日本人如此顽强的抵抗必定在本土还会上演，这样算下来，美军如果要拿下日本，必定要付出比此役更加惨重的代价。

但是当时美国并没有考虑到立刻使用原子弹，而是把这个秘密武器放到日本本土，以取得更大范围的杀伤。

★沙场点兵★

人物：斯普鲁恩斯

1886年出生的雷蒙德·埃姆斯·斯普鲁恩斯，毕业于美国海军学院，虽然他成绩优秀却默默无闻，毕业后在大量战役中，凭借自己的敏锐判断，逐步升职为美国第五舰队第一任司令，改组后的太平洋舰队第三任司令，海军上将。在对日战争中，斯普鲁恩斯吸取了“可怕的塔拉瓦海滩”一战的教训，两栖作战战术理论得到加强，正是他建议攻占硫黄岛和冲绳岛，由此突破对日作战的关键，攻克日本之后斯普鲁恩斯负责指挥日本全部海军，战后出任美国海军军事学院院长，他大胆进行教学改革，强调战略、战术和后勤之间的相互依赖关系，退役后更是出任美国驻菲律宾大使。由于众议员的反对，他一生未获五星上将奖章，引以为憾，1969年12月13日，曾经荣获三枚优异服务勋章、被称为“海军上将中的上将”的斯普鲁恩斯去世。

武器：喷火器

喷火器也称做火焰喷射器，是利用火焰喷射产生热焰的近距离攻击武器。喷火器主要用于攻击敌方火力点，使得防御工事内的士兵大范围烧伤烧死，能够阻击冲击的步兵群体。同时，喷火器能喷出极速的燃烧油，使得火焰射流异常猛烈，甚至能够顺着战壕四处飞溅，能够附在任何一个拐角处进行燃烧，不仅可以杀伤较为隐蔽的目标，而且能给敌人带来极大的精神震撼。大量燃烧会消耗一定范围内的氧气，取而代之以有毒气体，如果工事封闭，那么在内的士兵就会因为窒息或者中毒而死，因此在攻坚战中，如果遇到洞穴或者坑道这样的防御工事，喷火器具有出色的作用。

在硫黄岛战役中，日军利用长期经营的永久性工事躲在暗堡、洞穴中给美军造成了极大伤亡。为了彻底消灭负隅顽抗的日军，美军在此次战役中大量使用火焰喷射器，给躲藏在地下的日军以毁灭性的打击。

战术：蛙跳式越岛战术

蛙跳式越岛战术，也称跳岛战术，一般认为由麦克阿瑟发明，意指不是采用逐一收复、各个击破的办法，而是跳过火力强劲、防守坚固的岛屿，先攻占下一个薄弱的岛屿，通过海空封锁的方式使得顽强抵抗的岛屿陷入孤立的局面，使得其最后只能束手投降或者力竭而败。在对日本硫黄岛的进攻中，美军即采用蛙跳战术，最后包围硫黄岛进行全面攻击，使得硫黄岛的防御战略全面崩溃。由于日本是列岛长链，如果在其中一环拦腰截断，剩下的岛链就支离破碎，不堪一击了，美军在攻击太平洋上日本占领的岛屿中，广泛使用了这一战术。

战典

THE CLASSIC WARS

毕其功于一役

THE CLASSIC WARS

决战

第十七章

渡江战役

——解放军解放江南之役

▲这是一场关系中国命运的最后决战，1949 年初，苟延残喘的国民党政权妄图依托长江天险构筑坚固的防线，以形成与人民解放军隔江对峙的局面，实现所谓“划江而治”的迷梦。为了完成解放全中国的历史使命，人民解放军发动渡江战役，以摧枯拉朽的气势粉碎了敌人的顽抗，使历史翻开了崭新的一页。

前奏：不可沽名学霸王

辽沈、淮海、平津三大战役结束了，国民党受到了沉重的打击，政治、军事、经济方面都濒临崩溃。到了1948年年末的时候，国民党眼见自己败局已定，不甘心失败的国民党政府开始频出新招。当时政局情势万变，极其诡秘微妙，美国政府已经公开支持桂系李宗仁上台，由他负责和中国共产党谈判。

桂系军阀白崇禧趁机先向中国共产党示好，表明愿意和谈，让蒋介石处于极其尴尬的位置，此刻他要是再硬着头皮死拼到底，免不了是下台的命运。这时候他的压力不仅来自之前的溃败，还有美国和桂系的窥伺。无奈之下，蒋介石在1949年元旦终于向中国共产党表明求和的意图。

但是他的声明却颇值得玩味，尽管说是求和，条件中却还要求保留伪宪法，要求保留军队，这其实就是为了保住自己的统治权。毛泽东看穿了蒋介石的把戏，在新年献词里毫不客气地揭露了美帝国主义和国民党的所有阴谋，号召全国人民“将革命进行到底”！

按照共产党的势头，武装解决国民党也并非不可，但是共产党的目的毕竟是为了人民，如果能够尽快结束战争，早日让百姓安宁，结束长期的痛苦，那么共产党是欢迎真诚的和谈的。更何况当时长江南部、上游和西北还屯集大量国民党军队，死战下去只会增加解放军的伤亡。所以毛泽东也表示，要和谈可以，但必须同意共产党的八大条件。

此时蒋介石的和谈声明被揭穿以后，再也没有了什么立场，只能被迫引退，让位给李宗仁，但是狡猾的蒋介石怎么可能甘心就此下台，早在这之前，他已经安插好自己所有的亲信嫡系，分布在党政军中任要职，同时搜刮民脂民膏，为自己逃跑作准备。同时还隐藏在幕后，指挥国民党的行动。

李宗仁出面以后，看起来十分客气礼貌，当场表示和谈没问题，如果能与共产党划江而治是最好不过，这样井水不犯河水，从此你走你的阳关道，我过我的独木桥。

共产党自然是不答应，经过反复协商，双方各有退让，总算达成了一致。好不容易要签字了，国民党又反悔了，他们拒绝签字。

当时两次和谈都是由国民党提出，都是假和谈真内战，完全辜负了共产党的诚意，国民党这种行为无异于跳梁小丑最后一演，在人民群众面前寻求自杀，所以当时的中国人民革命军事委员会主席毛泽东同志和中国人民解放军总司令朱德同志决定，1949年4月20日晚发起渡江战役。

铁索横江：桂系的负隅顽抗

长江源远流长，润泽千里，是中国第一大江，烟波浩渺，从古到今都是军事上所说的天堑。国民党占据的长江地段江面宽广，最宽处达十余千米，每到四五月江南阴雨绵绵，汛期一至，水位就会猛涨数丈，风疾浪大，极难通过。而因为湿度适宜，沿着长江两侧区域都被开辟为密密的稻田地，围绕着淙淙小溪，团团湖泊。虽然景致宜人，但是非常不利于大队人马集结行动。

国民党军队在三大战役以后，余下71个军共约115万人，加上零零散散的特种兵、机关学校和地方部队，加起来也不过200万人左右。而其中真正能投入战斗的，只有150万人左右。士兵大多是在战斗后重新组织，军队也是被歼之后重新建立，十分分散，已经没办法迅速有效地集结防御。蒋介石此前一系列行动，假和谈之类的虚晃一枪，都是为了争取时间，能够依托长江天险重新集结部队，尽量在长江以南积累一部分中坚力量，以备反击解放军。所以他假称隐退的同时，暗中仍然以国民党总裁的身份大包大揽，决定着各项军政事务，大肆扩充军队，积极备战。

在长江下游设防的汤恩伯，被蒋介石任命为新扩充的京沪杭警备司令部总司令，负责全面指挥江苏到安徽一带和江西省以东的军事行动，这次长江一役他将连同上游白崇禧部队一起进行防御。

汤恩伯集团此刻除了抽拨出一小股力量把持着江心洲和江北若干据点当做警戒阵地，其他18个军、54个师共30余万人沿着长江南岸密密布防，把军事重心放在了南京东部地区，他的打算是如果解放军渡江部队一冲上来，那么凭借防御

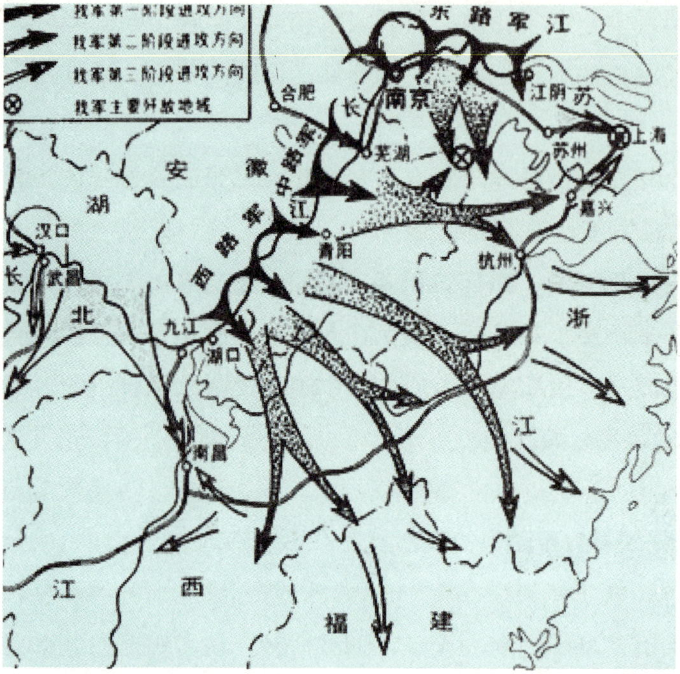

★渡江战役示意图

工事，配合海空军的联合绞杀，阻挡解放军的推进。

万一解放军还是突破了江防呢？汤恩伯也有对抗的方法，只要将这些部署迅速撤往上海和杭州、株洲沿线，那么就可以组织起一轮新的防御。所以沿着铁路线，汤恩伯细细划分了每一个路段所要分配的兵力，第八兵团指挥着第五十五、第六十八、第九十六军防守湖口到铜陵段；而铜陵至马鞍山段，则由第七“绥靖”区指挥第二十、第六十六、第八十八军进行防守，第六兵团和首都卫戍总司令部所率领的第二十八、第四十五、第九十九军重点负责南京及其东西方向地区，第一“绥靖”区手下的第四、第二十一、第五十一、第一二三军则分配到了镇江至江阴段，苏州至上海安插了淞沪警备司令部的第三十七、第五十二、第七十五军进行防守，同时还少补了预备军，第十七兵团放在泾县、宁国、太平地区为预备队，第三十四军放在丹阳、武进地区为第二支预备队。

第二线的防御工作也是被汤伯恩详细规定好。密密麻麻的士兵在江西省湖口到上海大约有800多千米的地段上形成了一道人墙封锁线。而湖口到宜昌的地段，则由白崇禧的25万人牢牢把守。

与此同时，蒋介石安排了海军第二舰队连同江防舰队开往江面，共计有26艘舰艇和56艘炮艇，分布在每个关口。江防舰队还有余力，将其他大约40余艘主力舰艇驻守在了宜昌、汉口和九江等地点，军舰日夜不停地沿江巡视，空军驾驶300余架飞机在武汉、南京、上海的领空密切监察，时刻准备支援地面部队作战。

英美列强也不失时机地前来凑热闹，各自的军舰都开到了上海外滩，不怀好意地威胁着准备渡江的人民解放军。

集结北岸：和时间赛跑

自从中共中央决定发动渡江战役以来，向长江以南进攻的方案就随之出炉。负责这次攻击的队伍主要由人民解放军第二野战军和第三野战军以及中原、华东两个军区的部队组成，总兵力约为一百万人。指挥员包括第二野战军司令刘伯承，第三野战军司令陈毅、副司令粟裕。考虑到天气情况，人民解放军必须赶在五月份汛期来临之前，从安庆、芜湖、南京和江阴一线发起全面的渡江战役，一举消灭汤恩伯势力，将国民党政治经济中心所在地南京和上海以及江浙、安徽地区解放出来。至于美英帝国主义的干涉，解放军同样不能放松警惕。为了辅助和策应渡江战役，第四野战军率领第四十军、第四十三军12万兵力先行南下，从北平往武汉赶去，受第二野战军统一指挥，先将信阳攻下，接着紧逼武汉，牵制住白崇禧军团。

指挥部根据上述部署方针，立刻结合战场的地理特点，制定了具体的作战纲要，即1949年3月31日出台的《京沪杭战役实施纲要》，内容包括由东、中、西三个方向的突击集团实行宽正面、有重点的多路进行突击的作战方法，把在江苏靖江到安徽望江这一段的渡江作战时间定在了同年的4月15日。

★渡江战役总前委塑像，左起依次为粟裕、邓小平、刘伯承、陈毅、谭震林。

纲要强调，当务之急是要消灭国民党沿江安排的防御兵力，把这道防线瓦解之后兵向南行，挨个吞下南京、上海、杭州等地，最终实现江浙、安徽全境解放的目的。

东部突击团由第三野战军第八兵团率领指挥，下属第二十、第二十六、第三十四、第三十五军，连同第十兵团统率的第二十三、第二十八、第二十九、第三十一军并同苏北3支独立旅，约计35万人组成。这部分兵力的指挥官由粟裕和第三野战军的参谋长张震担任。

东突击兵团里的第三十四、三十五军位处江北，应趁机攻占瓜洲、浦口等地，从而牵制住南京城内和镇江市区的国民党军。

东突击兵团主力共六个军则在三江营到张黄港这一段进行强力渡江，一旦过岸，立刻向宁沪铁路靠拢，彻底把该段的交通枢纽握在手里，使得南京镇江的国民党军东逃无门，上海方向的国民党军西援无路。

其余部队往长兴方向赶去，配合中突击兵团一起将宁杭公路切断，使得南京全部封闭，完成此次战役的合围。

中突击兵团由第三野战军团第七兵团下领三军，第九军团指挥四军，40万兵力统归谭震林指挥。从芜湖以北到枞阳段强行渡江，一旦靠岸立刻攻击沿江各路守军，逐个消灭国民党沿江防御力量，并控制住芜湖守军，同时中突击兵团主力应迅速往东挺进，配合东突击兵团完成合围，共同歼灭包围圈中的敌人。

第七兵团的主要任务是直指杭州，完成这一目标以后立刻赶赴中、东两大兵团的合围圈，帮助堵上最后一个窟窿。

一旦渡江成功，东突击兵团的指挥权就转移给粟裕和张震，使得大部队能够协调统一。

最后的西突击军团也是重头戏，第二野战军第三兵团下属三军，第四兵团下属三军，第五兵团也率领三军并同中原军区部队，以35万兵力统归刘伯承与第二野战军的副政治委员张际春和参谋长李达管理。

他们将跟随中突击兵团，从枞阳到望江入江，靠岸后先以一个兵团的力量直奔浙赣铁路衢州及其西北地区，控制住该段铁路，从而切断汤恩伯与白崇禧之间的联系，划开国民党两军的力量。

西突击兵团的主力将会继续完成第九兵团的任务，沿江往东歼灭芜湖守军，随时准备南京围攻战。

这项缜密的计划得到了中央军委的批准。但是考虑到部队供给和长江地区道路狭窄，总指挥部随后在4月17日又作了调整，西突击军团以后不必将大批主力开往东线，避免拥挤。

★忙碌的战前准备

人民解放军在计划刚出台的3月就已经在进行着紧锣密鼓的战前准备，各路解放军纷纷抵达长江北岸，开始为战前各项工作打好基础。

军营里一团火热，各部指挥员忙着对将领和士兵进行形势分析和政策纪律教育，让士兵们意识到此次是进入城市作战，与以往不同，同时不停派出侦察人员观测国民党军具体部署，分析他们的防御工事，勘测长江两岸具体地理情况和水量细节。

在长江北岸当地的党和政府更是筹集了大量船只，干劲十足地投入到修理完善工作中。渡江战役正式打响之前，解放军已经有了近万只木船，有数千名经过训练的精干水手，有针对性的渡江作战要领和水网稻田地作战方案都已经普及下达，广大人民群众更是积极响应，教会参战士兵众多实用技术，还自发组织了民工团随军提供服务，光是随军进行战斗的船工就有一万多名。

百万雄师过长江的铺垫已经落实到位，马上就是真正恶战的到来。

逾越天堑：穿越炮火的血色残阳

因为在1949年，共产党还未放弃和平解决争端、还老百姓一个安宁日子的愿望，在4月1日以后，依旧满怀赤诚地与国民党进行和平谈判。如果谈判成功，无疑会更加有利于人民，人民解放军为此几次把渡江时间延后。在原定进攻的4月15日，传来了国共双方拟定《国内和平协定（最后修正案）》的消息，但是4月20日南京国民党政府却又玩起花招，不肯签字。在毛泽东的号召下，人民解放军终于怀着满腔怒火，于20日晚连夜展开渡江作战。

中突击集团军的先锋部队是第二十一、第二十四、第二十五、第二十七军，北岸的掩护炮火响声震天，而国民党军舰的火炮更是凌厉，江防守军的远程炮弹如穿梭的雨滴，沾之即死，险恶万分。但是英勇的人民解放军丝毫不顾自身安危，冒着拦截在面前的100余千米宽的长江如银鱼一般飞驰，迅速到达了多个江心洲。紧接着解放军一鼓作气，直奔国民党沿江防御阵地，用机枪扫射出一片血阵，将守军多次的反击都狠狠击退，使得滩头阵地逐渐巩固，登陆以后立刻往深处插去，仅仅一天时间，已经将铜陵、繁昌和顺安等多处地方占领。

汤恩伯见到国民党芜湖往西的这个地段已经被人民解放军捅开，亲自赶来准备堵住这个漏洞，但是解放军的攻势越来越勇，锐不可当，早就人心涣散的国民党军根本拦不住他们。就在这天傍晚，人民解放军的东突击兵团和西突击兵团同时进行大规模的强渡。

木帆船面对国民党军军舰和炮火显得弱小不堪，但是船上的解放军却满脸无畏，整个大军气势磅礴，洋溢着必胜的信念，许多国民党军被这种气势所震慑，甚至忘记攻击，扔下武器便四处逃窜。

东突击兵团的先锋部队为第二十三、第二十八、第二十九军，多次杀退守军反攻之后，按照计划也建立了自己东西纵深50余千米，宽10余千米的滩头阵地。此时国民党军江阴要塞军被解放军所感染，当场起义归顺，江阴一带顺利占领，炮台被控制，江面也被解放军封锁。

★解放军渡江作战

★解放军横渡长江

随后的东突击兵团第二十军也驾着船飞速赶来，攻占扬中。

西突击兵团的战绩也不逊色，同样掌握了自己宽阔的滩头阵地之后，顺利解放安庆。

此时中突击兵团已经深入敌方内部，正要攻打国民党军第八十八军主力。

如之前的指挥部预料的一样，在这种混乱的局势下，英美列强总是不肯放过捅刀子的机会，就在人民解放军雄壮渡江之时，原本静静停靠在镇江周围江面的英国四艘英国军舰突然开炮，公然攻击人民解放军。我们的战士也毫不犹豫地还以颜色，解放军的炮火不仅朝向国民党，也朝向了英国军舰，其中“紫石英”号英国旗舰负伤而逃，其余军舰也相继溜走。

这则小插曲一方面说明了我们的人民解放军是不畏列强的，另外一方面也充分暴露了帝国主义的野心。为此人民解放军总部特地发表声明，指责帝国主义这一不正当行为，要求英、美、法诸国武装力量迅速离开中国。人民解放军在这一事件上充分表明了中国人民对祖国主权的保卫是至高无上的。

再回到渡江战役，此刻国民党也看到了自己精心设下的沿江防御居然这么不堪一击，眼看就要按照解放军的计划变成被分割、被围歼的结局，于是慌忙下令撤退，屯聚在芜湖东面、常州西面的往杭州逃去，常州东面的则奔向上海，这样至少能在浙赣铁路沿线以及上海地区重新建立起新的防御。

但是他们的如意算盘早就被人民解放军的指挥部摸得清清楚楚，渡江作战的解放军的最初计划就不只是瓦解沿江防线这么简单，主力全部安排往纵深挺进，挖断各铁路枢纽，所以23日东突击兵团已经解放了丹阳、无锡、常州一带，宁沪铁路掌控权已经到手，国民党人心背离，就连海军海防第二舰队都率领48艘舰艇在镇江起义，就此国民党连江面的防线都失去了。

23日晚，东突击兵团的主力三十五军到达南京，经过洪武路直达总统府，南京彻底被解放了。这个国民党蒋介石势力苦心经营22年的老巢终于被剿灭，反动统治也一并被推翻，蒋家王朝气数已尽。

东、中、西各突击兵团都完成了自己的任务，一路纵横捭阖，无往不利，在第二、第三野战军渡江苦战枪林弹雨的时候，第四野战军也在奋力拼搏，按照原计划派遣了先锋部队和中原军区部队将武汉东西两部占领，使得白崇禧武装力量投鼠忌器，不敢轻举妄动，这也是长江附近的渡江战役进行得如此顺利的一个有力保证。

围歼南逃国民党军，占领相关铁路，此次人民解放军渡江作战已经大获成功，但是还必须乘胜追击，总指挥部当即决定对目前的军队进行调整，除了部分军队留守，担任镇江、南京、上海的警戒之外，由粟裕统一指挥，火速沿丹阳、金坛一线和长兴一线分头赶去，对在逃国民党军形成包抄围歼之势。

★百万雄师渡大江（油画）

跨过泥泞：百万雄师驰骋江南

一接到追击命令，负责此次作战的各部队精神焕发，腥风血雨的渡江战役带来的疲累一扫而空，虽然补给、重炮等繁重物品还未到达，但是各部队轻装简行，还是迅速出发。适逢雨季，江南烟雨蒙蒙，阴寒入骨，满地稀泥更是湿滑难行，道路分辨不清，无论士兵是来自北方还是南方，此刻都团结一心，根本不把这点困难放在眼里。

迅疾的行军使我军在国民党成功溃逃之前堵住了他们的去路，国民党往南，南方有追兵，往北，北部没退路，四面受敌，解放军多路夹击，这支国民党残部已经是走投无路，只能改变既定方案，企图从宜兴突围，赶往杭州。他们哪知杭州早已经被第三十五军攻占，即使冲过去，迎接的也是人民解放军的子弹大炮。不过我们的解放军并不愿意看他们跑得太远，早早就将两股力量合围，把国民党军装在了"口袋"里。

围歼战开始了，两天之内反动派负隅顽抗，遭受了人民解放军无情的打击。8万多国民党军命丧当场，其余几支分路逃走的散兵游勇也摆脱不了被人民解放军继续追击的命运。

国民党军剩下的还有桂派两支势力，悍匪白崇禧的部队已经在第四野战军的眼皮底下，第四野战军的先锋部队先后攻克了孝感等地，直逼武汉。而汤恩伯集团在长江沿岸受挫，主力8个军20余万人退到了上海，改由蒋介石亲自坐镇指挥，汤恩伯则带着其他残部一路往福建逃去。此时白崇禧的主力也准备撤向湘中和湘西地区进行最后防守，力图保住湖南、四川等地。

总指挥部分析了一下当前的战况，决定除了一部分兵力继续戒备和肃清以外，由第三野战军第七兵团为主攻部队，一路解放浙江；第二野战军一方面休整，一方面配合第三野战军的行动，同时负责保护，随时防御外来打击。

另外还分调了部分兵力前往福建，将南昌列为夺取目标。而第四野战军也可以暂时离开武汉，择近横渡长江，前往江南。

目前的焦点就是上海，作为中国当时最大的城市，上海经济发达，繁荣一时，为了避免对这个经济重地造成破坏，第三野战军决定避开市区，分头从浦东、浦西进军，目标对准吴淞，使得敌军无法从海面离开，强迫对方投降。如果国民党实在冥顽不灵，一心要争个鱼死网破，到时候不可避免地是攻击市区，满足国民党求死的欲望。

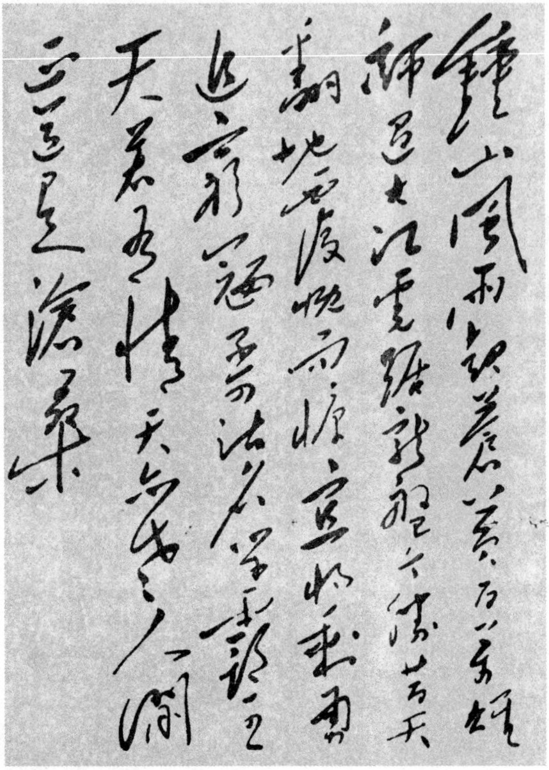

★毛主席手书《七律·人民解放军占领南京》

5月12日，针对上海的这项计划正式开始了，20余万汤恩伯原有主力一退再退，已经压到了苏州河以北的区域。此时人民解放军再度加强兵力，蒋介石带领守军拒不投降，两线兵团只能于23日向上海发起总攻，这次作战要领是快、准、狠，尽量避免使用重型武器，以减轻对市区的破坏。27日，国民党守军15万人战死，剩下5万败军寻机登舰逃跑，上海得以解放。

到此为止，渡江战役已经尘埃落定，在上海战役期间，第三野战军的第7兵团已经解放了宁波、奉化等地区；而第二野战军也是捷报频传，江西省境内大部，福建多数城镇全部解放，成功占领南昌；第四野战军遵照指示渡江成功之后往江南开去，一路上国民党军要么望风而逃，要么自动起义归顺，17日顺利解放武汉。

6月2日，崇明岛解放，标志着渡江战役扫尾工作已经完成，战役全面结束。

这场历时42天、仅以木帆船为主要渡江工具，以迅雷不及掩耳之势突破国名党军的宏大战役，采用了运动战和城市攻坚战相结合的模式，主要利用合围战术分割歼灭敌军，整场战役解放军伤亡6万余人，国民党军则战死40多万，南京、上海、武汉等政治、经济极为重要的大城市全部解放，江南一带和江西一带也解放大半，渡江战役以后，共产党解放华东和华南、西南都有了足够的基础。

战典回响

快速勇猛的雷霆之势

渡江战役西起九江，东至江阴，在这纵横一千多里的战场上，展示出来的是中国人民解放军势不可当的勇猛与迅雷不及掩耳的迅捷。人民解放军以摧枯拉朽之势，在短短一个多月横渡长江，迅速解放南京，一举推翻了统治中国二十二年的蒋家王朝。长江北岸，百万雄师气势如虹，千里江防，一夕间灰飞烟灭，这样的气势使得国民党军肝胆俱裂，再也没有了作战的勇气。

向华南、西南地区进军

渡江战役作为中国人民解放军正式实施第一个战略追击的重大战役，具有决定性的意义，这一战吹响了中国人民解放军进军全国的号角。

在本次战役中，人民解放军以较少的牺牲换来了国民党军巨大的损失，从而有效中伤了国民党军的中坚力量，而且还一举解放江西、福建、武汉等广大区域，扩大了人民解放军的势力范围，在更广的区域里得到更多有效的支持，为以后打向华南、西南地区奠定了基础。

★沙场点兵★

人物：刘伯承

刘伯承原名刘明昭，出生于1892年。少年刘伯承毅然放弃学业投身军队，希望以血与火的洗礼来锻炼自己，报效危难之中的祖国。

1911年刘伯承已经开始了他的军队生涯，他参加了辛亥革命带动下的学生军，次年又考入重庆军政府将校学堂，随即参军讨伐袁世凯，紧接着又加入了中华革命党。

频繁的战斗生涯磨炼了他的意志，也增长了他的能力，刘伯承一路担任连长、旅长和团长，在1916年因战中弹，右眼失明。但是他驰骋沙场的心愿不改，依旧以勇猛无双的身姿激励战友，被称为“川中名将”。

1926年加入中国共产党后，同年就发动了泸顺起义，次年又积极参与南昌起义，担任中共中央前敌委员会参谋团参谋长。

中苏友好时期，刘伯承留学苏联掌握了众多实用战术，回国即担任了中共中央军委委员，协助朱德、周恩来指挥反“围剿”作战。

在渡江战役的全过程中,刘伯承作为总前委委员、西集团司令员、第二野战军司令员,既参加了战役全局的筹划,又承担具体的组织指挥,还担任了军事接管南京的重任,为这场战役的胜利作出了伟大的贡献,充分体现了其革命军事家和军事理论家的卓越才华。

刘伯承同志是中国人民的伟大战士，中国共产党的优秀党员，中国人民解放军的缔造者之一，伟大的无产阶级革命家、军事家，马克思主义军事理论家。刘伯承同志在漫长的革命生涯中，兢兢业业，奋进不息，为中华民族和中国人民的解放事业，建立了不朽功勋，为我国的国防建设和社会主义建设事业，作出了杰出贡献。他的历史功绩和优秀品德将永远彪炳史册。

武器：木帆船

渡江战役中大量使用的木帆船结构简单，通常由民用渔船改制而成，在木制船体上装有括帆桅杆和索具等器材。

桅杆主要起支撑船帆的作用，在熟练水兵的操控下，起风时张帆借助风力前进，无风时落帆利用木桨滑行，因为船体小，目标较小，所以在炮火之中损伤不大，行动敏捷迅速，适用于江面作战。

战术：战役合围

在解放战争中，人民解放军在整体战役布局上采用多种手段，伪装造势，配合地形，动静结合，攻防皆备，最后创造出了独具特色的合围战术。

人民解放军最常用的有左右齐头并进，在两翼分头最终合围这种战术。通常由主力军兵分两路，包拢敌军，形成钳制之势，最后抄底合围，犹如铁钳紧咬，粉碎敌军。

随后两股力量相向并进，使包围圈中的敌方被分割然后歼灭。在渡江战役追击国民党逃军中，多次利用这种战术围歼敌军。

而从渡江战役总计划可以看出，此次战役大体就是一次合围歼敌战，堪称解放战争中的大手笔之作。

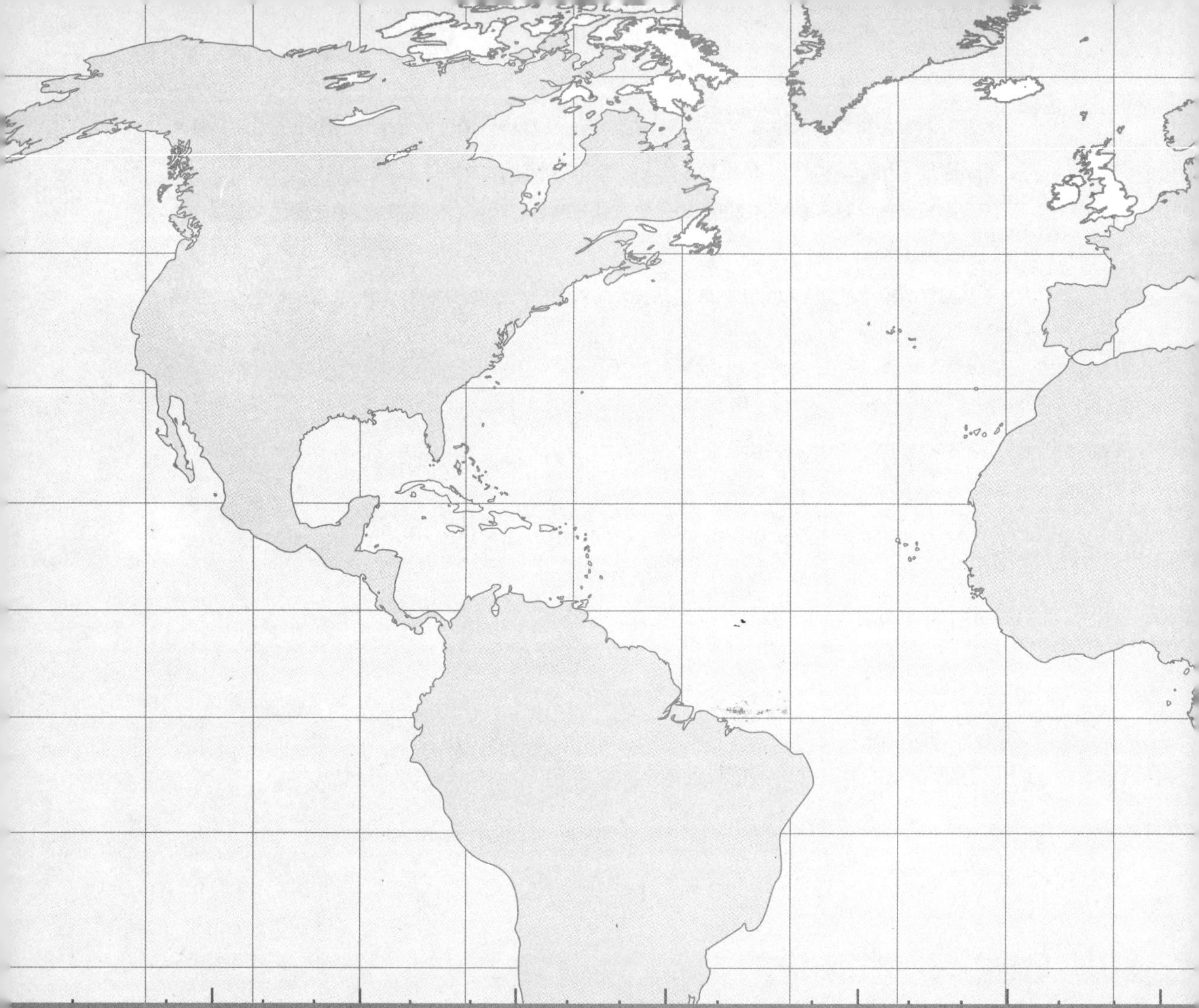

战典

毕其功于一役 决战

THE CLASSIC WARS

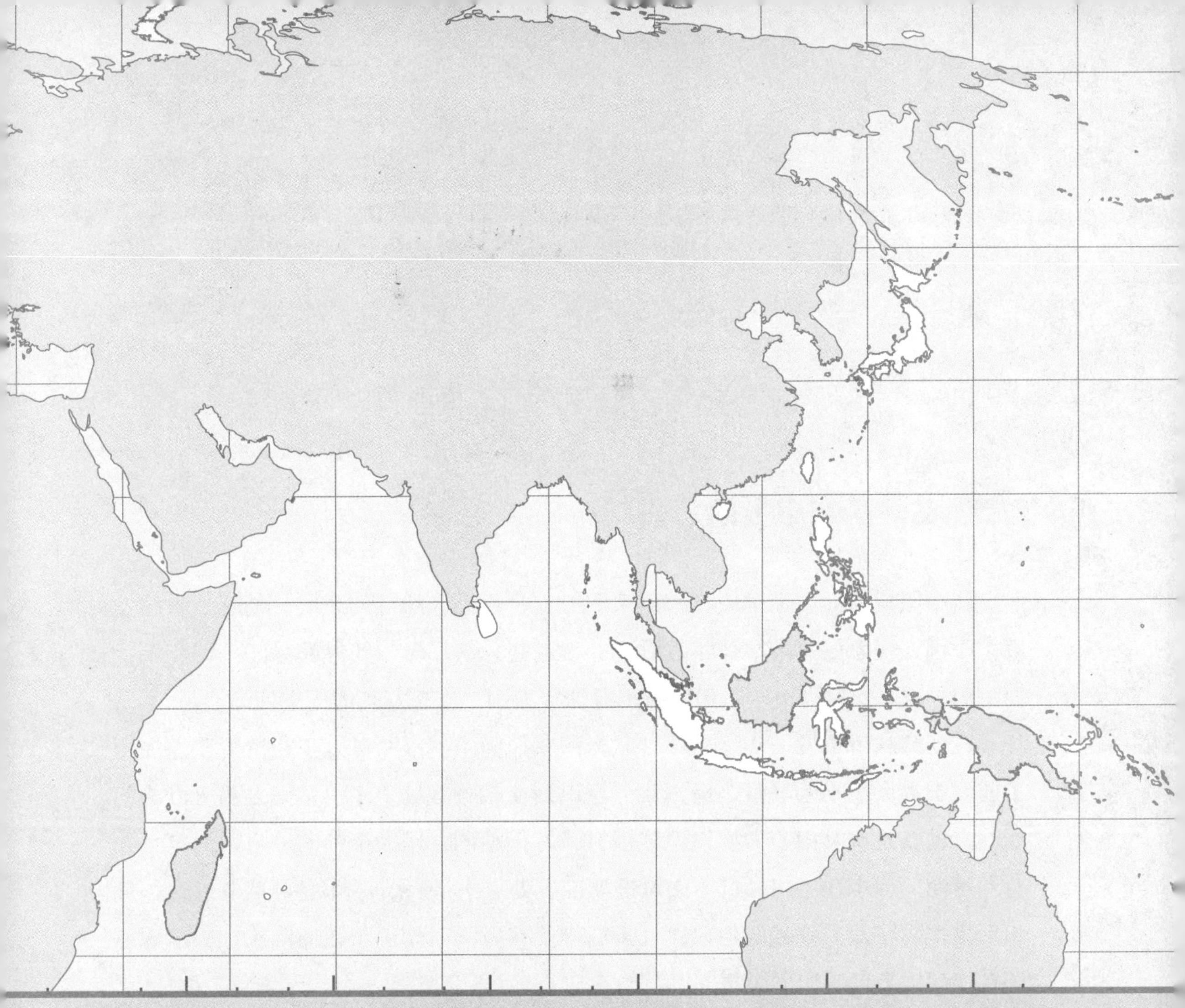

第十八章

上甘岭战役
——血染的决战

▲在朝鲜战争进入僵持阶段后，一方面双方的停战谈判时谈时停，另一方面双方为了争取谈判中的有利地位，在战场上反复搏杀。1952 年 10 月，以美国为首的“联合国军”发动了“金化攻势”，妄图夺取朝鲜中部的金化郡五圣山南麓村庄上甘岭及其附近地区。中国人民志愿军为了粉碎“联合国军”的企图，以顽强不屈的意志坚守阵地，上甘岭成为双方争夺的中心。凭借手中简陋的武器，志愿军与敌人展开旷日持久的艰苦战斗。美军的强大装备在这支顽强的军队面前最终败下阵来，上甘岭上的每一寸土地都浸染着英雄的鲜血。

前奏：谈判桌上的筹码

新中国成立后，帝国主义一直采取孤立、封锁、敌视的态度。朝鲜战争爆发后，中国人民志愿军高唱英雄战歌，“雄赳赳，气昂昂，跨过鸭绿江。保和平，卫祖国，就是保家乡……”勇敢承担起保家卫国、支援友邦的历史使命。

在朝鲜战争爆发一年之后，“联合国军”同中朝联军进入了相持阶段。经历了前五次大大小小的战役之后，双方意识到在朝鲜战场上不再是谁去消灭谁的问题，之前有几次其中一方提出停战被另一方拒绝的，因为拒绝的一方认为打下去有利可图。而现在不同，打下去对谁都没好处。于是1951年6月苏联驻联合国代表率先提出了双方停战的建议，几天后中美双方同时作出了正面回应，表示愿意“参加朝鲜半岛的和平谈判”。

人们常说，战争是政治的继续，而在朝鲜停战谈判中恰恰相反，成为政治是战争的继续。战场上打得好，在谈判桌前口气就硬；反之，仗打得窝囊，就无法在谈判桌前挥洒自如。1951年夏天，双方第一次停战谈判以停火分界线存在分歧无法解决而宣告失败。

为获得停战谈判的有利条件，“联合国军”和韩军于8月18日～9月18日和9月29日～10月22日分别发动了夏季攻势和秋季攻势，分别进攻朝中方面的西线和东线防线。经过两个月的激战，“联合国军”占领了646平方千米土地，平均推进约2千米。但是“联合国军”方面清楚地意识到：没有谁会相信凭我们手中的这点儿有限的兵力，能够赢得什么全面胜利。于是，停战谈判在10月25日重新恢复，地点改在了板门店。

谈判从一开始就充满了原则上的分歧，充满了敌意。在中国和朝鲜的提案中，以三八线为基准建立军事分界线、一切外国军队撤出朝鲜半岛是最重要的内容，而在美方的九项议程草案中，没有包括这两项内容。双方的分歧太大，谈判陷入僵局。美国首席谈判代表、远东海军司令乔埃一言不发，时而双手托腮，时而用右手玩弄着铅笔。中朝代表也一言不发，南日将军叼着他的象牙烟斗，眼睛盯着乔埃。这种高度紧张的精神战，使双方的意志、毅力、忍耐力、克制力都遭受严峻的考验，需要利用一切有利条件斗智斗勇。中方联络员悄悄溜出会场向场外负责人作了场内僵持情况的汇报。不久联络员带回谈判现场的只有一张写了三个字的纸条："坐下去。"

当这种"静坐"僵持了132分钟时，乔埃终于开口说话了："我建议今天休会，明天上午10点继续开会。"第二天的谈判由朝鲜主持。首席代表南日将军宣布会议开始，双方代表落座。一言未发，南日将军马上宣布休会，全程用时25秒。在多次交锋都没有取得实质性进展后，美国人提出"让炸弹、大炮和机关枪去辩论吧"。但最后事实却证明这些大炮和机关枪，也没有占到便宜。

由于双方的谈判提案分歧太大，停战谈判整整进行了两年。在这两年中，在双方的防御线上，密集地部署着200多万人的大军，构筑了世界战争史上最漫长的、最复杂的、最坚固的防御工事。"联合国军"的防线由部署严密的火炮阵地、坦克群以及步兵组成，数层阵地使其纵深达几百千米，每一层防线都构筑了永久性的工事和堑壕，每一层防线都制定了周密的空军支援预案，形成了一个火力强大的立体防御网络，这条防线被称做一道不可逾越的"死亡深渊"。中国军队的防线上，数十万官兵开始建设世界上最浩大的地下防御工程，其土石方总量

★中国人民志愿军跨过鸭绿江抗美援朝

能开凿数条苏伊士运河，沿着对峙线自西向东，数百千米的防线上，深埋在地下的永久式坑道和交通壕蛛网般四通八达，前沿的数十万中国官兵设施齐全地生活在地下，他们所布置的火力陷阱能令任何进攻的敌人立即遭到毁灭性打击，这些在地下枕戈待旦的中国官兵被称为“闭居洞中的龙”。

金化攻势：美军猝然发难

1952年9月，“联合国军”第八集团军司令范佛里特为了取得停战谈判上的优势，决定在战场上有所动作，提出了代号“摊牌”行动的“金化攻势”，攻击三角形山和狙击兵岭两个高地（即597.9高地和537.7高地）的方案。1952年10月14日凌晨5时许，“联合国军”向中国人民志愿军第十五军两个连防守的上甘岭两个阵地发起了猛攻。这一天，总面积不足4平方千米的两个高地上落下了30万发炮弹，火力最密集时达每秒落弹6发。这是朝鲜战争中单位面积火力密度的最高纪录。志愿军阵地成了一片焦土，山头的岩石被削去整整两米高。阵地表面工事被摧毁了，草木被打光了，山头的岩石被炸成半米多深的粉末。上甘岭的上空，昏天黑地，随手抓一把沙土，就有一半是铁屑、弹壳。这一天，硝烟遮住了太阳。那个原本晴空万里的日子，成了很多上甘岭老兵记忆里最为阴霾的一天。

★志愿军战士坚守上甘岭阵地

如此猛烈的炮火，使得在坑道中的志愿军守备部队觉得像是乘坐着小船在波浪滔天的大海上颠簸，志愿军表面工事基本全部被摧毁。

面对突然袭击，位于上甘岭以北20多千米的十五军军部只知道敌军向四十五师正面五圣山前沿的597.9高地和537.7高地、二十九师和四十四师正面的391高地、芝村南山和上佳山西北无名高地、419高地都发动了攻击，其他具体情况一无所知。万分焦急情况之下，志愿军第十五军军长秦基伟只好命令五圣山侧翼的观察所每半小时报告一次情况，同时请求左右邻的三十八军和十二军通报各自正面的情况。秦基伟认为当面敌军只有美第七师和韩第二师，共两个师的兵力，单以这两个师的兵力是不可能同时攻击几个方向的，其中必然只有一个是主攻方向，其他则是牵制性的佯攻，但要立即判断出哪个是主攻，现在根本无法做到，只有走一步看一步。

敌军经过一小时炮火准备后，火力开始延伸以压制纵深目标。美第七师在坦克的掩护下，以四个营又四个连的兵力，分六路向537.7高地和597.9高地发起了疯狂进攻。志愿军拼死抵抗，先后击退敌人从排到营的30余次冲击。 美第七师久攻不下，进攻兵力由两个营增加到两个团。面对15倍于己的敌人，志愿军守卫连队顽强抵抗，宁死不屈。第十五军第四十五师驻守两个高地的两个连又一个排在兵力、火力对比极端悬殊，后勤补给极端困难的情况下，以伤亡550人的代价，打退了敌军数十次的进攻。最后，两个高地的弹药用尽，战士们才退回坑道内，继续开展坑道战斗。537.7高地北山和597.9高地失守。

从容应战：以血还血的盾牌

战斗一直持续到黄昏，战场上硝烟弥漫，第四十五师师长崔建功得知在白天战斗中失去了一半的表面阵地，立即命令第一三五团团长张信元连夜组织反击，夺回阵地。并让二线的第一三四团团长刘占华即刻赶到师部，熟悉情况，准备参战。“联合国军”占领阵地后，官兵都疲惫不堪，无暇构筑工事，刚要松口气，一三五团的四个连在坑道守备部队的配合下发起了反攻，夜间战斗中，一三五团指挥所不断向军部告急，要求增援两个高地上的连队。然而军长秦基伟认为，敌人攻势正猛，炮火密集，此时增援只能增大伤亡。他要求两个高地上的连队再坚持一下，把敌人的锐气挫掉后，再增援。直到傍晚，秦基伟才答应一三五团的请求，向两个高地派增援部队。经过3个多小时的强攻，敌人终于招架不住，两个高地失而复得。这一天，第四十五师第一三五团歼敌1 900余人，击毁坦克3辆、缴获坦克1辆，伤亡500余人。

15日拂晓，“联合国军”发起连续不断的波浪式进攻，又是一整天的残酷恶战，日落时分，美第七师终于拿下了597.9高地西北山梁上的6号、5号、4号、0号阵地和主峰，韩军2个团又2个营也占领了537.7高地的大部分阵地。两个高地表面阵地再次丢失。直到此时，上甘岭的战斗已持续了两天，而志愿军还没有判明敌军的作战企图。

阵地又一次丢失，第四十五师的师、团领导沉不住气了，要与敌人硬拼。秦基伟说："急什么?丢了，再想办法拿回来!"他考虑道：太阳是美国人的，月亮是志愿军的。前两天，我军都是白天丢了阵地，夜间再夺回来。敌人掌握了这一规律，夜间防备严密，不断发射照明弹，两个高地被照得和白天一样，我军的夜战特长难以发挥。于是，秦基伟决定改为白天进攻，并加强了火炮的攻势。这一招果然奏效，两个阵地很快被志愿军夺回。

16日后，双方都在增兵。"联合国军"将第一八七空降团、韩军一个团、哥伦比亚营、埃塞俄比亚营先后投入战斗；志愿军第十五军将第四十五师第一三三团、第一三四团全部投入战斗。争夺到20日，终因敌强我弱，弹药供应不上，除597.9高地的0号、4号、5号、6号阵地外，其余表面阵地又被敌人占领，我军再次转入坑道，坚持斗争。

坑道作战：置之死地而后生

经过七个昼夜的惨烈战斗，阵地上尸横遍野，鲜血染红了大地。表面阵地多次易手，为了争取决定性的反击时机以及条件，秦基伟决定暂时停止大规模反击，调整部队，研究战术，开始进行坑道战。

坑道战比阵地战更艰难。敌军虽然占领了表面阵地，但坑道仍在志愿军手中，坑道里的部队随时可以与反击的部队里应外合，对于敌军而言是极大的威胁，坑道一日不除，敌军一日不得安生。敌军利用有利地形对十五军坑道采取筑垒封锁、石土堵塞、轰炸爆破、断绝水源、施放毒剂和烟熏等手段，同时对坑道部队与后方的交通线实行严密炮火封锁，弹药补给成了难题，比弹药更缺的是粮食和水。

"谁能送进坑道一个苹果，就给谁立二等功!" 这个立功标准看似简单，实际非常艰难。十五军指挥员千方百计、不惜一切代价地组织向坑道运送物资，火线运输员一批接一批、前仆后继向坑道运输。派去一个班，活着进坑道的仅有三分之一，为送一壶水，甚至要付出几条生命的代价。通往上甘岭两个高地的山路上，洒满了火线运输员的鲜血，大量的物资也因此损失在路上，将其送进坑道可能微乎其微。有一次一位运输员给七连带来了一个苹果，志愿军战士马上想到让通信员先吃，但通信员想都没想直接将苹果传给了身边的司号员，司号员又转手递给了卫生员，最后传回了战士自己的手中。

★上甘岭战役中坑道中的志愿军战士

坑道战是艰苦的。影片《上甘岭》进行了艺术再现，真实情况也是如此。许多坑道每人每天只能吃到半块饼干，许多人喝不到一滴水，只好喝尿来解除难忍的干渴，官兵们还乐观地称之为“光荣茶”。

★正在坑道中接水的志愿军战士

战士们把饼干放入嘴里能把舌头割破，放在嘴里竟化不了。由于医疗条件差，许多伤员为了压抑难耐的疼痛，不影响其他战士的情绪，直到牺牲前都没有松开口中的床单。有一个坑道，10多名战士直到饿死，还端着冲锋枪守在坑道口……

在坑道里不能光被动挨打，十五军组织小型出击，及时在全军推广，打得敌人魂不附体。从10月21日到29日，十五军实施小型反击158次，以伤亡2 000余人的代价，歼敌4 700余人。美七师因伤亡过重无力再战，只好把攻防任务交给韩二师。虽然两个高地的表面阵地还在敌人手中，但十五军却利用敌人死守阵地的机会，杀伤了敌人大批有生力量。

上甘岭战役进入了白热化，双方都杀红了眼。秦基伟发誓要“抬着棺材上上甘岭”！而“联合国军”总司令发誓，不管处境多么尴尬和困难，也要把“这场残酷的、保全面子的攻击”打下去！

双方在继续增兵。一时间，10万大军云集上甘岭，战斗规模迅速发展成战役规模。四十五师按照秦基伟的部署，利用坑道可攻可守的优势，顽强抵抗，经过几十次拼杀后，取得了很大战果，但四十五师伤亡也达4 000人。一三四团已无兵可调，团长刘占华亲自带领团部卫生员、司号员、通信员、宣传干事等守在阵地！

坑道里挤满了战斗员、伤员和烈士的遗体。硝烟与血腥味混合在一起。粮没了、水没了、药也没了……

战略反击：白刃相交的血肉拼争

十五军还能坚持下去吗?志愿军总部在担忧，三兵团也在担忧。三兵团副司令员王近山打电话征求秦基伟意见："是继续同敌人拼下去，还是适可而止?""我们能打下去，只希望兵团在人力和弹药上给予支援。"秦基伟坚定地回答。

其实，仗打到这个地步，能不能坚持下去，连十五军心里也没底。知己知彼，百战不殆，军部迅速通过俘虏美军，盘问情报得到了正面美军的战斗序列、阵地纵深、官兵的情绪、哪种情况下伤亡大等情况。虽然敌军还在不惜代价地增加兵力、倾泻炮弹，但是敌人实际上已经是强弩之末。

自10月14日开始"摊牌作战"以来，美第七师打了12天，伤亡过重撤下去，换上韩军第二师，又打了11天，也是一败再败，再继续进攻也无所作为。美军急躁的情绪表露无遗，11月2日直接将机动力量一八七空降团作为普通步兵团派入上甘岭战场，6个步兵营，在70多辆坦克、300余门大炮、几百架飞机的配合下，向597.9高地发起了猛烈攻击。而志愿军据守这个高地的只有十五军八十六团的八连和1个排。100多人

★坚守阵地的志愿军战士

面对敌人6个营的进攻，但他们并不胆怯，沉着应战。这一天，敌人从拂晓打到黄昏，发起了23次冲锋，发射炮弹20多万发，但没有丝毫进展。敌军的弱点暴露了！以6个营的兵力多路进攻，而且从晚上到白天不间断地以密集队形冲锋，不作隐蔽，不惜暴露，犯了兵家大忌。

指挥员秦基伟迅速抓住时机，果断利用敌军情绪上的波动决定发起反击。11月5日，志愿军十二军率三十一师和三十四师7个连，支援上甘岭战役，为反击带来了希望。

11月11日15时45分，我军的榴弹炮、火箭炮、迫击炮、山炮、野炮，以排山倒海之势向敌军倾泻。秦基伟指示炮兵要巧妙地运用火炮的威力：15时45分炮火进行第一次急袭后，停歇5分钟，再急袭5分钟，然后假意发出步兵攻击信号，但并不冲锋，把敌人引诱到前沿工事后，才使用火箭炮覆盖，几十门榴弹炮也一起轰击。这几次急射，1万多发炮弹铺天盖地落到敌人阵地，537.7高地北山一片火海，地堡飞上了天，铁丝网被炸断，敌人的尸首到处都是。

接着，秦基伟命令十五军二十九师八十七团向448东北无名高地佯攻；命令十二军三十一师九十三团攻击上甘岭以北无名高地，从两侧威胁537.7高地北山的敌人。最后，他命令十二军三十一师九十二团的两个连，分两路发起攻击。经过35分钟激战，夺回了537.7高地北山阵地，全歼了守敌。九十三团以一部兵力收复了597.9高地的最后一个阵地。至此，上甘岭的两个高地全部被我军收复。

11月16日，“联合国军”被赶出上甘岭两个高地表面阵地的消息被美联社透露后，汉城（首尔）、东京、华盛顿军界、政界大为震惊。“联合国军”总司令狗急跳墙，组织“联合国军”疯狂反扑。敌人集中炮兵、飞机、坦克，配合步兵展开了“波状进攻”：一个连上去，再上一个连，一个营上去，再上一个营，轮番冲锋，昼夜不断。

次日清晨，刚进行过三次优良整补的韩二师三十二团就开始了反扑。537.7高地的防御态势极为险恶，坑道因多日炮火轰击而大都倒塌，临时抢修的一些简易野战工事，根本承受不起炮火的轰击，加上敌军还可以从注字洞南山和537.7高地进行火力支援，537.7高地守备部队是在几乎没有防御工事的条件下应付三面火力的，战士们甚至只能利用炮击的弹坑来躲避炮火，鏖战一直持续到下午17时许，守卫志愿军情况不容乐观。

激战至11月17日，九十三团的两个营因伤亡过大，丢失了五个阵地。随后三十一师投入五个营又一个连，激战七天，仍没有保住完整的537.7高地。11月

18日，三十四师之一〇六团紧急从休整地调到上甘岭。清晨5时，一〇六团刚接防还不到三个小时，韩二师的进攻就开始了。韩军此次进攻的目标是6号阵地，6号阵地是537.7高地西侧的突出部，地势又高，是西侧防御的要点，双方对6号阵地的争夺尤为激烈。

韩军先是以4架飞机进行轰炸，接着又是长达近一个小时的炮击，6号阵地上唯一的一个坑道被炸塌，一〇六团八连二十多人牺牲。炮击过后韩军以一个连的兵力对6号阵地发起了集团冲锋。守备部队拼死抗击，双方的激战一直到次日晚，终因部队伤亡过大，6号阵地落入敌手。

几个小时后，九连迅速发动反击，一班负责主攻6号阵地，经过数小时恶战，终于将6号阵地夺回，而一班也伤亡惨重。可是韩军的进攻并没有给志愿军喘息的机会，剩下唯一一名一班战士从天亮到黄昏，独自裹伤而战，击退了韩军六次冲锋，坚守住了至关重要的6号阵地。到了黄昏时分，作为首批上高地的部队，三营经过三天激战，已经连一个完整的排都没有了。

为了给接下来更加艰苦的坚守阵地战保存实力，志愿军一〇六团团长武效贤改变了战法，发挥志愿军运动战的强项，不再以人海对火海，以及反击总是在傍晚进行的战术，而讲求在用兵的数量和时间上灵活掌握，出其不意，最大限度发挥火力优势，同时重新扩大了反斜面藏兵坑道。在通往战场的行军路上每隔50米左右挖一个防炮洞，并且继续修筑坑道，减少在运动途中伤亡，集中最大兵力坚守阵地。

一〇六团在12门榴弹炮和40门迫击炮的火力掩护下，冒着夜间零下三四十度的严寒，突击修筑。 经过一周的艰苦努力，终于在阵地上建成了完备的防御体系。这样只要集中兵力坚守关键的6号、2号阵地，其他阵地白天用炮火控制，晚上组织小部队出击，一下子伤亡大减，士气大增，不仅有足够的兵力完成防御，还有多余的兵力进行反击。

至11月25日，志愿军稳固占领537.7高地北山，“联合国军”在537.7高地南山，战场趋于平静。“联合国军”已无力再发动进攻，美联社悲哀地宣布：“到此为止，联军在三角形山（上甘岭）是打败了。”

“金化攻势”被中国人民志愿军粉碎了。

硝烟散尽：让美国人不得不坐上谈判桌

“联合国军”在朝鲜战场上失败的消息传到华盛顿，美国反战情绪沸腾了。

时任美国总统的杜鲁门本想利用上甘岭战役捞取政治资本，却事与愿违，让上甘岭战役敲响了他政治生涯的丧钟。“联合国军”总司令哀叹：铁三角的猛烈战斗，在竞选总统高潮时变成了头条新闻，它使朝鲜战争变成了美国历史上最不得民心的战争。上甘岭成了“联合国军”名副其实的“伤心岭”，上甘岭之战，成为美军“朝鲜战争中的‘凡尔登’”。

1953年1月，艾森豪威尔正式就任美国总统。这位曾在第二次世界大战中赫赫有名的五星上将，很快便清醒地认识到：朝鲜战争是一场无法打赢的战争，这和美国“欧洲第一位”的全球战略是一个无法调和的矛盾，必须设法尽快脱身。就是在这种背景下，美国在长期陷于停战谈判的战俘遣返问题上，开始有了松动迹象。

这一年冬天，时任“联合国军”总司令的克拉克致函朝中方面，提议在停战前交换病伤战俘，试图恢复由他们单方面宣布中断了6个月零18天的停战谈判。毛泽东在认真分析了各方面情况，并与苏联、朝鲜和志愿军司令部等多方研究、商议后发表声明，建议：“谈判双方应保证在停战后立即遣返其所收容的一切坚持遣返的战俘，而将其余的战俘移交中立国，以保证对他们遣返问题的公正解决。”

★正在向敌人射击的志愿军战士

4月26日，以朝中方面的建议为基础的停战谈判，在板门店恢复举行。

然而，毛泽东并没有因停战谈判的恢复而放松警惕。他始终抓住而又巧妙灵活地使用“谈与打、政治斗争与军事斗争”这两手，双管齐下，相互配合，指导着这场复杂曲折、变幻莫测的停战谈判工作。

★欢庆胜利的志愿军战士

早在4月中旬谈判恢复

前，毛泽东便指示志愿军代司令员邓华："军队方面只管打，不管谈。"果然，恢复后的谈判并不顺利，""联合国军""代表并不甘心就这样全部接受朝中方面的建议，坚持反对"将不直接遣返的战俘移交中立国"。

经毛泽东指示并批准，从5月13日开始，中国人民志愿军随着彭德怀的一声令下，提前发起了攻势凶猛的夏季反击作战。但战斗仅仅进行了10余天，美国便被迫宣布：接受朝中方面"将不直接遣返的战俘移交中立国"的提案。然而，美国的态度却遭到了韩国方面的强烈反对。为了赢得更多谈判桌上的胜利，毛泽东决定再次"以打促谈"。

经过这样谈谈打打、打打谈谈、反复多次的较量，美国和韩国方面终于招架不住，李承晚于6月8日表示，接受"关于遣返战俘"问题的提案。这样，6月15日，停战谈判的各项议程便全部达成了协议。可就在这一天，李承晚出尔反尔，他复函美国政府，再次提出拒绝接受停战协议。

毛泽东当机立断，果断指示"再歼灭伪军万余人，极为必要"。根据这一决策，中朝军队于7月13日21时，发起了规模空前的金城战役，集中打击韩国军队，并再次歼灭韩军7.8万余人，收复失地167平方千米。

7月19日，美方发表声明，保证实施停战，并向韩国施压。之后，韩国政府不得不发表声明，接受停战协议。

1953年7月27日上午10时，朝鲜停战协定在板门店签字。彭德怀在签完字后，也留下了一句令举世华人为之一振的名言："帝国主义在东方架起几门大炮就可以征服一个国家、一个民族的历史一去不复返了！"

战典回响

震慑美国人的心

美国著名军事院校西点军校在选择中国军队课题时，把上甘岭战役作为两项重要内容之一进行研究：上甘岭防线，为什么突不破？事实上确实是这样，也许麦克阿瑟和克拉克都不明白，为什么装备精良、有着丰富作战经验的美军在朝鲜战场的上甘岭之战中，直至弹尽粮绝都无法攻克两座高地。

在上甘岭战役的紧张阶段，美国正值大选，广大选民十分厌恶这场战争。尤其是上甘岭战役使美军越陷越深，仆从国欲退不能，美国国内对当时的杜鲁门政府怨声四起。当然，也有人在上甘岭战役中占了便宜，这个人便是艾森豪威尔。艾氏在发表竞选演说时宣布，如果他能当选总统，他的政府将优先结束朝鲜战争，并说：只有如此，我才能最好地学会如何在和平的事业中为美国人民服务，我将前往朝鲜。这一番娓娓动听的许诺，立即博得美国人民喝彩，艾森豪威尔竞选总统的呼声顿时上涨。从一定意义上说，上甘岭战役帮助了艾森豪威尔，给了他一个射门的机会，使他关键的时候猛踢一脚，进了漂亮的一球。

★沙场点兵★

人物：秦基伟

秦基伟1914年出生于湖北黄安（今湖北省黄冈市红安县）。1927年参加黄麻起义，1929年参加中国工农红军，1930 年加入中国共产党。土地革命战争时期，历任红四方面军营长、团长、师长，后参加了长征。抗日战争时期，任八路军一二九师秦赖支队司令员，晋冀豫军区司令部参谋处处长，一二九师新编第十一旅副旅长，太行军区第一军分区、太行军区，晋冀鲁豫军区第九纵队司令员，第二野战军第十五军军长。建国后，任中国人民志愿军第十五军军长，云南军区副司令员，昆明军区副司令员、司令员兼云南省委书记处书记，成都军区司令员，北京军区第一政治委员、司令员等职。

在上甘岭战役中，秦基伟率领志愿军第十五军，出色地完成了上甘岭阵地的坚守任务，巩固了志愿军的防线，同时也为后方停战谈判拿下了关键的一分。秦基伟感慨地说："上甘岭战役是我一生中最残酷的战役。"这位曾经太行山区的司令员一直忘不了第十五军的战友，忘不了在上甘岭战役中牺牲的英雄。

武器：凝固汽油弹

一种内装凝固汽油、爆炸时能喷出高温火焰的燃烧炸弹。凝固汽油是在汽油中加入稠化剂调制而成的。用环烷酸和脂肪酸铝盐的混合物与汽油胶凝而得，是凝固汽油弹的基本装料。这种炸弹爆炸时能发出向四周溅射的高温火焰，爆炸时，火焰温度达一千摄氏度左右，并能附在其他物体上长时间燃烧。

凝固汽油弹通常用飞机进行投掷，用于摧毁敌方的表面阵地和有生力量。凝固汽油弹是一种极其残忍的杀人武器。在朝鲜战争中，美军大量使用凝固汽油弹对中朝军民进行攻击，犯下累累罪行。针对美军猛烈的炮火和凝固汽油弹这样的武器，志愿军通过坑道作战和顽强的意志，在包括上甘岭战役在内的多次战役中成功挫败了美军的企图。

战术：坑道作战

志愿军大规模构筑坑道工事及所进行的坑道作战，使防御的稳定性大为增强。坑道工事有利于保存有生力量，有利于在一点或数点上与敌人反复争夺，从而大量消耗敌人的有生力量，不仅解决了防御作战中守住阵地的问题，而且有利于实施阵地进攻作战。

志愿军在依托坑道进行坚守防御作战的实践中，逐步积累经验，形成了坑道作战的一套战法。其内容主要是：

利用坑道隐蔽人员，囤聚物资，防止敌人火力袭击。表面阵地上少布兵，坑道内多屯兵。当敌人进行火力袭击时，只留少数人员观察战场情况，其余人员进入坑道隐蔽，避免阵地上人员密集而造成不必要的伤亡。

以坑道为依托，利用表面阵地野战工事阻击和杀伤敌人。当敌人发起冲击时，志愿军防守分队抓住敌人炮火延伸的瞬间，跃出坑道，占领野战工事，进行阻击或主动出击，将冲击之敌大量消灭于阵前。当敌人突入阵地时，趁其立足未稳，以相邻阵地的兵力或隐蔽在坑道内的预备队进行反冲击予以击退。

表面阵地被敌人占领后，为保存有生力量和准备配合二线部队实施反击，退守坑道坚持战斗。退守坑道的部队，以火力控制或小分队出击的战法，集中力量保护坑道口，坚决阻敌进入坑道。当坚守时间较长，坑道内出现断粮、断水、空气污浊、弹药不足等情况，或敌人采取熏烧、爆破、封锁、施毒、袭击等手段对坑道进行围攻时，退守坑道的部队抓紧调整和健全组织，开展有力的政治思想工作，并抓住有利时机，从坑道出击袭扰敌人，取回弹药、食品和饮水，以利于坚持坑道斗争。

坑道内部队与纵深部队相配合实施反击，恢复表面阵地。反击前，上级指挥员将反击开始时间、指挥关系、协同动作及有关信号规定，通知坑道内部队。条件允许时，从纵深部队派出小分队潜入坑道，加强防守兵力。反击时，坑道内部队从侧后配合纵深反击部队实施多路攻击，围歼敌人，恢复表面阵地。

步兵、炮兵密切协同，坚守阵地。当敌人进攻时，防守部队的炮兵组成多道火网，集中袭击集结、冲击、增援之敌，并压制其纵深炮兵；当步兵退守坑道作战时，炮兵以火力袭击占领表面阵地之敌，保护坑道口，阻敌对坑道的破坏，支援步兵守住坑道；当步兵进行反击时，炮兵以火力压制占领表面阵地之敌，支援步兵夺回表面阵地。

战典

THE CLASSIC WARS

毕其功于一役

THE CLASSIC WARS

决战

第十九章

沙漠风暴

——海湾战争的决胜之刀

▲ 1991 年爆发的海湾战争是冷战结束以后爆发的一场现代化的局部战争。信息化军队、空地一体战战术、精确制导武器、反弹道导弹……各类新战术和新武器在这场战争中纷纷亮相。战争的过程和结局都让全世界大吃一惊，可以说，海湾战争拉开了又一次战争形态大转变的序幕。通过海湾战争，美国也确立了其在冷战后唯一的超级大国地位，深刻地改变了此后的国际形势。

前奏：萨达姆攻占科威特城

谁也不曾想到，科威特，这个国土面积仅有一万七千八百平方千米的小国竟会成为自二战以来规模最大、投入兵力最多、牵动面最广的一场战争的战场。

科威特位于亚洲西部阿拉伯半岛东北部，波斯湾西北岸，西部、北部地区与伊拉克为邻，南部与沙特阿拉伯交界，东濒波斯湾。整条海岸线长213千米。科威特全境属于热带沙漠气候，炎热干燥，年降水量25～170毫米。全境为波状起伏的荒漠。

北部有山地，西部是莱亚哈丘陵，东北部狭小的地区为冲积平原，其余都是沙漠平原，一些丘陵穿插其间。科威特的地势西高东低，在整片国土上没有一处常年有水的河流和湖泊。虽然地下水资源丰富，但淡水极少，饮水主要依靠科威特本国通过巨资投入发展起来的淡化海水，成本极高。然而就是这样一块鸟都不愿意多待的地区竟然异常富有。在首都科威特城，每一位市民都能盖起三层别墅式宅第，都能修建美丽的花园和大理石游泳池。同时，科威特的市民还享受着世界上最优厚的福利：在科威特，根本不存在看病难的问题。无论是本国公民还是旅居科威特的外籍人，一律免费看病。住院的食宿费都由政府支付，本国公民如果患上了国内无法治愈的病，还可以公费到外国就医。

生活在科威特的孩子有足够的理由让其他国家的孩子羡慕甚至嫉妒。科威特政府负担从幼儿园到大学的一切费用，每月还发给学生一定数量的零花钱。大学毕业后，只要考试合格，就可以出国留学，所需费用均由政府负担。

在科威特，企业和个人都不用向国家纳税。因为国家根本不缺那点钱。够羡慕了吧？先别忙，还有一项。科威特政府还制定了各种条例，规定政府要发给公民各种各样的补贴。结了婚，国家给补贴。没结婚，国家一样发给你未婚补贴。生了孩子，国家还给你补贴。

拿现在的话来说，这个国家好像有钱没处花一样，每天都想着怎样把钱花出去。

为什么？因为上帝是公平的。在这块看起来寸草不生的地下涌动着一种黑色液体，它叫石油。科威特石油储量丰富，已探明的石油储量约138亿吨（2004年），居世界前列。石油是科威特财政收入的主要来源和国民经济的支柱，财政收入90%以上来自石油。其产值占国内生产总值的31%，占出口创汇的95%，是世界主要产油国之一。石油，成就了科威特人的富国之梦，真是应了那句话：富得流油。

科威特人高兴了，但是有人不高兴。中东地区盛产石油。按理说伊拉克也是产油大国，但是伊拉克太穷了，而且两年之前才结束了和伊朗长达8年的战争，国内矛盾很多。伊拉克总统萨达姆是个狂热的阿拉伯民族主义者。他认为既然阿拉伯国家占有世界石油的一半以上，就理应联合起来，控制石油价格，这样才能增加自己的话语权，从而享有对世界事务的话语权。伊拉克认为，科威特以往没有遵守石油输出国组织分配的采油限额，大量超产，造成世界油价猛跌。伊拉克声称仅1990年上半年就损失140亿美元。而且根据某些地质学家分析，科威特地下有特大型含油构造层，这些油层延伸到邻国，形成盆状结构，而科威特处于盆底，伊拉克处于盆壁上。根据万有引力定律，周围的石油会自动向盆底涌流。这样

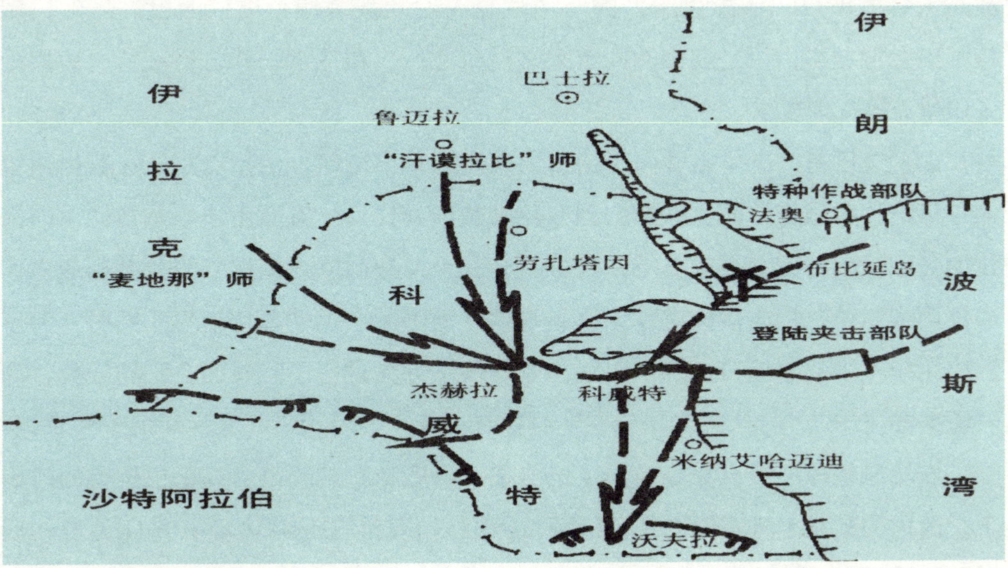

★伊拉克入侵科威特示意图

萨达姆就受不了了，凭什么科威特的石油储量不减少？两国还存在着领土问题的矛盾和债务方面的矛盾。

领土问题由来已久，萨达姆一直认为科威特自古以来就是伊拉克的地盘，是由于英国人的殖民统治才使得科威特从伊拉克分裂出去，现在到了该收回的时候了。更何况伊拉克提出属于科威特的布比延岛和沃尔拜岛应为伊拉克所有，却遭到了科威特的拒绝。伊拉克只有50千米长的海岸线，出海很困难。它的两个出海港口法奥、乌姆卡斯为布比延岛和沃尔拜岛所扼。而且这两个岛又是海上油田的重点开发区，伊拉克对此垂涎已久。7月17日，伊拉克总统萨达姆扬言“经济原因”可能引发战争。

第二天，巴格达公布了伊拉克7月16日致阿拉伯国家联盟的一封信，指责科威特自1980年起开采伊南部鲁迈拉油田的油层。鲁迈拉油田位于两国边境地区，经两国商定，应由两国共同开采，收入对半平分。但伊拉克认为科威特趁伊拉克忙于两伊战争的时候偷采油田，这无异于蚕食伊拉克的领土，要求科威特赔偿偷油款24亿美元，并把科威特的行动称为“军事入侵伊拉克”。平心而论，这个说法很无赖，因为1990年的伊拉克军事力量号称全球第四。伊拉克军队总人数有120多万人，其中陆军115万，编成70多个师，拥有作战坦克5 600辆，其中苏制T-72型坦克有700多辆，还有8 000多辆装甲车，各种火炮5 600门。

伊拉克空军拥有700多架作战飞机。而相比之下，科威特的军事力量却弱小得可怜，军队总人数只有2万人。这样一个军事小国，怎么敢去惹伊拉克这个庞然大物？所以，伊拉克所做的一切就是为发动战争找个借口而已。虽然科威特军事力量弱小，但是弱小的国家未必没有尊严，和往常一样，科威特严厉拒绝了伊拉克的无理要求。

7月24日起，伊拉克境内开始了大规模的军事调动，伊拉克军队在科伊边境大量集结。科威特方面立即照会阿盟秘书长卡利比，一方面由埃米尔贾比尔向阿拉伯各国派出特使，寻求支持。科威特外交大臣致函联合国秘书长德奎利亚尔，通报两国纠纷，指出伊拉克蓄意挑起事端。两国关系急剧恶化。与此同时，为了解决纠纷，埃及、沙特、约旦、叙利亚等国领导人进行了频繁的会晤和磋商，商讨解决办法。

埃及总统穆巴拉克穿梭访问了巴格达、科威特和利雅得。在穆巴拉克的斡旋下，两国的紧张态势看似得到了缓解，伊拉克于7月26日将边境上的10万驻军后撤。1990年7月31日至8月1日上午，伊科两国在吉达举行谈判，虽然这次谈判不欢而散，但是两国宣布改日在巴格达和科威特城继续会谈。大家都松了一口气，这场仗看来是打不起来了。

★伊拉克坦克入侵科威特

当大部分人还认为海湾局势不至于那么糟糕的时候，以色列驻约旦的秘密情报机构却得到了伊拉克即将入侵科威特的情报，并根据和美国签署的交换情报协议，迅速通报了美国中央情报局。而美国中央情报局也在7月30日摸清了伊拉克在伊科边境上的兵力，华盛顿却始终保持沉默。美国乃至全世界都认为伊拉克不会入侵科威特。然而，伊拉克却涮了世界一把。

美国时间1990年8月1日晚上7时多，正当美国国家安全顾问斯考克罗夫特和中东事务主任理查德哈斯向总统布什通报伊拉克最新情况时，一阵急促的电话铃声响起，国务院三号人物罗伯特吉米特打来电话报告说：国务院收到了尚未证实的消息，伊拉克已经向科威特进军了！

而事实上，在科威特时间8月2日凌晨1时30分，科威特王储萨阿德就接到了国防部长努瓦夫的紧急电话：伊拉克军队越过了边境。而此后，数以百计的伊拉克坦克部队和满载伊军士兵的军车正朝着科威特首都科威特城进发。凌晨5时，伊军完成了对科威特城的占领。

而在一天之内，伊军完成了对科威特全境的占领。科威特王室逃亡巴林和沙特。当然，王室成员里也有硬汉。被科威特人称为“八王爷”的亚奥理事会主席法赫德亲王直到凌晨4时30分才在睡梦中被枪声惊醒，得知王宫被伊拉克军队围困的消息后，他带着两个儿子驱车前往王宫同王室卫队共同抵抗入侵者，最后父子三人英勇牺牲。

接下来的事情就是将科威特变成自己的领土。8月28日，伊拉克宣布科威特为其第十九个省，科威特城改名为卡齐马市，并作为省府。全省共分为3个行政县，取代原科威特的4个省，科威特北部7 000多平方千米的土地，包括鲁迈拉油田，以及布比延岛和沃尔拜岛，划归巴士拉省管辖。

萨达姆露出了满意的微笑，在他看来，科威特从此成为了伊拉克的领土。他却没想到，他的狂妄已经让世界愤怒，而入侵科威特也只是整个海湾战争的开始。

沙漠盾牌：阻击伊拉克军队

伊拉克军队攻占科威特已成既定事实，那么接下来的事情自然不会有太多的新奇。无非就是阿拉伯国家开始走马灯似的斡旋。萨达姆似乎很买阿拉伯国家的账，萨达姆还发表了个声明，宣布伊拉克军队将自8月5日开始从科威特撤军，但科威特王室成员不能再回来掌权。阿拉伯国家又松了口气，领导人们都笑了，他们向世界证明了阿拉伯国家是有能力处理好危机的。萨达姆也笑了，因为他像几天前一样，用一次短暂的让步瞒过了阿拉伯国家。他的下一步计划已经在紧张的准备之中……

然而，有一个国家没笑。那就是美国。

8月2日午夜到8月3日凌晨，美国总统布什紧急召开国家安全委员会会议，研究伊拉克入侵科威特后所造成的局势，并立即决定全面制裁伊拉克，责成总统安全顾问斯考克罗夫特牵头，由参谋长联席会议主席鲍威尔将军和国防部长切尼

★在海湾地区的美国舰队

等人参加，研究采取军事行动的具体方案。8月3日，参谋长联席会议主席鲍威尔在国防部美国三军指挥中心发布采取紧急军事行动的命令：

停泊在巴林麦纳麦港的美国军舰立即进入戒备状态。

正在印度洋海域担任值班任务的“独立”号航空母舰尽快驶向阿曼湾。

驻扎在印度洋迪戈加西亚岛的美国空军基地迅速进入高度备战状态，该基地上的电子间谍中心集中全力搜集伊拉克以及整个中东地区的军事情报。

8月4日，布什在戴维营召开国家安全委员会特别会议。会上，斯考克罗夫特和鲍威尔向布什汇报了他们研究的军事行动计划，定名为“沙漠盾牌”。这项军事行动计划得到了布什的认可。

“沙漠盾牌”行动名义上是防止入侵科威特之后再进一步侵犯沙特阿拉伯，并且用大兵压境的形式逼萨达姆撤兵。当然，这只是名义上的，另一个意图是直接针对萨达姆。为了统一协调指挥，美国成立了“沙漠盾牌”行动作战指挥中心，由进行沙漠地区作战经验丰富的美军中央司令部司施瓦茨科普夫上将出任中东地区美军总指挥。

8月7日，美国总统布什正式签署了“沙漠盾牌”行动计划。此计划明确规定了美国陆海空三军的行动部署。陆军：首先派遣第八十二空降师飞赴沙特阿拉伯，它的主要任务是：保卫美国在沙特阿拉伯的基地。另外，如果伊拉克对沙特发动进攻，第八十二空降师立即进行阻击，起到“绊网”作用。另外，派遣多支特别行动队执行营救人质的特殊使命，同时保卫沙特王室和油田。调遣的美军地面部队集中开赴沙特阿拉伯，兵员总数为12.5万人，必要时可增加至30万人。空军：在3天之内向沙特派遣96架F-16和F-15战斗机，72架反坦克轰炸机和100架支援飞机。另外，拥有72架战斗机的空中联队在西班牙待命。一星期内，3艘航空母舰上的180架战斗机投入此项计划。此外，14架F-111战斗轰炸机和50架B-52战略轰炸机，分别在土耳其和印度洋的迪戈加西亚岛的美军基地待命。计划完成时，美国在海湾地区的飞机将达到600架。海军：计划在海湾出口的阿曼湾，以及红海水域派遣3艘航空母舰。另外派出一部分战舰，直接进入海湾水域执行战斗任务。

而与此同时，远在美国纽约的联合国总部也在紧张忙碌着。

8月1日晚上，联合国召开紧急会议，共同商讨伊拉克入侵科威特的军事行动。会议一直开到凌晨才结束。会议通过了第660号决议，谴责伊拉克的军事入侵，要求它无条件撤军，并呼吁伊科两个邻国立刻举行谈判，解决争端。

★联合国通过对伊拉克制裁的决议

8月6日，联合国安理会一致通过了对伊拉克实行全面经济制裁的第661号决议。全世界立即关闭通向伊拉克和科威特的大门，终止与它们的全部商贸活动。

8月9日，联合国安理会通过了第662号决议，宣布伊拉克吞并科威特无效。

8月18日，联合国安理会又通过了第664号决议，呼吁伊拉克立即释放所有扣押的外国公民。

8月25日，15个安理会常驻联合国代表通过表决，通过了第665号决议。

经济制裁立马给伊拉克带来了苦果。伊拉克国内因为商品供应的减少导致物价飞涨，一小杯甜红茶的价格已经涨到了250费尔，是以前价格的3倍。自由市场上白糖的价格已经是平价供应的10倍。由于禁运，伊拉克的许多工业企业由于得不到零部件和原辅材料而被迫关闭。部分炼油厂停工。到1990年底工业品供应量已经下降了10%~30%。海湾石油界消息人士估计，在对伊拉克实行禁运的最初半个月里，伊拉克每天损失约7 000万美元。由于联合国对伊拉克的大禁运是封锁了海湾、地中海和红海，切断了伊拉克油轮的所有海上通道，所以伊拉克生产的原油根本卖不出去。伊拉克整个国家已经被联军部队完全封锁。

剑拔弩张：为决战争取时间

在“沙漠盾牌”计划出台之后，8月7日凌晨2时，美军高级将领云集五角大楼，清晨6时国防部长主持召开军事部署会议。

7时30分，美军第八十二空降师的先头部队共2 300多人登上运输机直飞沙特阿拉伯。八十二空降师调动行动之迅速，让人惊叹。在八十二空降师开赴沙特阿拉伯的同时，美军空军2个中队共48架战斗机也作为首批战机被派往沙特阿拉伯。

★海湾战争中的多国部队士兵

在布什正式宣布“沙漠盾牌”行动之后的半个月内，10万美军官兵，300多架作战飞机，以及包括航空母舰在内的30艘舰只开进了海湾地区，摆开了阵势。在那些日子里，沙特的夜空一片繁忙，据统计，从美国飞向沙特的飞机，每天为50架。除了空运之外，美军主要的作战物资是依靠海运送往沙特的。在采取行动的头半个月，美国海运到沙特的武器与装备比沙特本国军队所拥有的武器装备还要多。

在被称为“发狂的头几个星期”里，美军在如此短的时间内，运送了那么多的军需品，其速度可谓惊人。有时，在24小时里，就有124架军用运输机在中东各地机场降落，为“沙漠盾牌”行动运送物资。

到1991年1月15日，即联合国决议要求伊拉克撤离科威特的期限为止，多国部队进驻海湾的部队人数已经达到70万人，坦克3 700辆，装甲车5 600辆，军用飞机3 260架，战舰247艘，航空母舰9艘。

在向海湾部署军事力量的同时，美国国务卿贝克与伊拉克总理阿齐兹在日内瓦进行谈判，要求伊拉克撤出科威特，却被阿齐兹拒绝。此后，联合国秘书长德奎利亚尔专程飞到巴格达同萨达姆和阿齐兹会谈，最后仍然以失败告终。

就这样，海湾地区已经到了临战的边缘。

空袭风暴：从西方吹来的飓风

1月15日，距联合国决议要求伊拉克撤离科威特的期限已经过了。世界紧张地聚焦海湾地区，伊拉克仍然毫无动作。时间一分一秒过去，距最后期限仅过了19个小时，随着第一枚巡航导弹朝着伊拉克境内发射，海湾战争打响了。

从1月17日开始，联军空中力量对伊拉克进行了长达38天的空中打击。伊拉克引以为傲的一体化战略防空系统未能遏制联军的攻击，拥有700架战机的伊拉克空军也只在头3天进行了少量的防空作战，在隐身战斗机、巡航导弹和电子战飞机的协同下，伊拉克空防系统迅速被压垮。到1月27日，联军不仅夺取了战区制空权，还完成了战略空袭，伊拉克大部分指挥与通信系统被摧毁，许多地区电力中断。

从第三周开始，联军将空袭重点转向伊拉克地面部队，为地面战作战场准备。联军的主要打击目标包括伊军的后勤线、装甲车辆、重炮等等，同时还对共和国卫队进行了集中攻击。

在联军的攻击下，前线伊军的补给变得极为困难与缓慢。通往战区的公路与铁路、铁路调度场、燃料仓库，甚至位于战壕内的补给点都遭到了轰炸。跨越底格里斯河和幼发拉底河的54座桥梁与32座浮桥中有82座被摧毁。大量的补给车队在行驶中被炸毁，许多司机因为害怕空中打击而拒绝在白天行动。从2月4日开始，抵达战区的补给已低于维持作战所需的水平。因为防空系统的崩溃，伊军也无法对空袭作出有效的反应，在持续的轰炸下，前线伊军士气低落。

为了降低地面战的难度，联军把伊军的重武器作为了重点打击对象。美军仔细地研究了每支伊拉克部队的坦克、火炮等重武器数量，评估其作战能力，并规划了对每个部队的空袭计划，力图通过对每个部队的逐次攻击，将其战斗力削弱到可承受的水平。为了细化攻击行动，美军将整个战区划分为30海里乘以30海里的“猎杀区”，时刻保持2架F-16或2架F-18战机在区域内活动，随时搜索与攻击目标。针对伊军把装甲车辆埋在土里的伪装措施，联军从2月8日起开始使用机载前视红外装置和精确制导武器进行“射击坦克”的行动，大量伊军重装备被摧毁。

★对伊拉克实施空袭的美国轰炸机

随着地面战的临近，联军对伊军前线防御工事展开了猛烈的袭击。联军战机使用地毯式轰炸摧毁地雷场，运用凝固汽油弹烧毁前线的战壕，炸毁其泵站。在攻击中，联军甚至使用了重达6吨的BLV-82型巨型炸弹。

★海湾战争中的一角

在多达10万架次的空中打击下，伊军一线防御部队的战斗力平均下降了50%；部署在二线的伊军预备队也遭受了沉重打击，各装甲师的实力均下降四成左右；而共和国卫队尽管仍保持着较强的战斗力，但人员和装备损失了30%。更为重要的是，伊军的各级指挥与控制系统都遭到了严重破坏，伊军许多军、师和旅指挥官都失去了与下属部队的联系，也失去了与巴格达的联系。由于伊拉克事实上由萨达姆掌管一切的因素，这种状况更进一步削弱了伊军的战斗力。

在38天又6小时的空袭中，多国部队共出动飞机11.2万架次，动用了2 780多架固定翼飞机。其中，美国空军共投入了1 300多架飞机，约占多国部队飞机总数的一半；美国海军陆战队投入飞机240架，约占飞机总数的9%；美国海军6艘航母的舰载机400多架，约占飞机总数的16%；其他成员国投入飞机600多架，约占飞机总数的25%。在整个“沙漠风暴”空袭作战过程中，多国部队仅损失飞机45架，其中战斗损失36架，非战斗损失9架。

联合攻击：萨达姆尴尬转身

2月24日凌晨4时整，“沙漠风暴”地面作战正式打响。

在科沙边界中部，美第一陆战远征部队率先发起进攻，其正面是伊军防线最坚固的地段，由伊拉克第三军防守。虽然在突破伊军防御阵地时遇到了部分伊军的顽强抵抗，但第一陆战远征部队还是成功地在伊军防御地带打开了两个缺口，开辟了多条通道。第一陆战远征部队的坦克与装甲车以纵队的形式快速通过这些通道，并在科威特境内建立起稳固的立足点，为随后的纵深突击创造了条件。

在突破伊军的第一道防线后，右翼的美第一陆战师继续向伊防御纵深推进。大量伊军T-55和T-62坦克被美M60坦克和“陶”式反坦克导弹摧毁。美第三陆战队航空联队为其提供了近距离空中支援和空中遮断。为保证推进速度，美第一陆战师的先头装甲战斗群采取了“蛙跳”战术，绕过了艾哈迈德杰拜尔机场等坚固设防目标，将肃清楼房和工事中伊军的任务交给后续部队。到午夜时分，第一陆战师已在伊军最坚固的防御地带推进30余公里，俘虏伊军官兵4 000余人。

在左翼，美第二陆战师以加强的第六陆战团为先头梯队，冒着伊军的炮火向纵深推进。尽管在前线支撑点中的伊防御部队进行了顽强的抵抗，但很快被联军的优势火力粉碎。清除伊军第一道障碍之后，美第六陆战团转而向左攻击。到下午2时，美第六陆战团攻占了计划中的当日作战目标。随后该团以防御队形展开，准备抗击伊军的反冲击。第二陆战师的其他部队也迅速通过了突破口，并在左右两翼抢占了阵地。到24日终时，美第二陆战师也推进了30余公里，俘虏伊军近5 000人。

24日凌晨8时，阿拉伯东线联合部队也向伊军阵地发起进攻。仅用了几个小时就突破了原以为坚不可摧的伊军防线，俘虏了数千名伊军官兵。随后东线联合部队继续向北发展。

24日下午4时，阿拉伯北线联合部队所属的埃及第三机械化步兵师、“哈立德”特遣队和“穆桑纳”特遣队开始向科威特境内的伊军阵地发起进攻。不久，沙特和科威特的部队也发起了进攻。在它们的正面是伊拉克第四军的6个师。经过2天的激战，北线联合部队才完成了破障，逼近预定目标。

这期间，叙利亚第九装甲师作为集群预备队向一线部队提供了必要的支援，其侦察营继续沿北线联合部队和美第一陆战远征部队的战斗分界线遂行屏护任务。

在联军穿越防线时，伊军的一线部队，包括位于美第一陆战远征部队进攻地带当面的伊军第七、第十四、第二十九步兵师和位于东线联合部队进攻地带当面的伊军第十九步兵师，都进行了顽强的抵抗。由于联军推进速度很快，且多绕过伊军坚固筑垒地域，这就迫使伊军坚守部队不是撤退就是投降。为了阻止联军的推进，伊军使用其战术与战役预备队对联军部队进行了反冲击。

在联军的打击下，前线的伊军防线被突破，部队损失惨重。在战线东段，伊第三军遭到了美第一陆战远征部队和阿拉伯东线联合部队的进攻，损失惨重。其第七、第十四步兵师已经在美第一陆战远征部队的攻击下失去了战斗力，第三十六步兵师、第一机械化步兵师和第五十六装甲旅在美军的打击下撤出了原防御阵地，第三装甲师则在反击失败后退至科威特国防机场与贾赫腊之间的拦阻阵地；而东线联合部队当面的第八、第十八步兵师虽然进行了顽强抵抗，也在联军打击后失去了战斗力，在联军两个集群结合部的第二十九步兵师虽然及时撤退，却也遭到了重创。

★被摧毁的伊拉克军车和坦克

而在北线联合部队和美第一陆战远征部队正面交界处，伊拉克第四军所属的第二十、第三十步兵师也已经失去了战斗力，第二十一、第十六步兵师则向后方第六装甲师的阵地撤退，在联军的空中打击下，这些部队都遭到了严重损失。

根据联军地面战计划，为了将伊军主力消灭在科威特与伊拉克南部地区，所有联军地面集群需要自西向东进行向心突击。为此，所有联军部队中机动能力最强的美第十八空降军被部署在了最西侧，其任务是突破防御薄弱的伊拉克西部地区，拿下萨勒曼机场，进逼幼发拉底河河谷，切断从巴格达到科威特的8号公路，从西面包围伊拉克部队。这条进攻路线需要跨越近300千米，沿途大多是荒地与沙漠。

2月24日凌晨4时，美第十八空降军编成内的法国第六轻型装甲师的侦察部队开始进入伊拉克境内。约7时，该师主力在美第八十二空降师第二旅的加强下冒雨发起进攻，目标直指伊拉克境内130公里处的萨勒曼机场。在即将接近目标时，该师与伊军第四十五机械化步兵师的前哨警戒分队遭遇，法军使用配备反坦克导弹的“小羚羊”攻击直升机对伊军坦克和掩体进行攻击。经过短暂交火，法军击溃伊军，俘敌约2 500人。之后法第六轻型装甲师继续向萨勒曼挺进，并于下午2时占领萨勒曼机场，第二天下午4时攻克萨勒曼。随后该师奉命停止前进，就地建立防御阵地以保障其右翼友军的安全。在法国军队后方，美第八十二空降师的另2个旅随后跟进，其任务是肃清通向伊拉克南部地区公路上的伊军，建立补给线，为第十八空降军向伊拉克腹地的北进行动作准备。

24日与25日，美第一〇一空中突击师在军航空旅的支援下，先后进行了2次空中突击行动。到当天黄昏，第一〇一空中突击师已进入伊境纵深约280千米，切断了连接巴格达和科威特战区的8号公路。

由于法第六师和美第一〇一师的最初进攻获得了巨大成功，美第十八军所属另一支部队、第24机械化步兵师也提前发起了进攻。该师以3个旅并列突击，由师属骑兵营在前方实施侦察和掩护作战。自进攻发起后，该师以40千米以上的时速在沙漠中向北迅猛推进，直扑幼发拉底河河谷。在其东侧，美第三装甲骑兵团与其一起推进，并保持与第七军的接触和协同。

美第七军原计划2月25日晨发起进攻，但由于首轮攻击部队纷纷告捷，且伊军抵抗比战前预计要弱得多，该军的进攻提前了15个小时发起。

在第七军的正面，从西到东密集排列了伊拉克第七军的第四十八、第二十五、第二十六、第三十一和第四十五步兵师。为了避开伊军坚固的防御阵地，担负美第七军左翼先导任务的第二装甲骑兵团在主攻发起前迅速到达伊军阵地西侧，越过边界进入伊拉克境内；美第一装甲师和第三装甲师也在总攻发起前就开始了行动，向北穿插。

25日，第七军恢复了进攻。左翼的美第一装甲师率先进攻了位于其前方60千米处的伊军第二十六步兵师。在美第一装甲师接近目标前，联军的飞机、直升机和炮兵对目标实施了火力准备。伊军对美军发起了反击，但面对美军的优势火力，反击未构成威胁。在十几分钟内，伊军第二十六步兵师的近50辆坦克和装甲输送车即被美军摧毁，随后该部开始溃退。到午后，美第一装甲师到达预定目标，并俘虏伊军近300人。

当天，第七军所属的美第三装甲师和第二装甲骑兵团继续向北推进，并于25日晚抵达调整线。两支部队先后向东进攻，在狂风暴雨中与当面伊军发生激战，击溃伊军后第三装甲师暂停进攻，而第二装甲骑兵团则继续前进，并于当天深夜的遭遇战中消灭了伊军第十二装甲师50旅的部队。在右翼，美第一机械化步兵师在打开突破口后继续向两翼扩张，而后续的英国第一装甲师则在通过突破口后向右前进，并向伊军后方的第五十二装甲师发起猛攻。

在美第七军的猛烈攻击下，伊拉克第七军的5个步兵师被分割，并丧失了作战能力，其第五十二装甲师也在与英军的战斗中损失惨重。25日，为了阻止美第七军的攻势，伊拉克战役预备队的第十二装甲师与第二十七、第二十八、第四十七步兵师曾企图进行一次战役规模的反击行动，但很快被英军第一装甲师击败。

铁壁合围：联军齐头并进

到25日夜，伊军一线的3个军、近20个师的兵力已遭到毁灭性打击，约3万余人被俘。联军4个集群在完成预定目标后开始向伊军主力合围，伊军部署在二、三线的装甲与机械化部队逐渐与联军前锋接触，但也无力阻挡联军的前进。26日1时30分，巴格达传来伊拉克的撤军命令，尽管联军并未理睬而继续发动进攻，但得到撤军消息的前线伊军却纷纷离开阵地，从而引发了更大的溃败。

2月26日，一直向北挺进的美第十八空降军到达预定位置，并将进攻矛头转向东北方向，直逼幼发拉底河河谷，由第二十四机械化步兵师担负主攻任务。下午2时，第二十四机械化步兵师的3个旅直扑位于杰利拜和泰利勒的伊军机场。防御该目标区的是伊军第四十七和第四十九步兵师、共和国卫队的尼布查德尼扎尔步兵师和伊第二十六突击旅。面对美第二十四机械化步兵师强有力的进攻，伊军部队依托阵地进行了顽强抵抗。美第二十四机械化步兵师第一旅受到伊军坦克和火炮长达4小时的攻击。然而随着夜幕和沙暴的降临，美军在技术装备上的优势逐渐发挥出来。在带有夜视器材和各种防护装置的坦克、步兵战斗车和装甲输送车以及AH-64攻击

★被美军击毁的伊拉克机械部队

直升机的火力压制下，美第二十四机械化步兵师终于突破了伊军装甲部队和炮兵部队的防线，迫使伊军逃出地下掩体和装甲车辆，并最终被歼灭或俘获。

经过一个昼夜的艰苦战斗，美第二十四机械化步兵师的3个旅均推进到两个机场以南地区。至此，第十八空降军已切断了从科威特到巴格达、经幼发拉底河河谷的交通线，完成了对伊拉克南部和科威特境内伊军部队的部分包围。

26日拂晓，美第七军继续在伊拉克境内实施纵深包围，并加快了进攻速度。其第三装甲师在自己的进攻地带越过了军调整线，向布塞那以东的目标发起了攻击。在第三装甲师夺取该目标后，整个第七军的进攻折向东方，直指伊军的战略预备队——共和国卫队。

下午4时许，位于第七军右翼的美第二装甲骑兵团突入了伊第十二装甲师和共和国卫队塔瓦卡尔那机械化师的结合部，但一度在人数和火力上明显处于劣势。然而，装备有热成像仪的美军透过沙暴很容易就发现了伊军的装甲车辆，并获得了先开火的有利地位。经过4个小时的战斗，美第二装甲骑兵团摧毁了伊军29辆坦克和24辆装甲输送车，俘获伊军官兵1 300多人。

黄昏时分，美第三装甲师攻入了伊拉克共和国卫队塔瓦卡尔那机械化师的防区。战斗发起后，美第三装甲师的第一旅和第二旅同时向伊军塔瓦卡尔那师的第二十九旅和第九旅展开攻击。尽管伊军占据有利地形，但在5个榴炮营和27门多管火箭炮的支援下，美军很快掌握了战场的优势和主动，大量伊军装甲车辆和坦克在激战中被摧毁。随着战斗后期天气转好，美第三装甲师的“阿帕奇”攻击直升机营也投入交战。

在第七军进攻地带的最南侧，英国第一装甲师拦截了企图撤退的伊军部队，并与之展开了一系列激烈的战斗。英第一装甲师摧毁了伊军40辆坦克，并俘虏了一名伊拉克师级指挥官。当天夜里，位于第七军左翼的美第一装甲师也向伊共和国卫队发动了攻击，战斗一直持续到次日，大量伊军坦克和装甲车辆被击毁。

当天，鉴于战场有利形势，美第一骑兵师解除了战区预备队任务，转而由第七军指挥，该部随后直插至第七军进攻地带的最北端，准备协助该军的装甲部队歼灭伊拉克共和国卫队。

经过25日夜间和26日凌晨的休整和补给后，中线的美第一陆战远征部队于26日继续向北进攻。在其左翼，美第二陆战师于中午12时开始进攻，目标直指贾赫腊。在该城以南的采石场和垃圾场附近，美第六陆战团遭到伊拉克第三装甲师和第五机械化师部分部队的顽强抵抗，经过激烈战斗，美军终于冲破了伊军拦截，到达贾赫腊近郊。

与此同时，位于其右翼的美第一陆战师在美“威斯康星”号战列舰炮火和航空兵火力的近距离支援下，向以科威特国际机场为中心建立纵深梯次防御的伊军装甲部队发起了攻击，战斗一直持续到2月27日凌晨3时多，共有250辆伊军坦克和70辆装甲车被摧毁，美军最终夺取了科威特国际机场。

美陆战队配属的“老虎”旅在26日的攻击目标为穆特拉山岭。由于原本驻守穆特拉山岭的伊军大都溃逃，“老虎”旅不久即控制了该地。因为该山岭控制着从科威特城通往北方的各条道路，夺占穆特拉山岭就意味着切断了伊军的主要退路，即从科威特沿海延伸而来的6号环形公路。随后在“老虎”旅的炮火下，大批从科威特城撤出的伊军车辆拥塞在一起，成为空中打击的标靶。很快，在数十公里长的公路地段上，到处是正在燃烧和爆炸的各种车辆。伊军士兵被迫放弃车辆逃生，许多伊军投降。

2月26日，位于联军战线东段的阿拉伯联合部队继续向前推进。由于伊军抵抗的强度低于战前预料，故东线联合部队的推进速度大大快于预定计划。当日，其编成内的“奥马尔”特遣队继续在科威特城西面发动进攻，夺取预定目标。与此同时，卡塔尔营夺取了科威特城以南的目标。“奥斯曼”特遣队也在黄昏前抵达科威特城郊。阿拉伯联合酋长国的摩托化步兵营屏护着沙特皇家地面部队第十机械化旅的左翼。由于东线联合部队的作战行动很出色，其西部与美第一陆战远征部队的战斗分界线作了两次调整，并被重新追加了4个目标。到当天结束时，这支由阿拉伯国家组成的部队已作好了进入科威特城的一切准备。

位于联军战线中央的北线联合部队当天也顺利占领了预定目标。其编成内的埃及部队夺取了位于阿布拉克附近的目标后，转向东推进60千米，攻占了阿里塞莱机场。根据计划，该部将越过美国海军陆战队，参加解放科威特城的战斗。北线联合部队的另一支部队“哈立德”特遣队在占领了预定目标后也掉头向东，向科威特城挺进。与此同时，叙利亚第九装甲师以两个旅保护北线联合部队的补给线，其第三旅则随“哈立德”特遣队向科威特城挺进。

兵临城下：决战共和国卫队

2月27日晨，美第十八空降军以第二十四机械化师进攻泰利勒和杰利拜两座机场，以便控制幼发拉底河河谷。在美军的攻击下，两座机场很快易手。

27日中午12时，第一〇一空中突击师到达了新建的“蝰蛇”前方作战基地。该基地位于“眼镜蛇”前方作战基地以东200千米处，刚刚在上午10时由第一〇一空中突击师第二旅夺取。

由此出发，美第一〇一空中突击师的2个攻击直升机营飞抵巴士拉西北的哈马尔湖上的堤道，并向堤道上运动的各类伊军车辆发起猛烈攻击。被击毁的伊军车辆残骸很快堵塞了伊军的退路。第二批到达的2个攻击直升机营进一步向北越过哈马尔湖，攻击已经通过堤道的伊军车辆。在幼发拉底河河谷的8号公路被第十八空降军切断后，哈马尔湖堤道就是伊军最后的退路。美军直升机的攻击将大部分伊军部队都困在了美第二十四机械化师、第七军和幼发拉底河之间的狭小区域。

27日开始，第七军将其全部力量投入了对伊精锐部队的围歼战。从左至右，第七军依次展开了美第一骑兵师、第一装甲师、第三装甲师、第一机械化师、第二装甲骑兵团和英军第一装甲师等部队。在美第七军正面，伊拉克共和国卫队和装甲预备队（第二装甲军与共和国卫队）组织了反击，从而展开了海湾战争中最大规模的一场坦克会战。

位于美军中央的第一机械化师和第三装甲师首先遭遇伊军第十二装甲师，经过激战，美军突破伊军阵地，击溃了该师的抵抗。随后美军以攻击直升机为支援，对后方的伊军第十装甲师发起进攻，在美军强大的压力下，伊军抵抗被粉碎，伊第十装甲师被歼灭。在战线最南翼，英军第一装甲师消灭了伊军第五十二装甲师余部，随后又重创了另外三个步兵师。

在第七军战线北部，美第一装甲师与伊军共和国卫队的塔瓦卡尔那师、麦地那师和阿德南师进行了激烈的战斗。美军在空中支援下重创了共和国卫队，大量伊军装备被摧毁。

为了掩护其他部队撤离，部分伊军对美第七军进行了坚决的抵抗，并最终被消灭。因为伊军后卫的阻击，尽管第七军推进速度很快，但仍有数万伊军与大约800辆坦克在包围圈合拢前得以逃脱，特别是共和国卫队唯一的坦克师汉谟拉比师几乎完整无缺地逃了出去，后来该师成为萨达姆政权的重要支柱。

为了最后全歼伊共和国卫队，第七军于27日夜间重新调整了部署，以第一骑兵师为左翼，以第一机械化师为右翼，对伊共和国卫队实施两翼包围，将向北全面溃退的伊军堵截在这一包围圈内。随后，第七军继续向东推进。美第一机械化师在连接巴士拉与科威特城的南北公路上建立了阻击阵地，彻底切断了伊军北逃的去路。

2月28日凌晨，第七军炮兵部队使用各种火炮和战术导弹，对伊军阵地实施了强大的炮火攻击。联军武装直升机也对伊军阵地的可疑目标进行了反复攻击。第七军的攻势一直到28日上午8时才告结束。

2月27日，美第一陆战远征部队左翼第二陆战师开始了第4天的地面作战行动。在这一天，该师的任务是扼守已夺占的阵地，并与友邻北线联合部队取得联系，以保证阿拉伯部队先期进入科威特城。第一陆战远征部队右翼美第一陆战师，在27日巩固了已占地区后，消灭了科威持国际机场附近仍在抵抗的最后几股伊军，与沿海岸线北上的东线联合部队会合。

2月27日上午9时，埃及军队越过了美第二陆战师的阵地，抵达科威特城郊外的阿里塞莱姆机场。同时，科威特的“沙希德”旅和沙特皇家地面部队第四装甲旅也越过美海军陆战队直逼科威特城。

殿后的叙利亚第九装甲师以一个旅看管北线联合部队抓获的伊军战俘，以一个旅继续保护该集群的交通线。这一日，该师负责屏护沙特边境地区的另一个旅向东北方向疾进，与师主力部队会合。叙军的特种部队则奉命进入科威特城，准备占领该城西区。

与此同时，位于联军战线东翼的东线联合部队在进攻中夺取最后一批目标后，其先头部队陆续进入科威特，并与从西面进入科威特城的北线联合部队会合。

在地面战的最后几个小时里，除美第七军外，其他联军部队大多停止了攻击行动，巩固阵地。科威特、沙特和埃及等国部队陆续进入科威特城，肃清城内残余伊军。

28日上午8时，联军停止了进攻行动，海湾战争地面战结束，从开始进攻算起，恰好100个小时整。在地面战中，联军将伊军赶出了科威特，歼灭和重创了伊拉克军队43个师，摧毁和缴获伊军坦克2 000辆，装甲车1 200辆，火炮740门，伊军有8.6万人被俘，数万人伤亡。在整个战争中，伊拉克还损失了全部海军、半数以上的空军以及大部分核生化力量。

3月3日，施瓦茨科普夫将军、沙特国王法赫德以及其他盟军指挥官与伊拉克将军在伊科边境的塞夫万举行会谈。伊拉克不得不接受盟军提出的所有条件，销毁其所拥有的大规模杀伤性武器的生产计划以及种种武器的生产设备，其中包括“飞毛腿”导弹。盟军空军获得了伊拉克北部和南部领空的控制权，而联合国监察员可以对伊境内的任何军事设施和民用设施进行检查。伊拉克要归还所有从科威特运出的物资，释放战俘，放弃对科威特的领土要求，并对科威特的损失进行赔偿。在伊拉克完成这些条件之前，继续对其进行石油禁运。

战典回响

现代战争的罪与罚

海湾战争以联军的胜利、伊拉克的失败而告终。然而，我们应该看到的是，这场由萨达姆发动的战争不仅毁灭了萨达姆的梦想，同样也毁灭了伊拉克人的生活。自1991年到美伊战争期间，伊拉克人生活在禁运之下，缺少粮食，缺少医疗设施，物价飞涨，国内动荡不安。而在战争中，联军虽然使用了精确制导的武器，却也经常出现误炸误伤平民的现象，造成了平民大量的死亡。而且在武器之中，美军使用了贫铀弹，据估算，在所有投向伊拉克的炸弹中，贫铀总量大概有300吨，造成了战后伊拉克儿童癌症死亡率提高了4倍。美军的飞机炸毁炼油厂，也造成了当地严重的环境污染，而这一切是无法用数量去估算的。

★沙场点兵★

人物：诺曼·施瓦茨科普夫

诺曼·施瓦茨科普夫(1934—)，美国陆军上将，中央司令部司令，海湾战争多国部队总司令。

1934年8月22日，施瓦茨科普夫出生于美国新泽西州。父亲是陆军准将，1917年进入西点军校学习，二战期间被派往伊朗负责训练伊朗军队。施瓦茨科普夫1946年—1951年随父在伊朗生活。1951年进入西点军校学习，1956年毕业。毕业后曾在第一〇一师空降师任少尉排长，后调柏林旅并晋升中尉。1961年被选派到本宁堡步兵学校进行步兵军官高级课程学习。1964年施瓦茨科普夫获洛杉矶南加利福尼亚大学机械工程学硕士学位，之后到西点军校担任机械工程系教员。1965年，他任南越空降部队顾问，随后还担任过驻越美军指挥部参谋，第二十三步兵旅一营营长。1970年自越南战场归国后进入五角大楼工作。1976年，施瓦茨科普夫出任美军第九步兵师第一旅旅长，1978年调任美军太平洋司令部计划部副部长。此间，他参与了陆海空三军联合指挥部的工作。1980年，施瓦茨科普夫晋升为将军，赴欧洲美军第八机械步兵师任副师长。1982年任驻佐治亚州第二十四机械化步兵师师长。1983年，施瓦茨科普夫任美军入侵格林纳达军事行动联合特遣部队副总司令，奇袭格林纳达成功后，晋升为陆军作战副总参谋长帮办。1986年，他任驻华盛顿美军第一军军长，并晋升为中将，1987年任美军陆军作战副参谋长。

1988年11月，施瓦茨科普夫晋升为四星上将，任美国中央司令部总司令。这期间他对地区性冲突、中低强度作战、沙漠作战和特种部队作战进行了研究。施瓦茨科普夫一直关注着海湾局势，他组织了专门机构，对中东和海湾地区的情况跟踪研究，并多次组织部队进行沙漠和海外作战训练演习。

1990年8月2日，海湾战争爆发，施瓦茨科普夫很快就制订出了遏制伊拉克进入沙特阿拉伯的“90—1002”作战计划。他认为，伊拉克的实力体现在规模庞大的地面部队和化学武器，而海空力量均构不成威胁，装备精良，拥有制海、制空及制电磁权的美军，可以首先通过空中、海上的强大火力摧毁伊拉克的防御体系。施瓦茨科普夫任美军海湾部队总司令、多国部队总司令后，仅用三个月时间即将包括海、陆、空在内，装备有现代高科技兵器的50余万大军有条不紊地部署在海湾地区。

在施瓦茨科普夫的组织指挥下，经过一个多月的战略轰炸和100个小时的地面进攻作战，多国部队以极小的代价，歼灭伊军数十个师，将伊军赶出科威特，使美国获得了第二次世界大战后第一场大规模局部战争的胜利。

在海湾战争中，多国部队参加作战行动的军兵种之多，武器装备现代化程度之高，组织协同之复杂，均创造了第二次世界大战以来之最。仅美军参加空袭的机种就有30多个。施瓦茨科普夫对如此错综复杂的军事行动，实施了成功的组织指挥，开高技术条件下指挥多国部队协同作战之先河。

海湾战争结束后，施瓦茨科普夫被称为民族英雄。同年晚些时候他退出现役，定居于风景秀美的佛罗里达海滨，与家人一起过着宁静、和谐的生活。

武器：卫星

在海湾战争中，美国动用了50多颗军用、民用卫星。可见光照相侦察卫星每97分钟就可以飞越海湾上空一次。美军利用“长曲棍球”合成孔径雷达成像侦察卫星获取的图像，绘成了伊军地下工事和重要目标的分布图。正是依据侦察卫星获得的伊军战略目标位置，联军选定了2000多个重点打击目标，并在战争的头两天内，摧毁了伊拉克大部分战略目标。为了对“飞毛腿”导弹发射实施预警，美国把至少2颗预警卫星机动到战区上空，专门用于监视“飞毛腿”导弹发射，这为多国部队赢得战争胜利发挥了重要作用。

另外，美国在这场战争中大量使用全球定位系统。它在1991年的海湾战争中首次得到实战应用，并取得不菲的战绩。当时多国部队的地面作战部队、飞机、舰艇和特种作战部队，配备了约5 500台全球定位系统军用接收机和10 000台全球定位系统民用接收机，每天可及时接收在轨运行的16颗全球定位系统卫星发射的高精度三维导航信号，因而大大提高了部队的机动、打击和保障能力。

战术：空地一体化

海湾战争在世界战争史上具有里程碑的意义，它为未来战争指明了一个方向。军队的数量再也不是评估一场战争能否取胜的条件。

海湾战争表明空中作战已成为一种独立作战样式。战争再也不是面对面的较量，一个美军士兵可以利用GPS系统精确定位，指引空中力量或者海上战舰发射的巡航导弹对敌方进行定点打击。远程打击已经成为了一种战术手段。

海湾战争因多国部队在质量和技术方面占据的绝对优势，使其以高技术局部战争的代名词载入战争史册。在海湾战争中，美国动用了12类50多颗各种军用和民用卫星构成战略侦察网，为多国部队提供战略情报；多国部队集结了2790架现代化的固定翼飞机、1700多架旋翼飞机（其中600多架攻击直升机），6500余辆坦克装甲车辆以及大量自行火炮、火箭发射车、工程技术保障车辆等；多国部队虽然与伊军在数量对比上不占优势，人员比为1/2.4，火炮数量比为1/2.4，坦克数量比为1/1.44，但多国部队调集的现代化装备数量却超过伊军许多倍：新式飞机数量比为13/1，攻击直升机数量比为16/1，在精确制导武器上多国部队拥有绝对优势。在海湾战争空中作战投掷的8万多吨弹药中，精确制导武器仅占总投弹量的7%，但命中率却高达90%；伊军共被摧毁、缴获坦克3700多辆，装甲车2000多辆。海湾战争中所体现出的技术对战争的强烈影响使海湾战争预示了另一个新时代的到来：在拥有质量优势的部队面前，单纯的数量对比已失去了意义；各种军事高技术应用导致的对信息的大量获取，也使与之对阵的敌人在战术运用方面困难重重。

Afterword 后记

在战争中总会出现这样的时刻，它不会很残酷，但是却很残忍，这就是决战。决战往往意味着战争最后的时刻，人们说“不以成败论英雄”，但是到了决战的时刻，偏偏就是以“成败来论英雄”的时刻，成王败寇，说的就是这个时候。历史上最壮烈也是最悲情的失败者项羽，无论后世的文人如何粉饰他，就战争而论，他终归是失败了，蒲松龄一声“三呼过河，无力回天成虚幻”将楚霸王战败者的形象说了个淋漓尽致。

是的，这就是决战，纵你是盖世的豪杰，功败垂成，得到的赞颂也不过是对失败者的怜惜。决战注定不会像攻坚战那样残酷，像特种战那样诡谲，像间谍战那样传奇，像会战那样波澜壮阔，但它是决定性的战役，是关乎成败的一战。之前的千百场胜利会因为这一败涂地而灰飞烟灭，之前的千百场失败会因为这一战功成而名垂青史。

所以，看决战看的就是关键时刻微妙的细节，那是战争的典范，是指挥者智慧最为精妙的表现。古今中外，无论在任何领域的领导者，他们都毫无疑问地具有关键时刻冷静选择胜利契机的能力，越到关键的时刻越能够作出伟大而又冷静的选择。靠运气赢得某场战争、某场战役的指挥者比比皆是，但是，靠运气赢得决战的人却为数不多，决战是真正有实力的指挥家表演的舞台。我们撰写《决战——毕其功于一役》这本书，并不是想让大家去感受暴力带来的功利，而是希望大家去了解古今中外帝王名将的指挥艺术。古人说历史就像一面镜子，我们既能够通过它看到国家的兴衰，也能通过它看到自己的得失。

主要参考书目

1．孟节：《二战十大风云人物》，哈尔滨出版社2005年版。

2．彭宁：《二战重大决策秘闻》，哈尔滨出版社2005年版。

3．谢震宇：《决战地——探寻中国古战场》，中原农民出版社2008年版。

4．黄济人：《将军决战岂止在战场》，解放军文艺出版社2009年版。

5．李峰：《决战朝鲜》，长江文艺出版社2008年版。

6．马骏：《为将之道》，中国青年出版社2006年版。

典藏战争往事　回望疆场硝烟

武器的世界 兵典 兵典的精华